ケースで考える！

誰も教えてくれない

日本語教育の現場

［編著］瀬尾匡輝・瀬尾悠希子

［著］
有森丈太郎・牛窪隆太・
大隅紀子・中尾有岐・古屋憲章

［漫画・イラスト］
楢原ゆかり・楢原涼太

ココ出版

はじめに

本書は、日本語教師が教育現場で抱く葛藤と向き合い、対処していくための多角的な視点を養うことを目的としたケース教材です。これから日本語教師になろうと考えている方、日本語教師になったばかりの方を対象としていますが、すでに日本語教師をされている中堅やベテランの方もお使いいただけます。

本書の四つのコンセプト

コンセプト1　教師が現場で抱く「葛藤」を取り上げる

日本語教師は日々の実践の中で様々な葛藤を経験しています。中には葛藤に悩み、日本語教師の道をあきらめてしまう人もいるようです。執筆者たちも日本語教師として働く中で様々な葛藤を抱いてきました。しかしながら、私たちがこれまで受けてきた教師養成や現職者研修ではそれらが扱われることはほとんどなく、自力で切り抜けてこなければなりませんでした。

本書では教師が現場で抱く葛藤をあえて取り上げることで、自分の信念や価値観に意識的になり、葛藤に対処するための自分なりの軸を作るお手伝いができればと考えています。

コンセプト2　「ケース」を通して考える

葛藤場面に遭遇したとき、渦中にいる当事者として私たちは状況を主観的・感情的に捉えがちです。そうすると、相手の立場や状況を十分におもんぱかったり、葛藤場面が生み出されている背景を冷静に考えることが難しくなってしまうこともあるようです。

本書では、執筆者たちが経験した葛藤場面をもとに14のケースを作成しました。ケースを通して考えることで、完全な当事者としてではなく一歩引いた立場で状況を捉えられると考えたためです。ケースに登場する様々な人々の行動や考えの背景について考え、葛藤が生じている状況についてより重層的、俯瞰的に理解することを目指しています。

コンセプト3　「対話」と「省察」を促す

本書は読者の考えを問う質問や、テーマについてさらに理解・考えを深めるための発展活動を設け、他の人と対話することを推奨しています。対話によって自分とは異なる考えや思いを認識したり、自分の意見や気持ちを省察したりする中で、それまでの信念や価値観が揺さぶられるでしょう。このプロセスを経ることで、葛藤場面に対する新たな理解やアプローチが可能になると考えています。

コンセプト4　「解説」を通して多角的な視点から捉え直す

個人の経験というものは得てして限られているため、個人の経験をもとにした解釈を超えてケースについて話し合うことが難しい場合もあります。そこで各章に解説を設け、その章のテーマやケースの事象を理論的観点から解説しています。これは、読者に〝正解〟を提示するためではありません。話し合いで出てこなかったかもしれない観点を提供し、より多角的な視点から葛藤場面を捉え直すことを目的としています。

執筆に当たり、日本語教師を目指している方々および現職日本語教師の方々を対象に試用版を用いたワークショップを複数回行い、参加者からのフィードバックをもとに修正を重ねました。ワークショップの参加者は他の参加者との対話や解説を読むことを通して、各テーマについて新たな観点を取り入れながら考えるようになっているようでした。また、参加者の顔ぶれによって話し合いの内容や流れも変わってくることが確認できました。

本書は、日本語教師が教育現場で抱く葛藤と向き合い、対処していくための多角的な視点を養うことを目的としています。しかし、葛藤に対処するための唯一の方法があるわけではなく、あなた自身が考えていかなければなりません。葛藤が生み出されている状況について深く理解し、自身の価値観や考えを都度問い直しながら対処していくしかないのです。その過程では、自分の考えていることが正しいのかどうか確信が持てなかったり、自分が本当はどう考えているのかわからなくなったりして、モヤモヤとした思いを抱くこともあるかもしれません。しかし、その中で葛藤と向き合っていくことが、葛藤を乗り越えるための第一歩となるでしょう。答えは「誰も教えてくれない」のです。ぜひこのモヤモヤを楽しみ、自分なりの日本語教育に対する思いや考えを創り出していただければと執筆者一同願っております。

各章の構成

本書は全14章から成ります。使用する順番に決まりはなく、どの章からでも自由に使うことができます。各章の前半は「ケース編」、後半は「解説編」になっており、以下のように構成されています。

①ケース編

その章のテーマに関する葛藤場面がケースとして示されています。ケースを読む前の準備→ケースの提示→ケース／テーマに関する質問という段階的な構成になっています。

ケースを読む前の準備

タイトル

その章のケースがどのような内容かを表しています。副題は、その章で考えるテーマを示しています。

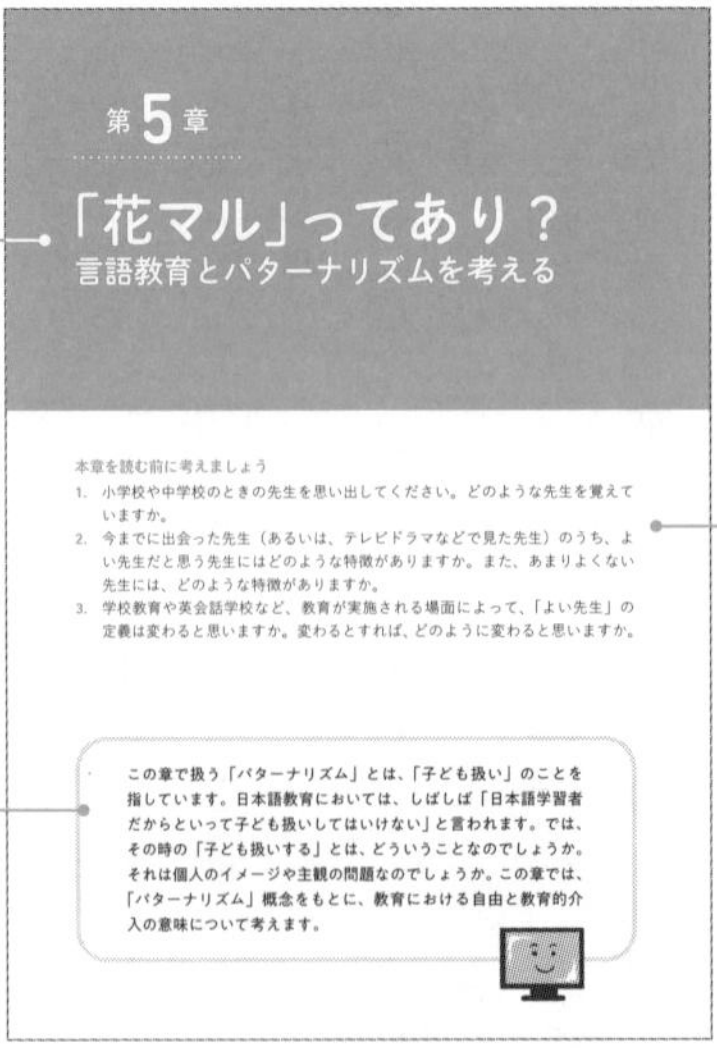
第5章

「花マル」ってあり？
言語教育とパターナリズムを考える

本章を読む前に考えましょう
1. 小学校や中学校のときの先生を思い出してください。どのような先生を覚えていますか。
2. 今までに出会った先生（あるいは、テレビドラマなどで見た先生）のうち、よい先生だと思う先生にはどのような特徴がありますか。また、あまりよくない先生には、どのような特徴がありますか。
3. 学校教育や英会話学校など、教育が実施される場面によって、「よい先生」の定義は変わると思いますか。変わるとすれば、どのように変わると思いますか。

この章で扱う「パターナリズム」とは、「子ども扱い」のことを指しています。日本語教育においては、しばしば「日本語学習者だからといって子ども扱いしてはいけない」と言われます。では、その時の「子ども扱いする」とは、どういうことなのでしょうか。それは個人のイメージや主観の問題なのでしょうか。この章では、「パターナリズム」概念をもとに、教育における自由と教育的介入の意味について考えます。

その章で扱われるテーマについて簡単に説明しています。

本章を読む前に考えましょう

質問に答えながら、その章のテーマに関連する既有知識や読者自身の経験、現時点の考えを共有するための話し合いを行います。

ケースの提示

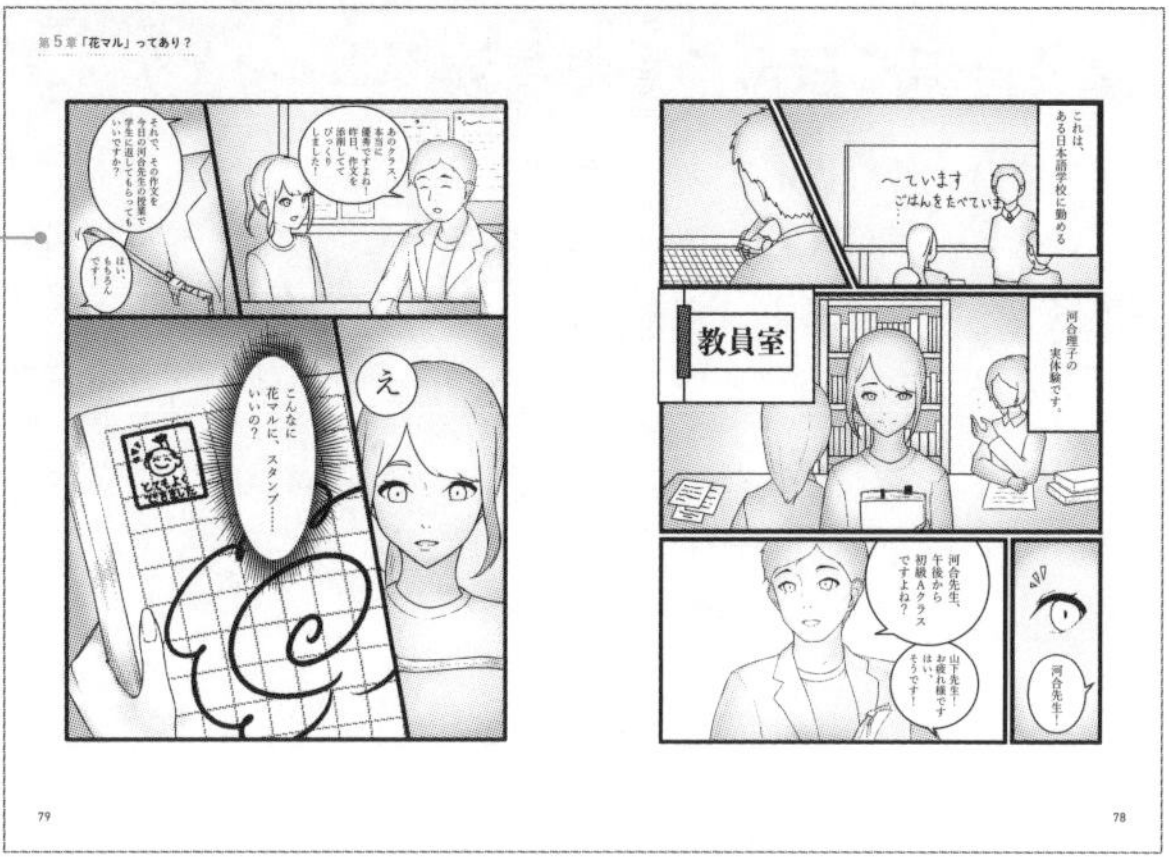

漫画

ケースの状況がイメージしやすいように、概要を漫画で表しています。

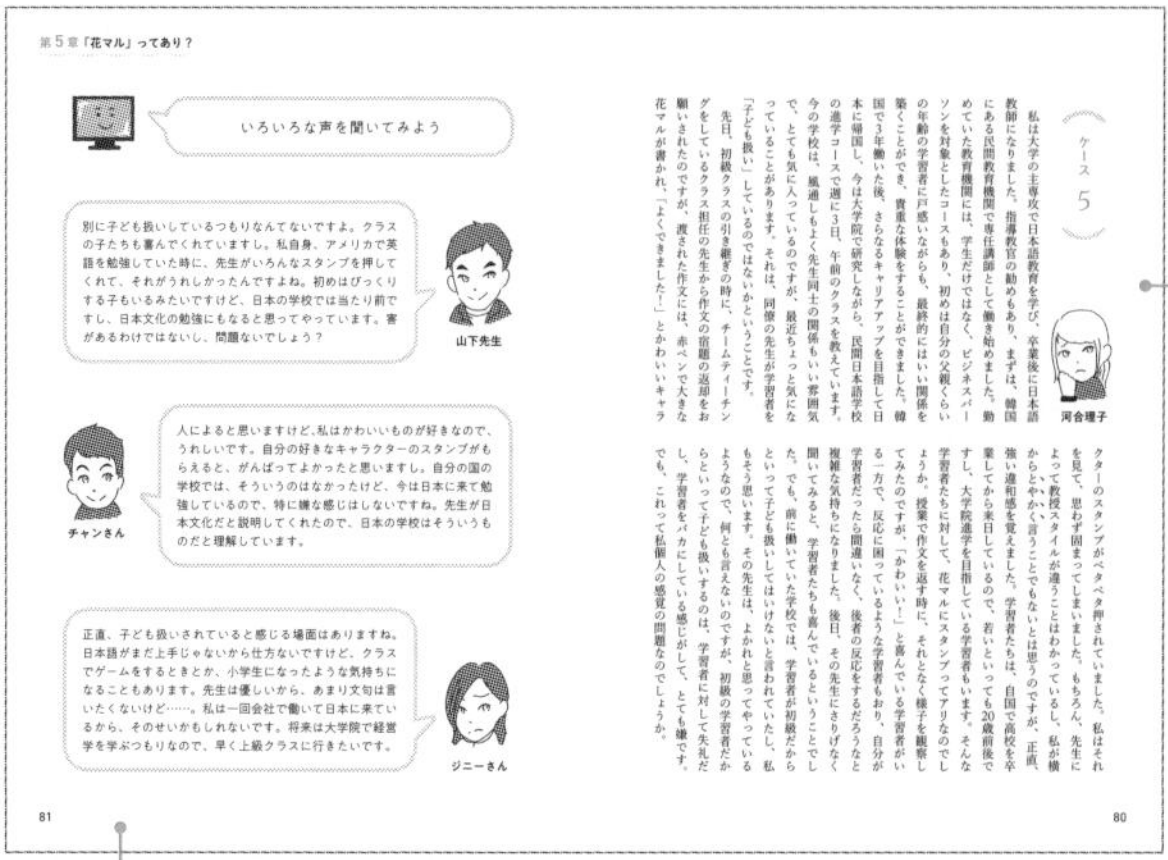

第5章「花マル」ってあり？

ケース 5

河合理子

私は大学の主専攻で日本語教育を学び、卒業後に日本語教師になりました。指導教官の勧めもあり、まずは、韓国にある民間教育機関で専任講師として働き始めました。勤めていた教育機関には、学生だけではなく、ビジネスパーソンを対象としたコースもあり、初めは自分の父親くらいの年齢の学習者に戸惑いながらも、最終的にはいい関係を築くことができ、貴重な体験をすることができました。韓国で3年働いた後、さらなるキャリアアップを目指して日本に帰国し、今は大学院で研究しながら、民間日本語学校の進学コースで週に3日、午前のクラスを教えています。今の学校は、風通しもよく先生同士の関係もいい雰囲気で、とても気に入っているのですが、最近ちょっと気になっていることがあります。それは、同僚の先生が学習者を「子ども扱い」しているのではないかということです。

先日、初級クラスの引き継ぎの時に、チームティーチングをしているクラス担任の先生から作文の宿題の返却をお願いされたのですが、渡された作文には、赤ペンで大きな花マルが書かれ、「よくできました！」とかわいいキャラクターのスタンプがペタペタ押されていました。私はそれを見て、思わず固まってしまいました。もちろん、先生によって教授スタイルが違うことはわかっているし、私が横からとやかく言うことでもないとは思うのですが、正直、強い違和感を覚えました。学習者たちは、自国で高校を卒業してから来日しているので、若いといっても20歳前後ですし、大学院進学を目指している学習者もいます。そんな学習者たちに対して、花マルにスタンプってアリなのでしょうか。授業で作文を返す時に、それとなく様子を観察してみたのですが、「かわいい！」と喜んでいる学習者がいる一方で、反応に困っているような学習者もおり、自分が学習者だったら間違いなく、後者の反応をするだろうなと複雑な気持ちになりました。後日、その先生にさりげなく聞いてみると、学習者たちも喜んでいるということでした。でも、前に働いていた学校では、学習者が初級だからといって子ども扱いしてはいけないと言われていたし、私もそう思います。その先生は、よかれと思ってやっているようなので、何とも言えないのですが、初級の学習者だからといって子ども扱いするのは、学習者に対して失礼だし、学習者をバカにしている感じがして、とても嫌です。でも、これって私個人の感覚の問題なのでしょうか。

80

いろいろな声を聞いてみよう

別に子ども扱いしているつもりなんてないですよ。クラスの子たちも喜んでくれていますし。私自身、アメリカで英語を勉強していた時に、先生がいろんなスタンプを押してくれて、それがうれしかったんですよね。初めはびっくりする子もいるみたいですけど、日本の学校では当たり前ですし、日本文化の勉強にもなると思ってやっています。害があるわけではないし、問題ないでしょう？

山下先生

人によると思いますけど、私はかわいいものが好きなので、うれしいです。自分の好きなキャラクターのスタンプがもらえると、がんばってよかったと思いますし。自分の国の学校では、そういうのはなかったけど、今は日本に来て勉強しているので、特に嫌な感じはしないですね。先生が日本文化だと説明してくれたので、日本の学校はそういうものだと理解しています。

チャンさん

正直、子ども扱いされていると感じる場面はありますね。日本語がまだ上手じゃないから仕方ないですけど、クラスでゲームをするときとか、小学生になったような気持ちになることもあります。先生は優しいから、あまり文句は言いたくないけど……。私は一回会社で働いて日本に来ているから、そのせいかもしれないです。将来は大学院で経営学を学ぶつもりなので、早く上級クラスに行きたいです。

ジニーさん

81

ケース本文

各ケースの主人公がそれぞれの悩みを話しています。

いろいろな声を聞いてみよう

ケースの登場人物など複数の関係者が、それぞれ自分の考えや経験を述べています。

ケース／テーマに関する質問

A ケースの内容を確認しよう

ケースから読み取れる事実についての質問です。B 以降の質問を考える際の前提を確認します。他の人と話し合う場合は、前提についての理解が皆共通しているか確かめます。

B ケースを読んで考えよう

登場人物の行動や意見について理解を深めたり、読者のケースについての現段階での理解や判断を話し合うための質問です。

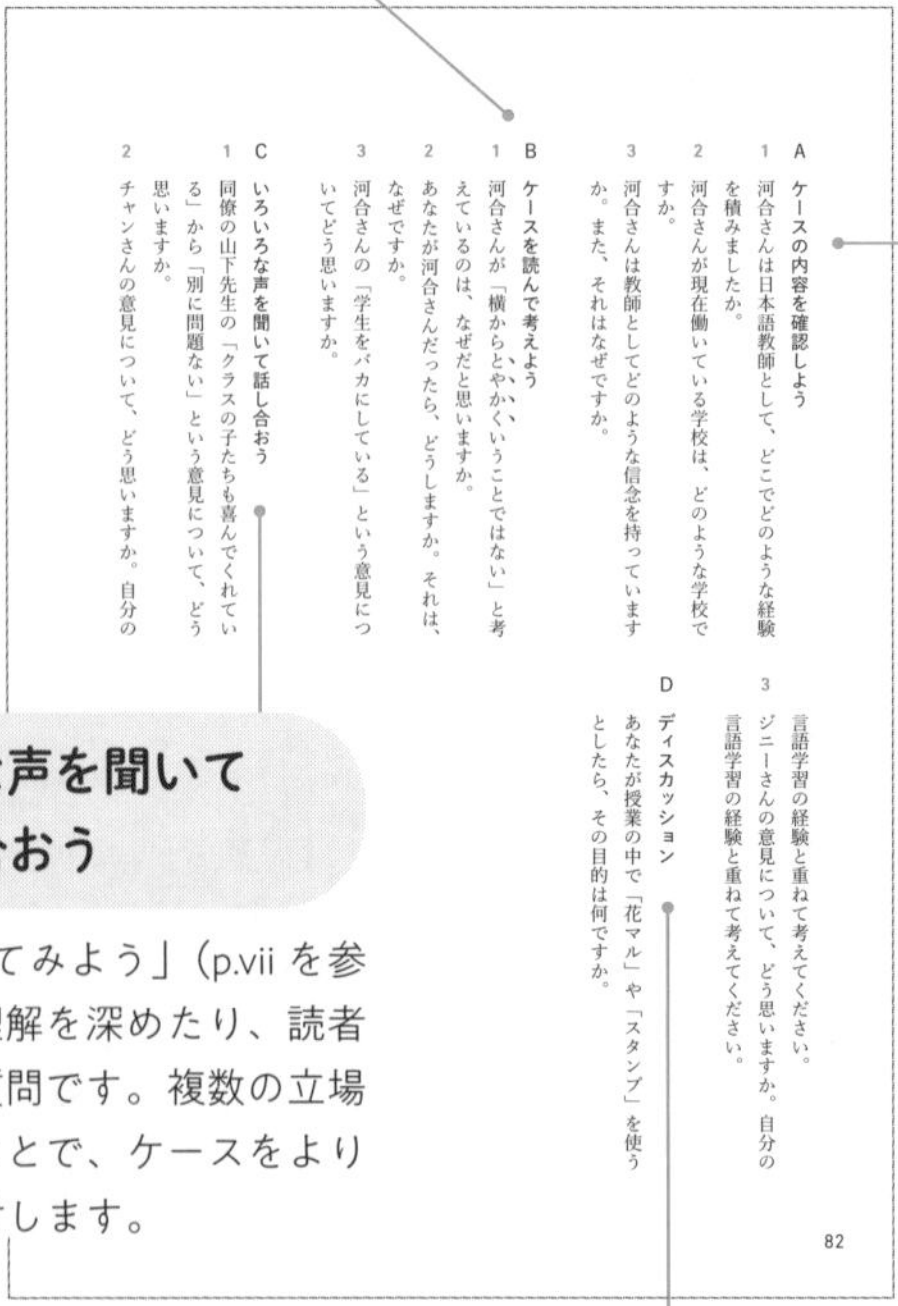
A ケースの内容を確認しよう
1 河合さんは日本語教師として、どこでどのような経験を積みましたか。
2 河合さんが現在働いている学校は、どのような学校ですか。
3 河合さんは教師としてどのような信念を持っていますか。また、それはなぜですか。

B ケースを読んで考えよう
1 河合さんが「横からとやかくいうことではない」と考えているのは、なぜだと思いますか。
2 あなたが河合さんだったら、どうしますか。それは、なぜですか。
3 河合さんの「学生をバカにしている」という意見についてどう思いますか。

C いろいろな声を聞いて話し合おう
1 同僚の山下先生の「クラスの子たちも喜んでくれている」から「別に問題ない」という意見について、どう思いますか。
2 チャンさんの意見について、どう思いますか。自分の言語学習の経験と重ねて考えてください。
3 ジニーさんの意見について、どう思いますか。自分の言語学習の経験と重ねて考えてください。

D ディスカッション
あなたが授業の中で「花マル」や「スタンプ」を使うとしたら、その目的は何ですか。

82

C いろいろな声を聞いて話し合おう

「いろいろな声を聞いてみよう」（p.vii を参照）の内容について理解を深めたり、読者の考えを問うための質問です。複数の立場の考え方を理解することで、ケースをより多角的な視点から検討します。

D ディスカッション

B、C でケースについて話し合ったことや考えたことを踏まえ、この章のテーマについての読者自身の考えを整理するための質問です。

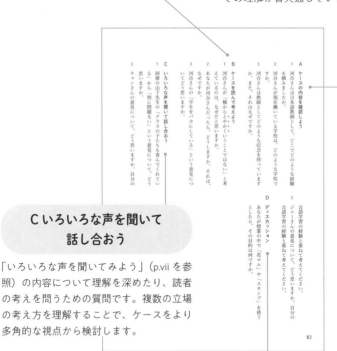

② 解説編

解説

その章のテーマについて理論的観点から解説しています。ケース編の質問に答える際には出てこなかったかもしれない観点を提供し、さらに多角的な視点から理解や考えを深めることをねらいとしています（詳しくはコンセプト4、p.ivを参照）。

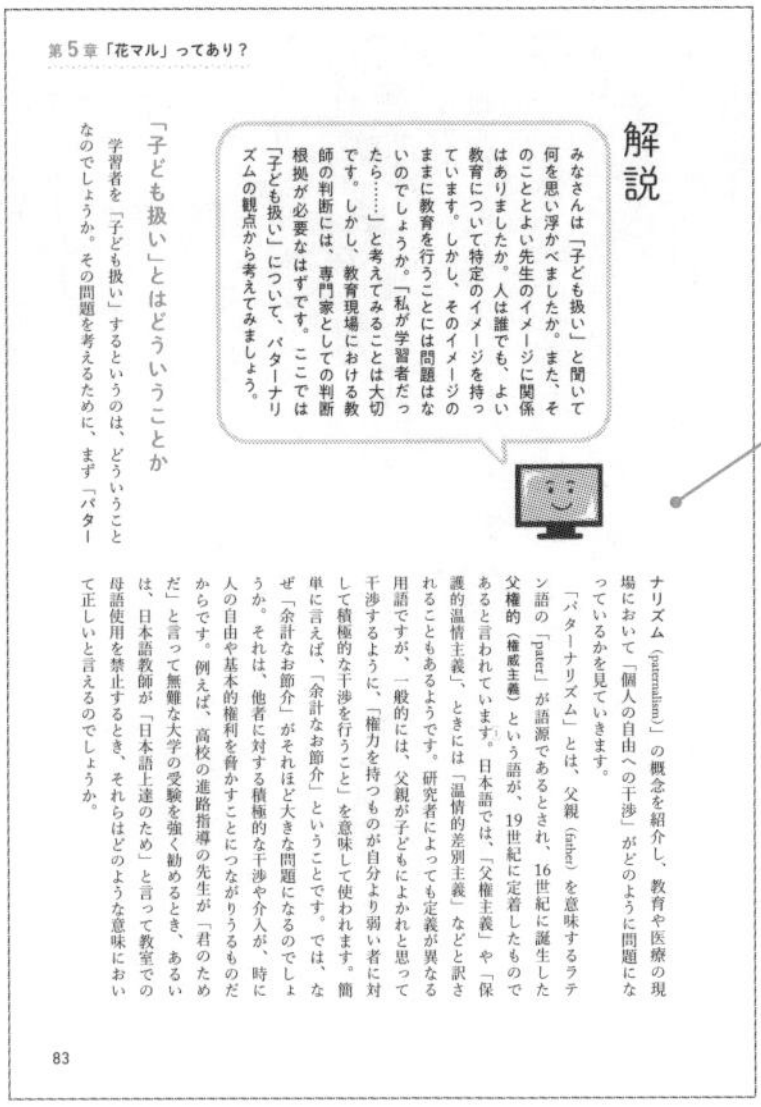
第5章「花マル」ってあり？

解説

みなさんは「子ども扱い」と聞いて何を思い浮かべましたか。また、そのこととよい先生のイメージに関係はありましたか。人は誰でも、よい教育について特定のイメージを持っています。しかし、そのイメージのままに教育を行うことには問題はないのでしょうか。「私が学習者だったら……」と考えてみることは大切です。しかし、教育現場における教師の判断には、専門家としての判断根拠が必要なはずです。ここでは「子ども扱い」について、パターナリズムの観点から考えてみましょう。

「子ども扱い」とはどういうことか

学習者を「子ども扱い」するというのは、どういうことなのでしょうか。その問題を考えるために、まず「パターナリズム（paternalism）」の概念を紹介し、教育や医療の現場において「個人の自由への干渉」がどのように問題になっているかを見ていきます。

「パターナリズム」とは、父親（father）を意味するラテン語の「pater」が語源であるとされ、16世紀に誕生した父権的（権威主義）という語が、19世紀に定着したものであると言われています[1]。日本語では、「父権主義」や「保護的温情主義」、ときには「温情的差別主義」などと訳されることもあるようです。研究者によっても定義が異なる用語ですが、一般的には、父親が子どもによかれと思って干渉するように、「権力を持つものが自分より弱い者に対して積極的な干渉を行うこと」を意味して使われます。簡単に言えば、「余計なお節介」ということです。では、なぜ「余計なお節介」がそれほど大きな問題になるのでしょうか。それは、他者に対する積極的な干渉や介入が、時に人の自由や基本的権利を脅かすことにつながりうるものだからです。例えば、高校の進路指導の先生が「君のためだ」と言って無難な大学の受験を強く勧めるとき、あるいは、日本語教師が「日本語上達のため」と言って教室での母語使用を禁止するとき、それらはどのような意味において正しいと言えるのでしょうか。

83

発展活動

解説の後に、テーマについてより深く考えるためのタスクを二～四つ設けています。一つ目は解説を読んで新たに気づいたことを言語化するためのタスクで、すべての章で共通しています。

対する教育で実施されている行為が、成人である外国人学習者に対して無自覚的に行われることによって、介入の正当化根拠にある「未熟性」が、「外国人留学生の未熟さ」に重ねられてしまうことにあると考えられます。つまり、花マルを付ける教師が、自身の介入の正当化根拠について、何にも考えていない場合、教師が意図しているかどうかにかかわらず、介入の正当化根拠は「未熟性」に重ねられてしまう可能性があるということです。ケースにおいて河合さんが「バカにしている」と感じたのは、その「未熟性」が「留学生」に重ねられることで、担任の先生の「学習者理解」のあり方に対して疑問を感じたからだと言えるかもしれません。また、「配慮」という点から考えてみるのであれば、同僚教師が「代理的・飛び込み的配慮」をしていることに疑問を持ったとも言えるでしょう。つまり、自分が受けてきた学校教育の方法を成人に対する日本語教育の現場に適用するのであれば、なぜその方法が正当と言えるのかを教師は常に自分に問う必要があるのです。

教育学者のブルーナー（Bruner, J. S.）は、教育について一般大衆が持つ「こうした方がいい」という素朴な考え方や信念を「フォーク・ペダゴジー」[13]と呼びました。教育というものは、すべての人が関わりを持つため、専門的な知識を持たない人でも、何かしらの信念を持っていることが知られています。ここで必要なことは、言語教育におけるパターナリスティックな介入について、このような「フォーク・ペダゴジー」をもとに、あれこれ評論することではありません。専門家として求められることは、自身の介入の正当性を考えるための自分なりの理論的根拠を持つことであり、それが、専門家としての倫理的責任であるとも言えるのではないでしょうか。

発展活動

①ケースについての議論を踏まえ、解説を読んで新たに気づいたことはありますか。どのようなことを考えましたか。

②大学の授業で「花マル」をもらうことについて、外国語を勉強している周囲の人に意見を聞いてみてください。その際、この章で説明されていたことを説明し、どのような反応があるかも探ってみてください。

90

もっと学びたい人のための文献案内

テーマについてさらに学びたい人のために、おすすめの文献を紹介しています。

もっと学びたい人のための
文献案内

加藤尚武・加茂直樹（2014）『生命倫理学を学ぶ人のために』世界思想社
医療従事者を目指す人に向けて書かれた入門書。領域は日本語教育とは異なりますが、医療現場において人の自律性を保障するとはどういうことなのかについて非常に示唆に富む論考が収録されており、自律性について考えたい人におすすめです。

澤登敏雄（1997）『現代社会とパターナリズム』ゆみる出版
教育におけるパターナリズムについて、特にライフスタイル、子ども・家族、犯罪・非行対策の切り口からの論考をまとめたもの。パターナリズムの分類や正当化基準についての論考も収録されており、自由であることとパターナリズムの関係について考えてみたい人におすすめします。

苫野一徳（2011）『どのような教育が「よい」教育か』講談社選書メチエ
現象学を専門にする教育哲学者の立場から「よい教育とは何か」という難問に真っ向から取り組んだもの。「欲望論的アプローチ」を軸に「自由の相互承認」という方向性を提示し、教育現場におけるあらゆる二項対立を乗り越えるための考え方が示されています。日本語教育の教育的意味について考えたい方におすすめです。

佐藤学（2022）『専門家として教師を育てる―教師教育改革のグランドデザイン』岩波書店
科学的根拠に基づいて進められる医療実践とは異なり、不確実性の高い教育実践において教師たちは「職人性」を身につけており、そこには「カン」や「コツ」が存分に含まれていることが指摘されています。本書では、教師に求められるものを「専門職性」と「職人性」に区分した上で、教師の個人的、経験的な「実践的知識」をどのように育てていくかについて議論しています。教育学の専門書ではありますが、教師の判断根拠や実践的知識について概念的に理解し考える上で、必要な知識を得ることができる一冊です。

92

第5章「花マル」ってあり？

Column

自分の内なる「日本語教師のパターナリズム」から、どうやって抜け出せる？

海外で日本語教師の仕事を始め、10数年間教えた後に日本に帰国したのだが、初めて日本の某日本語学校で働いた時の衝撃は忘れ難い。本章の「花マル」や「スタンプ」による「子ども扱い」とはまた別次元の、徹底的に厳しい管理教育的パターナリズムがそこにはあった。そこでは、20歳を超えた成人学習者に対して、郷に入っては郷に従えといった「日本社会」に同化させるための「しつけ」も日本語教師の役目とばかりに、遅刻や欠席、授業態度や課題提出などについて厳しい「指導」と叱責が、日本語教師たちによって繰り広げられていた。言葉遣いから敬語から何から何までを注意の対象に、「そんなんじゃ日本でやってけないよ！」と教員室で感情的に学生に説教する日本語教師の姿に、「日本国内の日本語教育の現場って、こんな感じなんだ！」とカルチャーショックを受けたものだ。

これは日本語教師自身が、どのような社会的な位相のもとに日本語学習者と出会ったのか、という最初の教師体験にも左右されるのではないだろうか。例えば私は、自身が欧州の英語圏に暮らす不十分な英語話者として、現地のマジョリティの学習者相手に日本語を教え始めた。社会的位相および言語的位相においてはこちらがマイノリティだったため、現地の日本語学習者を自分よりも「下」の子ども扱いするという発想は全くなかった。また私自身が現地で暮ら

93

コラム

日本語教育および各フィールドの実践者・研究者が執筆を担当し、テーマに関連する経験や研究知見などを紹介しています。テーマについてまた別の角度から考える一助となるでしょう。

使用例

日本語教師養成の授業や教師研修ではもちろん、読み物として個人で使用することもできます。仲間を募って一緒に読み進めることもできるでしょう。以下は、日本語教師養成の授業と個人での使用例です。

〈日本語教師養成の授業での進め方〉

例①　一つの章を2回（60分・30分）に分けて行います。1回目の授業でケース編を扱い、「解説」および「発展活動」を宿題とします。2回目の授業では宿題として行った発展活動のタスクについて話し合います。

1回目（60分）	
（予習）	・各自ケース編を読み、質問に対する答えを考える。
10分	・「本章を読む前に考えましょう」を話し合う。 ・「A ケースの内容を確認しよう」の答えを確認する。
20分	・少人数（3～4名）のグループに分かれ、「B ケースを読んで考えよう」と「C いろいろな声を聞いて話し合おう」を話し合う。
8分	・グループで話し合ったことを全体で共有する。
12分	・再び同じグループに分かれ、「D ディスカッション」を話し合う。
8分	・グループで話し合ったことを全体で共有する。
2分	・宿題（解説を読み、発展活動のタスクを行う）の説明
2回目（30分）	
30分	・宿題として行ったタスクを全体共有する。

例②　一つの章を1回（80分）の授業で行います。授業ではケース編を扱い、解説編を宿題とします。

10分	・「本章を読む前に考えましょう」を話し合う。 ・ファシリテーターが、その章のテーマについて簡単に紹介する。
5分	・各自、ケース本文と「いろいろな声を聞いてみよう」を読み、質問の答えを考える。
5分	・「A ケースの内容を確認しよう」の答えを確認する。
45分	・少人数（3～4人）のグループに分かれ、「B ケースを読んで考えよう」「C いろいろな声を聞いて話し合おう」「D ディスカッション」を話し合う。
10分	・グループで話し合ったことを全体で共有する。
5分	・宿題（「解説」を読み、「発展活動」の「①ケースについての議論を踏まえ、解説を読んで新たに気づいたことはありますか。どんなことを考えましたか。」について意見をまとめる）の説明

〈個人で〉

個人で読み進めることも可能です。その場合、ケース編の質問および発展活動のタスクの答えを書いてみることをおすすめします。他の人と話し合うことはできなくとも、考えをまとめることで自分自身との対話を深めることができるでしょう。また、時間が経過した頃に改めて書いたことを読み直すと、自身の変化や成長が感じられるのではないでしょうか。

謝辞

この教材を作るに当たり、多くの方々にご協力いただきました。
まず、教材の企画段階では、元アスク出版の平井美里さんに相談にのっていただき、たくさんの建設的なご意見をいただきました。そして、試用版を用いたワークショップでは、熱心な参加者の方々に使用者の立場からフィードバックをいただきました。最後に、ココ出版の田中哲哉さんは、私たちの様々なお願いを嫌な顔ひとつせず受け入れ、出版に向けて尽力してくださいました。この場を借りて、心より御礼申し上げます。

サポートページ

本書を使用する方々に向けて、他の使用例や役に立つ情報を下記のウェブサイトに掲載しています。
https://casedekangaeru.wixsite.com/home

目次

プロローグ

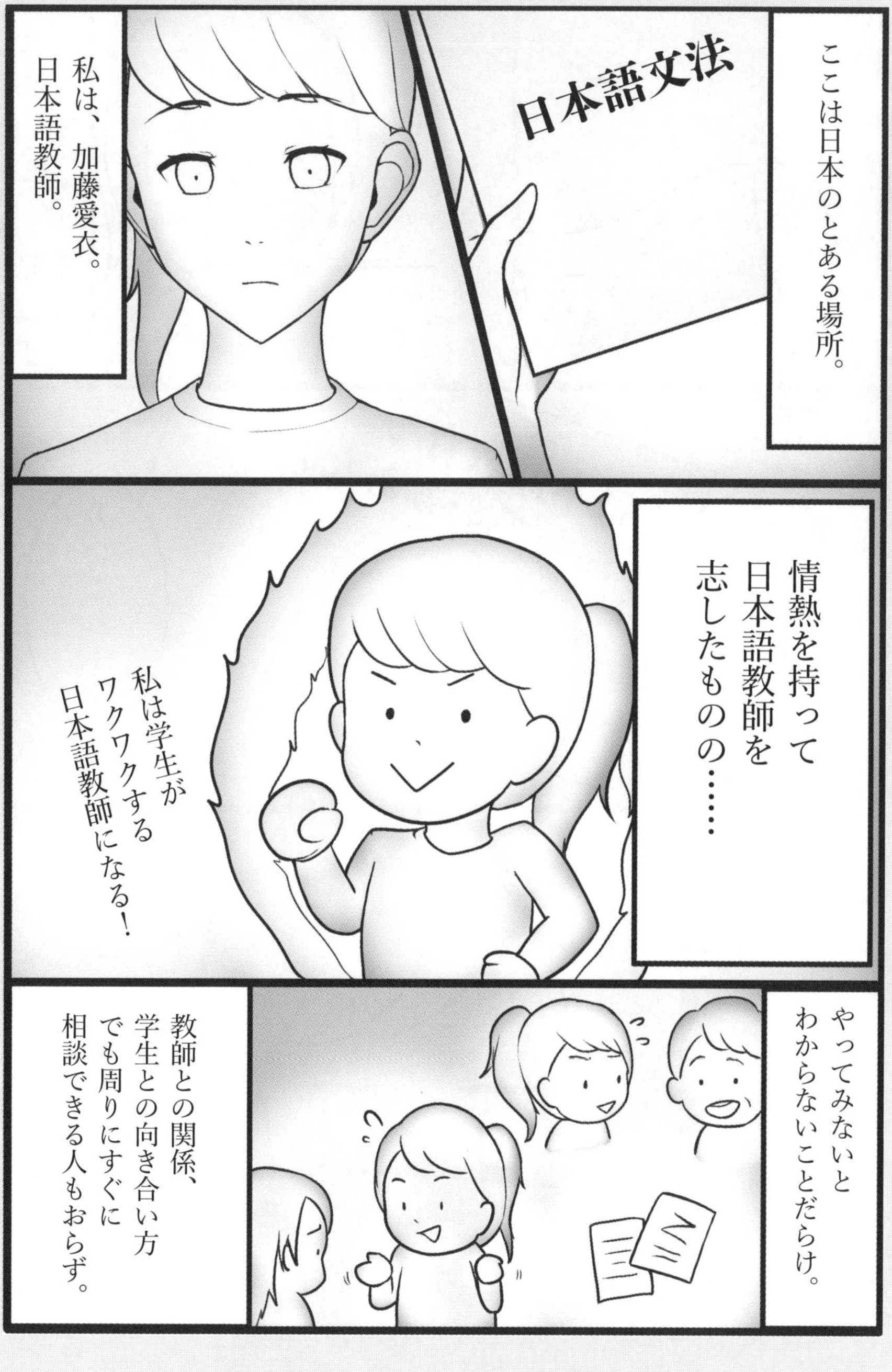
ここは日本のとある場所。
日本語文法
私は、加藤愛衣。日本語教師。
情熱を持って日本語教師を志したものの……
私は学生がワクワクする日本語教師になる！
やってみないとわからないことだらけ。
教師との関係、学生との向き合い方でも周りにすぐに相談できる人もおらず。

そう……
結構困ってます!
この文法もどうやって教えたら……
!?
なにこれ……
日本語教育で迷っているあなたへ
皆で集まって悩みを話してみませんか?
無料
誰かが私の教科書に挟んだの……?
怪しすぎる……
でも、八方塞がり……
行ってみるかー!

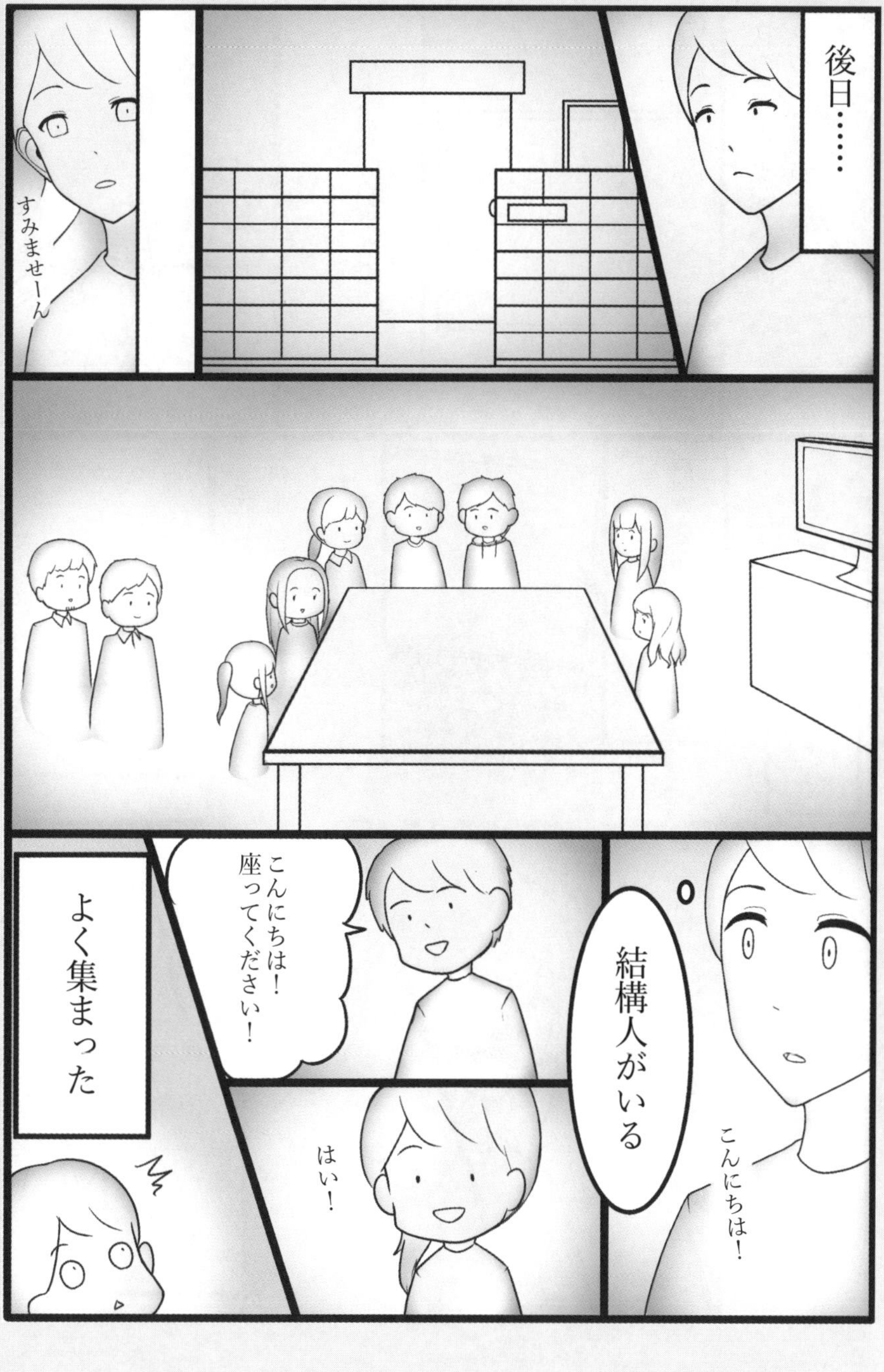
後日……
すみませーん
結構人がいる
こんにちは！
こんにちは！座ってください！
はい！
よく集まった

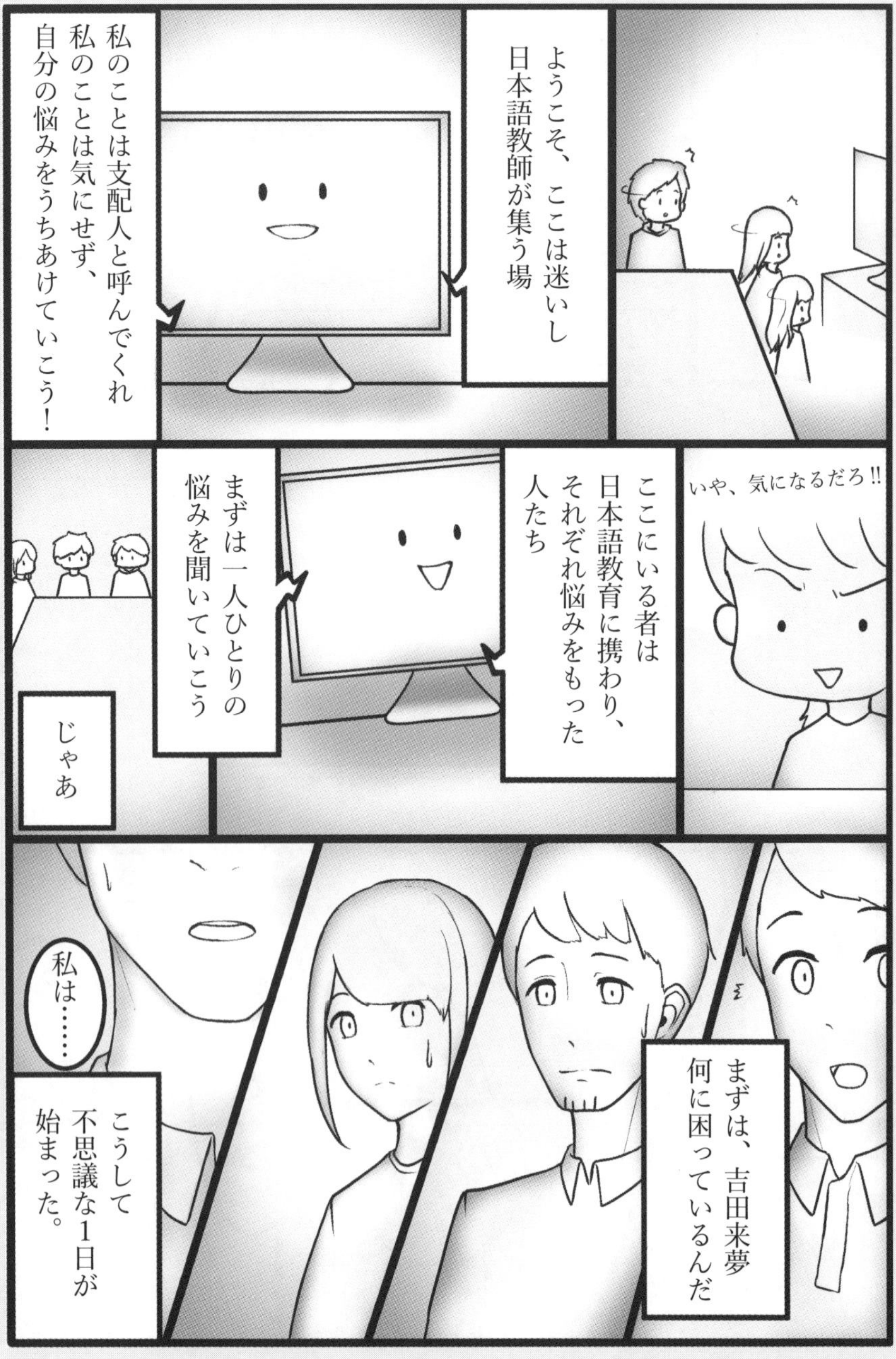
ようこそ、ここは迷いし日本語教師が集う場
私のことは支配人と呼んでくれ
私のことは気にせず、自分の悩みをうちあけていこう！
いや、気になるだろ!!
ここにいる者は日本語教育に携わり、それぞれ悩みをもった人たち
まずは一人ひとりの悩みを聞いていこう
じゃあ
まずは、吉田来夢何に困っているんだ
私は……
こうして不思議な1日が始まった。

第1章

日本語の「男女差」、どう扱えばいい？

多様な性とインクルーシブな学習環境を考える

本章を読む前に考えましょう

1. 自称詞には「ワタシ」「ボク」「お母さん」など、いろいろなものがありますが、あなたは自分のことを何と呼びますか。複数ある場合は、どのように使い分けていますか。
2. 「男言葉」「女言葉」とはどのようなものでしょうか。
3. 教科書や教材で、不快に感じた内容や、答えたくない人もいるんじゃないかと思った問いがありますか。どういった点に問題を感じましたか。

この章の副題にある「多様な性」とは異性愛を含むすべてのジェンダーやセクシュアリティの在り方を指しています。ジェンダーやセクシュアリティは私たちのアイデンティティの一部ですが、その形成、表現には言葉遣いが深く関わっています。性差が大きいとされる日本語を学ぶとはどういうことなのでしょうか。

もう一つのキーワード、「インクルーシブ教育」とは、個々の背景や特性を理由に学びの場から排除されたりせず、誰もが質の高い教育を受けられる教育です。この章では日本語の「男女差」の扱い方とジェンダーやセクシュアリティにかかわらず、誰もが安心して学べるインクルーシブな学習環境づくりを中心に考えてみましょう。

私は、吉田来夢です。交換留学生に日本語を教えています。夏の短期プログラムでは毎年何らかのプロジェクトを取り入れています。
今年は「多様なスピーチスタイル」をテーマにグループで発表し、いろいろなトピックが出てきました。
敬語
方言
若者言葉
男言葉
女言葉
「男言葉・女言葉」の発表は、特徴的な違いを整理したり、日本人学生に意識調査をしたりと、上手くまとまっていました。
そして、学生には授業の最後に発表の感想を書いてもらったのですが……
男性語・女性語の発表には次のようなコメントがあったのです。
性的マイノリティをバカにしているように感じました
男性語・女性語で話すのはどれくらい大事ですか

そんな誰かをバカにするような内容あったっけ……
あ、そういえば……
男性が女性語を使うと「オネエ言葉」になるので気をつけましょう！
例えば……「あらやだ！」
ワハハハ
アニメとか漫画でも、自由に話されているよな……
これかわいい！
そんなことねーだろ！
でも実際には女の人も男みたいな言葉を使うことあるし、逆もあるよな……
うーん…
そうなの
マジかよ!!
やっぱり男子学生には男らしく、女子学生には女らしく話してほしいなぁ
きちんと教えた方がいいのかなぁ

ケース 1

吉田来夢

私が勤める大学では夏に短期コースを開講しており、海外の協定校からの交換留学生が学んでいます。毎年何らかのプロジェクトを取り入れているのですが、今年は多様なスピーチスタイルをテーマにグループ発表をしてもらいました。学生が選んだトピックには敬語や方言、若者言葉、そして「男言葉・女言葉」がありました。そのグループの発表は男女の言葉遣いの違いを整理し、日本人学生を対象にした意識調査を盛り込むなど、上手くまとまっていたと思います。最後に他のグループの発表についての感想を提出させたのですが、「男言葉・女言葉」についてのコメントの中に次のようなものがありました。

・性的マイノリティをちょっとバカにしている感じがしました。(ケイト)

・日本語は男性と女性の話し方が違うので大変です。男言葉、女言葉で話すのはどれぐらい大事ですか。(ジュン)

ケイトさんのコメントについて思い返してみると、発表者の男子学生が「男性が女言葉を話すとオネエ言葉になるので気をつけましょう」と言って女性的な話し方をしてみせ、笑いが起きたところがありました。軽いノリで言ったことがウケた感じで、誰かをバカにしているようには感じなかったし、気まずい雰囲気にもならなかったと思います。今やテレビでオネエタレントを見ない日はないし、性的マイノリティに否定的な人はそんなにいないんじゃないでしょうか。私自身もＬＧＢＴに対して偏見はないつもりで、むしろオネエタレントが出ている番組は好んで見ています。

ジュンさんが書いていた男女の話し方については正直あまり深く考えたことがなく、授業でも教科書の「男性／女性が使う」という説明をなぞる程度でした。そこで改めて周囲の会話に耳を傾けてみると、いわゆる「男言葉」を男性が、「女言葉」を女性が、一貫して使っているというわけでもありません。私自身の話し方も相手や場面で変わります。そのことを考えると、ある言葉や言葉遣いを「男性／女性が使う」と教えてもいいのかという疑問がわいてきました。

とは言え、男子学生が「そうなの」と言ったり、女子学生が「マジかよ」などと言っているのを聞くとやはり抵抗を感じます。日本語教師としては、男子学生には男らしい話し方、女子学生には女らしい話し方を身に付けてほしいですし、授業でもきちんと教えたほうがいいのかもしれません。同僚の意見も聞いて、もう少し考えたいと思います。

いろいろな声を聞いてみよう

「オネエ言葉」とか言って笑いが起きてたけど、みんなクラスに性的マイノリティがいる可能性を考えてないんじゃないかな。私は女の子が好きなんだけど、先生もクラスメイトも私が異性愛者だって前提で話してくるし、教科書の練習問題もそうだから、答えに困るときがあるよ。クラスではカミングアウトするつもりはないんだけど、そのたびに男の人が好きなふりをするのもしんどいんだよね。

ケイトさん

ジュンさん

英語の一人称の「I」は単に「自分」という意味だけど、日本語の「ボク」や「アタシ」は「自分」に「女」か「男」かって意味も含まれるんですよね。私は、体は男だけど心もそうなのか、実は自分でもよくわかりません。とりあえず「ワタシ」を使っていますが、日本人の友達と話すときなんかは、丁寧すぎると言われることもあって、なんかいい表現はないのかなって思ってます。

男性が女性的な話し方をしたり、女性が男性的な話し方をしたら、からかわれたり、よくない印象を与えたりすると思うんです。日本語教師としては学習者が日本語を使う場面で損をしたり、嫌な思いをしないように、性別にふさわしい話し方を教えることが大事なんじゃないでしょうか。

八代先生（同僚）

A ケースの内容を確認しよう

1 吉田さんは「男言葉・女言葉」の発表で笑いが起きたことについてどのように解釈していますか。

2 吉田さんは周囲の人々の話し方について、どのようなことに気がつきましたか。

3 吉田さんは日本語の「男女差」を授業でどのように扱えばいいと考えていますか。

B ケースを読んで考えよう

1 吉田さんは「ＬＧＢＴに対して偏見はないつもりだ」と話していますが、本人の言う通り、偏見はないのでしょうか。偏見があるとすればどういった点でしょうか。

2 ある言葉や言葉遣いを「男性／女性が使う」とすることは妥当でしょうか。問題があるとすればどのような点でそう思いますか。

3 吉田さんは「男子学生が「そうなの」と言ったり、女子学生が「マジかよ」などと言っているのを聞くとやはり抵抗を感じます」と述べていますが、学習者がそのような話し方をしていたら、あなたはどう感じるでしょうか。それはなぜだと思いますか。

C いろいろな声を聞いて話し合おう

1 ケイトさんは教師やクラスメイト、教材の内容が異性愛を前提としていると感じています。あなたの周りはどうですか。

2 ジュンさんは自分に合った自称詞を探していますが、もしあなたが何かいい表現はないかと相談されたら、どうしますか。

3 吉田さんの同僚の八代先生は学習者が嫌な思いをしないように性別にふさわしい話し方を教えることが大切だと考えています。この考えについてどう思いますか。

D ディスカッション

日本語の「男女差」を授業で取り上げたことはありますか。どのように取り上げましたか／取り上げるとよいと思いますか。

解説

ケイトさんとジュンさんは日本語を学ぶ上で、かれらのジェンダーやセクシュアリティが関わる悩みを抱えています。ここではその要因となっている社会規範や言葉の規範意識について考え、多様な性の在り方を前提とした教育実践について検討してみましょう。

性の多様性

●性的マイノリティ＝LGBT？

近年日本でもLGBTという言葉が定着してきました。これはレズビアン、ゲイ、バイセクシュアル、そしてトランスジェンダー（性自認が身体的性と一致しない人）の頭文字を取ったものです。LGBTは性的マイノリティを象徴的に表す言葉として使われていますが、性の多様性のすべてが包括されているわけではありません。LGBTの他にも身体的に両性の特徴を持つ人、性自認・**性的指向**が流動的な人、相手にかかわらず性愛の感情を抱かない人など、様々な人たちがいます。性の在り方を**セクシュアリティ**と言います。セクシュアリティには性的指向、性自認、身体的性に**性表現**（話し方、服装、仕草など）を加えた四つの要素が関わっており、それが多様性につながっています。また、セクシュアリティは性的マイノリティだけでなく、すべての人に関わるものです。そのため、あらゆる性の在り方を包括する概念を表す言葉として、四つの要素の頭文字を取ったSOGIESC（ソジエスク）も使われるようになってきています。

セクシュアリティを構成する四つの要素

- 性的指向：好きになる性 **S**exual **O**rientation
- 性自認：心の性 **G**ender **I**dentity
- 性表現：表現する性 Gender **E**xpression
- 身体的性／性的特徴：体の性 **S**ex **C**haracteristics

→ **SOGIESC**

●性的マイノリティの割合？

読者の中には自身が性的マイノリティだという人、家族や友達がそうだという人、身近にはいない（知らない）という人もいると思います。調査によって幅がありますが、電通ダイバーシティ・ラボの「ＬＧＢＴ+調査２０２０[1]」では対象者の８・９％が、「働き方と暮らしの多様性と共生」研究チームの調査[2]では８・２％が性的マイノリティだと考えうる結果が出ています。ただし、性的アイデンティティの自認・開示には文化や社会背景も深く関わっており、数字の解釈や調査方法に対する評価も様々です。しかし、割合はさておき、性的マイノリティは存在しています。ジェンダーやセクシュアリティにかかわらず、すべての人が自分らしく生きられる社会を目指すことが多様性の尊重であり、重要なことだと言えるでしょう。

ジェンダー（Gender）

セックスが身体的性差を意味するのに対し、ジェンダーは社会的・文化的性差と定義されます。男らしさ・女らしさ、性別による役割は社会や文化によって異なり、時代と共に変化しうるものです。

日本語教育と性の多様性

教師の中には性的マイノリティの学習者を教えたことがないという人もいるでしょう。しかし、性的アイデンティティは可視化されにくく、周囲が気づかないことも珍しくありません。そのため、学習者が何らかの理由で困っていたとしても、それが顕在化しにくいと言えます。ケースに登場したケイトさんは教師やクラスメイトに異性愛者だと決めつけられていて困っていました。ジュンさんは性自認が曖昧で、自称詞の使い方に悩んでいました。なぜこのようなことが起こるのでしょうか。この問題について「性別二元制・異性愛規範」と「言葉に関わる規範意識」という二つの観点から考えます。

●「性別二元制」と「異性愛規範」

日常の様々な場面で私たちは性別を問われます。性別欄では男か女を丸で囲むことが当然のように行われていますが、人間であれば男女のどちらかであるという社会規範を**性別二元制**と言います。**異性愛規範**とは性別二元制を前提に、男女の関係のみを正常で自然なものとする社会規範です。近年は同性間の恋愛を描いたドラマや漫画が人気を博す一方で、CMなどに登場するカップルは必ずと言っていいほど男女であり、同性のカップルが自然な関係として描かれることはほとんどありません。また、2015年に渋谷区で導入されて以来、同性パートナーシップ制度が全国に広がりを見せており、同性婚をめぐる議論も活発化しています。反対派の主な理由に「少子化が進む」「結婚は男女ですべき」「伝統的な家族の在り方が崩れる」が挙がっており、[3] 異性愛規範が根拠になっていることが窺えます。

●教材・学習環境に見る性別二元制と異性愛規範

この性別二元制と異性愛規範は、日本語の教材にも反映されています。例えば、教科書の登場人物の人種や出身地には多様性がある一方で、性別は女か男、デートの相手は異性です。また、語彙やイラスト、練習問題などからも、学習者が異性愛者の男女であることが前提とされ、そうでない可能性は考慮されていないことが窺えます。[4] 同じことが一部の教師や学習者の認識についても言え、そういった学習環境がケイトさんの悩みにつながっています。

英語教育の分野では、こうした教材における性的マイノリティの不在や性別二元制・異性愛規範を前提とする学習環境が、効果的な学びの妨げになっていると指摘されています。[5][6] 日本語教育の分野での研究はまだ萌芽的段階ですが、アメリカで日本語を学ぶ大学生を対象にした調査では「教室活動で自分の性別が男女に当てはまらず困った」「教科書でLGBTQに触れてほしい」「教師に自分のpronoun（自称詞）を知ってほしい」といった当事者からの声が報告されており、[7] 多様な性を前提とした学習環境が求められます。

●日本語の性差表現と規範意識

次に言葉に関わる規範意識について考えてみましょう。日本語は特に話し言葉で男女の差が顕著な言語だとされています。日本語学においては、性差のある言葉・表現（以下、性差表現）を絶対的なものと相対的なものに分類し、人称代名詞や終助詞、判定詞、感動詞などに表れる違いを体系化してきました。一般的に女性は断定を避け、命令的ではなく、自分の考えを相手に押し付けない言い方をするのに対し、男性の話し方は断定や命令を含み、主張・説得をするための表現を多く持つとされています。

このような日本語学における性差表現の分類は日本語の教科書や日本語教育の参考書にも反映されています。例えば、命令形は男性が使うもので、女性は「〜なさい」を使うという説明がなされていたり、性別にふさわしい話し方をするよう注意を促すものもあります。実際の会話データに基づく分析では、女性・男性のみが使うとされてきた絶対的な性差表現も相対的なものであり、人々は様々な表現を相手や場面に応じて使い分けていることが明らかになっています[8][9]。しかし、このような研究結果が教材などに十分に反映されているとは言えません。

ケースでは吉田さんが「男子学生が「そうなの」と言ったり、女子学生が「マジかよ」などと言っているのを聞くとやはり抵抗を感じます」と述べています。日本語教師でなくとも同じように感じる人は少なくないでしょう。このことは、性差表現が「男言葉・女言葉」という抽象的な概念として認識されており、性別にふさわしい話し方をすべきだという**規範意識**が存在していることを物語っています。性別が話し方によって示されることはありますが、性別によって話し方が決められているわけではありません。そのような規範意識が、ジュンさんのように性自認が定まっていなかったり、体と心の性が一致しない学習者にとって困難な状況を生むことを認識しておく必要があるでしょう。

●言葉とアイデンティティ

私たちは話し方を通して、その人がどういう人かを判断したり評価したりしています。それは私たちが言葉とアイデンティティに強いつながりを感じているからに他なりません。社会言語学者の中村桃子は、言葉とアイデンティティの関係について**本質主義**と**構築主義**という二つの立場からの見方を説明しています[10]。本質主義とは物事には本来備わった性質があり、それは変化しないという考えです。性差表現を本質主義の立場から解釈すると、人は自分の性別に基づいて言語行為を行う、つまり女だから女言葉で話し、男だから男言葉で話すということになります。一方、構築主義とは物事の性質は社会的につくられるもので、変化しうると考えます。そして、構築主義では、人は言語行為を通してアイデンティティをつくりあげているという解釈がなされます。ここでは、この構築主義の立場を取って議論を進めます。

「本章を読む前に考えましょう」の一つ目、自分のことを何と呼ぶかという質問に、みなさんはどう答えましたか。例えば、男性で「オレ」「ボク」以外にも「ワタシ」「お父さん」といった複数の自称詞を使う人もいれば、「オレ」は使わない人、「アタシ」を使うという人もいたかもしれません。それぞれの自称詞には特定のイメージがあり、聞き手はそのイメージと重ねて話し手がどういう人かを解釈します。同様に「そうだね」「そうね」といった文末表現やイントネーションを含む話し方も特定のイメージと結びついています。このような表現・話し方を選択的に使い分けることで、私たちはその時々に応じたアイデンティティを構築していると言えます。例えば、自分を「お母さん」と呼ぶことは、その行為を通して母親としてのアイデンティティを確立し、それを相手に伝えることになるのです。

●規範意識とパターナリズム

このように言葉は「自分が何者であるか」というアイデンティティの表明に密接に関わっているわけですが、ここで「いろいろな声を聞いてみよう」の八代先生の意見について考えてみましょう。八代先生は学習者が損をしたり嫌な思いをしないように、性別にふさわしい話し方を教えることが大事だと述べています。この「学習者のため」という姿勢に一定の説得力を感じる人もいるでしょう。しかし、それが**パターナリズム**に陥っていないかを考えることが重要です。パターナリズムとは強い立場の者が弱い立場の者の利益のために、本人の意思に反してでも、その生活や行動に干渉することを言いますが（→第5章を参照）、八代先生は本人の意向やアイデンティティの尊重については考えていないようです。これは教師という権威的な立場から言葉遣いに対する自身の規範意識を学習者に押し付けているとは言えないでしょうか（同様のことは母語話者と非母語話者という関係性においても起こりえます）。このような教師の態度には、日本語教育の場を、性的マイノリティの学習者が自己の隠し方を訓練し、異性愛規範の社会に参加するための下準備をする場にしてしまう危険性があり[11]、批判的に考える必要があります。

ここで言葉の規範意識について、もう少し考えてみましょう。「いろいろな声を聞いて話し合おう」の2番では、性別を問わない自称詞について、どのようなアイデアが出たでしょうか。勉強会などで同様の質問をすると、「自分」という答えがよく出ます。そして、それがいいと思う人もいれば、不自然だという人もいます。同様に「彼女・彼氏」に代わる中立的な言葉としての「恋人」や「好きな人」、「相方」なども意見が分かれます。確かに、これらの言葉はニュアンスに違いがあり、言語教師が言葉の意味や用法に敏感であることは大切でしょう。ですが、性別二元制・異性愛規範が色濃い社会においては、性差表現に対する規範意識が強く働いたり、性別を問わない**ジェンダーニュートラル**な選択肢が限られているため、既存の言葉や用法では、自分らしさを表現できない場合があります。学習者がこのような状況に置かれているとき、規範的な用法と照らしながらも、自分らしさを表現するために非規範的な用法や多少違和感を覚える表現でも許容することが、むしろ「学習者のため」と言えるのではないでしょうか。元来、言葉は意味の拡大や派生によって用法も変遷してきました。社会において多様性を重視する姿勢が広がれば、言葉に対する規範意識や違和感も変化していくことでしょう。

インクルーシブな学習環境を目指して

●インクルーシブ教育

インクルーシブ教育というと、障がいのために特別な支援を必要とする児童・生徒がそうではない児童・生徒と共に同じ環境で教育を受けるというイメージを持つ人も多いでしょう。しかし、その対象は障がいを持つ人だけではありません。ユネスコが2009年に刊行した『教育におけるインクルージョン政策指針（Policy Guidelines on Inclusion in Education）』では、インクルーシブ教育の目的を「人種や経済状態、社会階級、民族、言語、信仰、ジェンダー、性的指向、そして能力の多様性に対する否定的な態度や対応の欠如から生まれる排除をなくすこと」（p.5）としています。[12] 性の多様性の観点からは、誰もがジェンダーやセクシュアリティにかかわらず安心して参加できる学習環境づくりが求められます。多様な性の在り方を前提としたインクルーシブな教育実践の手掛かりとして、以下、**クィアペダゴジー**という教育理念と**言語資源**という概念を取り上げます。

●クィアペダゴジー

クィアペダゴジーとはクィアな視点、つまりジェンダー・セクシュアリティに関して非規範的な視点から教育を批判的に検証し、性的マイノリティが安全に学べる環境を目指す教育理念と実践を指します。[13] 性別二元制や異性愛規範への問題提起を行う**クィア理論**と教育における権力や不平等を批判的に考察する力の育成を通して自己実現と社会の変革を目指す**クリティカルペダゴジー**に立脚し、90年代になって議論されるようになりました。

日本語の教材が性別二元制、異性愛規範を前提にしていることはすでに述べましたが、クィアペダゴジーを応用すると「同性愛の人はこの質問をどう思うだろう」「恋愛感情を持たない人は答えられるかな」といった批判的な視点で教材を分析し、必要に応じて手を加えたり、解説などに欠けている性の多様性への視点を補うことができます。さらに、このような作業を学習者と一緒に行うことで、教師一人では気がつかない問題を補い、学習者の批判的思考力の育成や多様性についての問題意識の共有につなげることができます。このようにクィアペダゴジーの視点を取り入れることで、インクルーシブな学習環境に近づけることができるでしょう。

クィア（Queer）

もともと「奇妙な」「風変わりな」といった意味の英語で、主に男性同性愛者に対して侮蔑的な意味合いで使われていました。90年代に入ると、性別二元制や異性愛規範への抵抗運動、性的マイノリティの連帯を象徴する政治的な意味合いを持つ言葉となり、さらに性的マイノリティの総称や、アイデンティティを表す言葉として使われるようになりました。LGBTにこのQueerの頭文字を加えたLGBTQもよく使われます。

多様な学習者を想定する

性の多様性を踏まえた授業を実践するに当たり、心に留めておきたいことがあります。それは学習者の中には文化的背景や宗教的信条から多様な性の在り方を容易に受け入れられない人もいるということです。こういった背景・信条もかれらのアイデンティティと深く関わっており、中には自身の性的アイデンティティと文化的アイデンティティの対立で苦しんでいる場合もあるかもしれません。そのような学習者を教師が非難、断罪するような態度を取ってしまうと、今度はかれらにとって居心地の悪い環境となり、別の問題を引き起こす可能性もあります。インクルーシブ教育はすべての学習者が安心して学べる環境を目指すものです。どのようなジェンダー・セクシュアリティであっても問題なく参加できる授業実践が重要になります。

言語資源としての性差表現

最後に、日本語教育において性差表現がどのように位置付けられうるかを考えてみましょう。前出の中村桃子は構築主義の立場から性差表現を言語資源の一つとして位置付けることを提案しています。例えば、地域によっても異なりますが、「オレ」は男性的な力強さ、「…かしら」は女性的な上品さといったイメージと結びついています。この結びつきを、アイデンティティを構築するために誰もが使う可能性のある言葉のリソースと捉え、性差表現を「自分らしさ」を表現するための素材と考えるというものです（図1を参照）。この言語観に立つことによって、学びの場を「規範を教える場」から「自己表現の方法を学ぶ場」へと変える可能性が見えてきます。

　母語話者であれば、特定の話し方が聞き手に与えるイメージについての知識がありますが、学習者もそうとは限りません。中村は母語話者がメディアによって伝えられる様々な会話から言語資源を学んでいると述べています[10]。例えば、九州から出たことがない人でも、ドラマに登場する関東や関西の人物の話し方を聞いて、その性格や生い立ちを推測したり、さらには特定の話し方から、宇宙人や博士といった架空の存在ですらイメージできるのはこのためです。このことを踏まえると、学習者の言語資源を充実させる方法の一つとして、映画やドラマ、バラエティ番組など、様々なメディアで話される日本語を素材として、それぞれの人物のアイデンティティが話し方にどのように表れているか、話し方からどのような印象を受けるかなどを話し合うといった活動も考えられます。学習者の習熟度に合わせてイントネーションやスピード、文末表現や使用語彙など、注目する点を調整することができるでしょう。

図1　言語資源のイメージ

発展活動

①ケースについての議論を踏まえ、解説を読んで新たに気づいたことはありますか。どのようなことを考えましたか。

②身近にある日本語の教科書や教材を「性の多様性」を踏まえて批判的に分析してみましょう。性別二元制や異性愛規範を前提にした記述や、性的マイノリティにとって答えにくい設問などがあれば、どのよ

うな工夫ができるかも考えてみてください。

③日本語の性差を授業で扱う場合、どのように取り上げることができるでしょうか。「性の多様性」を念頭に説明の仕方や教室活動などを考えてみましょう。

参考文献

[1] 電通ダイバーシティ・ラボ「ＬＧＢＴ＋調査２０２０」<https://dentsu-ho.com/booklets/498>（２０２３年８月12日閲覧）

[2]「働き方と暮らしの多様性と共生」研究チーム（日本学術振興会 科学研究費助成事業）「大阪市民の働き方と暮らしの多様性と共生にかんするアンケート結果速報」<https://osaka-chosa.jp/files/preliminaryresults190425pub.pdf>（２０２０年10月19日閲覧）

[3] ＮＨＫ放送文化研究所「ジェンダーに関する世論調査　単純集計結果」<https://www.nhk.or.jp/bunken/research/yoron/pdf/20210628_1.pdf>（２０２３年８月12日閲覧）

[4] 有森丈太郎（２０１７）「ジェンダー・アイデンティティの多様性から考える日本語教育」『CAJLE Annual Conference 2017 Proceedings』pp.24–33.

[5] Norton, B. (2013). *Identity and Language Learning: Extending the Conversation.* (2nd ed.). Bristol, UK: Multilingual Matters.

[6] Gray, J. (2013). LGBT invisibility and heteronormativity in ELT materials. In J. Gray (Ed.), *Critical Perspectives on Language Teaching Materials* (pp.40–63). London, U.K.: Palgrave Macmillan.

[7] 山川礼（２０１９）「多様化するジェンダーを学習者の視点から考える」『The 25th Princeton Japanese Pedagogy Forum Proceedings』pp.258–267.

[8] 鈴木睦（２００７）「言葉の男女差と日本語教育」『日本語教育』134, pp.48–57.

[9] トムソン木下千尋・飯田純子（２００７）「女性発話「まだメシくってない」をめぐるジェンダーと日本語教育の考察」『日本語教育』134, pp.120–129.

[10] 中村桃子（２００７）『〈性〉と日本語―ことばがつくる女と男』ＮＨＫブックス

[11] ショールウェシェレーニ＝マテ（２０１９）「日本語教育におけるシスジェンダー中心主義―学習者の経験を中心に」東京学芸大学大学院教育学研究科修士論文（未公刊）

[12] United Nations Educational, Scientific and Cultural Organization (2009). *Policy Guidelines on Inclusion in Education* <https://unesdoc.unesco.org/ark:/48223/pf0000177849>（２０２３年８月12日閲覧）

[13] Thomas-Reid, M. (2018). *Queer Pedagogy. Oxford Research Encyclopedia of Education.* <https://oxfordre.com/education/view/10.1093/acrefore/9780190264093.001.0001/acrefore-9780190264093-e-405>（２０２０年８月17日閲覧）

もっと学びたい人のための
文献案内

石田仁（2019）『はじめて学ぶ LGBT―基礎からトレンドまで』ナツメ社
性的マイノリティに関わる問題を様々な角度からわかりやすく解説しています。性的マイノリティに関わる基礎的な知識や研究にも役に立つ情報が幅広く紹介されています。

永田麻詠（2022）『性の多様性と国語科教育―言葉による見方・考え方を働かせる授業づくり』明治図書
性の多様性について国語科で取り上げる意義やその具体的な方法を議論しています。学校における性的マイノリティの子どもたちをめぐる現状や教材、教育行政上の課題も論じられており、日本語教育の実践や課題について考える上でも参考になります。

中村桃子（2001）『ことばとジェンダー』勁草書房
ことばとジェンダーに関わる研究の発展をふりかえり、構築主義の観点からことばとアイデンティティ、イデオロギーの関わりについて掘り下げています。やや専門的なので、先に参考文献［10］を読むと理解がより深まると思います。

クレア＝マリィ（2013）『「おネエことば」論』青土社
ケースで「オネエ言葉」という表現が出てきましたが、男性が「女言葉」を使うと、それは「オネエ言葉」なのでしょうか。この本では「オネエ言葉」を言語学的に分析し、マスメディアによる扱いや、社会的な機能、異性愛規範との関わりなど、ことばとジェンダーの問題について議論しています。

Okamoto, S. & Shibamoto-Smith, J. S. (2004). *Japanese Language, Gender, and Ideology: Cultural Models and Real People*. Oxford, U.K.: Oxford University Press.（洋書）
日本語学やジェンダー研究の研究者たちによる論文集です。実際の会話や紙媒体における日本語使用の分析に基づき、性差表現などに関する日本の伝統的な言語観・規範意識がいかに文化的に構築されたものであるかが、自称詞の使用や言語政策、辞書の定義、方言など、様々な観点から議論されています。

Column

マイクロアグレッションについて考えよう

インクルーシブな学習環境を考える上で避けては通れない概念に、マイクロアグレッション（microaggression）というものがあります。文字通りに解釈すると「小さな（micro）攻撃（aggression）」という意味のこの言葉は、「ありふれた日常の何気ない言動が、社会的に抑圧されている集団の属性（人種、ジェンダー、性的指向など）を軽視したり侮辱したりする否定的表現となって積み重なること」を指します[1]。例えば、アジア系アメリカ人などが「もともとはどこ出身なの？」と聞かれることがあります。この質問の裏には、「あなたはアメリカ人ではない。よそ者である」という否定的なメッセージが隠れています。

マイクロアグレッションは、日本語の教室内（教師から学習者へ、または学習者同士）でも日常的に起こっています。しかし、本章のケースにも見られる通り、そこに意識的である教師はいまだ多くはないようです。例えば、吉田先生の「むしろオネエタレントが出ている番組は好んで見ています」という発言と、八代先生の「男性が女性的な話し方をしたり、女性が男性的な話し方をしたら、からかわれたり、よくない印象を与えたりする」という発言は、性的マイノリティである筆者にはマイクロアグレッションに感じられます。吉田先生の言動は、性的マイノリティが興味本位におもしろおかしく扱われている悲しい現状を如実に表しているからです（八代先生の発言に関しては本章で解説されている通り）。

ここで、「そんなの過剰反応だ！」と感じた読者もいるかもしれません。それこそが、マイクロアグレッションの恐ろしいところなのです。マイクロアグレッションを行う者は、大抵の場合、否定的なメッセージを発信していることに全く気づきません。表面上は悪意のないものに見えたとしても、また、一つひとつは些細な言動でも、積もり積もれば受け手の心身にストレスが鬱積し、いつか怒りやあきらめという形で爆発します。すると、マイクロアグレッションを行った者は、自身の言動の否定的な影響力には無自覚に、「またマイノリティが過剰に反応している」と片付けてしまうのです。このサイクルを「蚊に刺される」ことに例えた動画[2]がＳＮＳで話題になったことがあります。マイクロアグレッションに関して何が問題なのか少しピンとこないという方には視聴をおすすめします。

教室内に意図しないマイクロアグレッションを生まないためにも、教師一人ひとりに、自らの教育経験を批判的にふりかえり、無意識の偏見と真剣に向き合い、多様性や人間の尊厳に対する鋭い問題意識を養ってもらいたいと思います。そのような意識改革・行動変革が、究極的には学習者が安心して学べるインクルーシブな学習環境につながるからです。

［望月良浩］

参考文献

［1］Sue, D. W. (2010). *Microaggressions in Everyday Life: Race, Gender, and Sexual Orientation.* Hoboken, NJ: John Wiley & Sons, Inc.

［2］Fusion Comedy. "How Microaggressions Are Like Mosquito Bites"（日本語字幕）https://youtu.be/dXvkuU2h2IA（２０２３年8月12日閲覧）

第2章

日本語じゃないと不公平？
媒介語と公平性を考える

本章を読む前に考えましょう

1. 外国語の授業をふりかえってみてください。教師やクラスメイト、あなた自身はその外国語（目標言語）以外の言語も使っていましたか。目標言語とその他の言語は、それぞれどのような目的で使われていましたか。
2. あなたが外国語を学ぶ際に、その目標言語だけで授業をしてほしいですか。それとも母語など、自分がよくわかる言語を交えてほしいですか。また、授業中は学習者同士も目標言語のみを使用するというルールについてどう思いますか。
3. 学習経験の有無や育った環境の違いなどで、クラスの誰かが他の人に比べて有利・不利だと思ったことはありますか。または、教師のやり方が学習者の間に不公平を生んでいると感じたことはありますか。

教授法には媒介語を使って説明や指示をする方法と、目標言語のみで教えることを前提としたいわゆる直接法があります。媒介語使用のメリット、デメリットはそれぞれどのような点でしょうか。また、教室には様々な背景を持った人たちが集まりますが、常に全員が理解できる言語があるとは限りません。そのような環境での媒介語の使用はどのように位置付けられるでしょうか。ここでは媒介語を切り口に、学びの場での複数言語使用や公平性について考えてみましょう。

私は村西武史。
アパート経営をしています。
最近外国人の入居者が増えてきたことをきっかけに日本語教育に興味を持ちました。
今は週に一回、地域の公民館で日本語のボランティアをしています。
私の教室は、様々な国の人がいて、自分で日本語のレベルも選ぶことができます。
内容は身近な話題について、ワイワイと話すことが多いです。
前回は集合住宅の掲示物をいくつか用意して、みんなで見ていました。
これは何ですか？
ペットと居住者が快適に生活する……
掲示物
(英訳)
なるほど

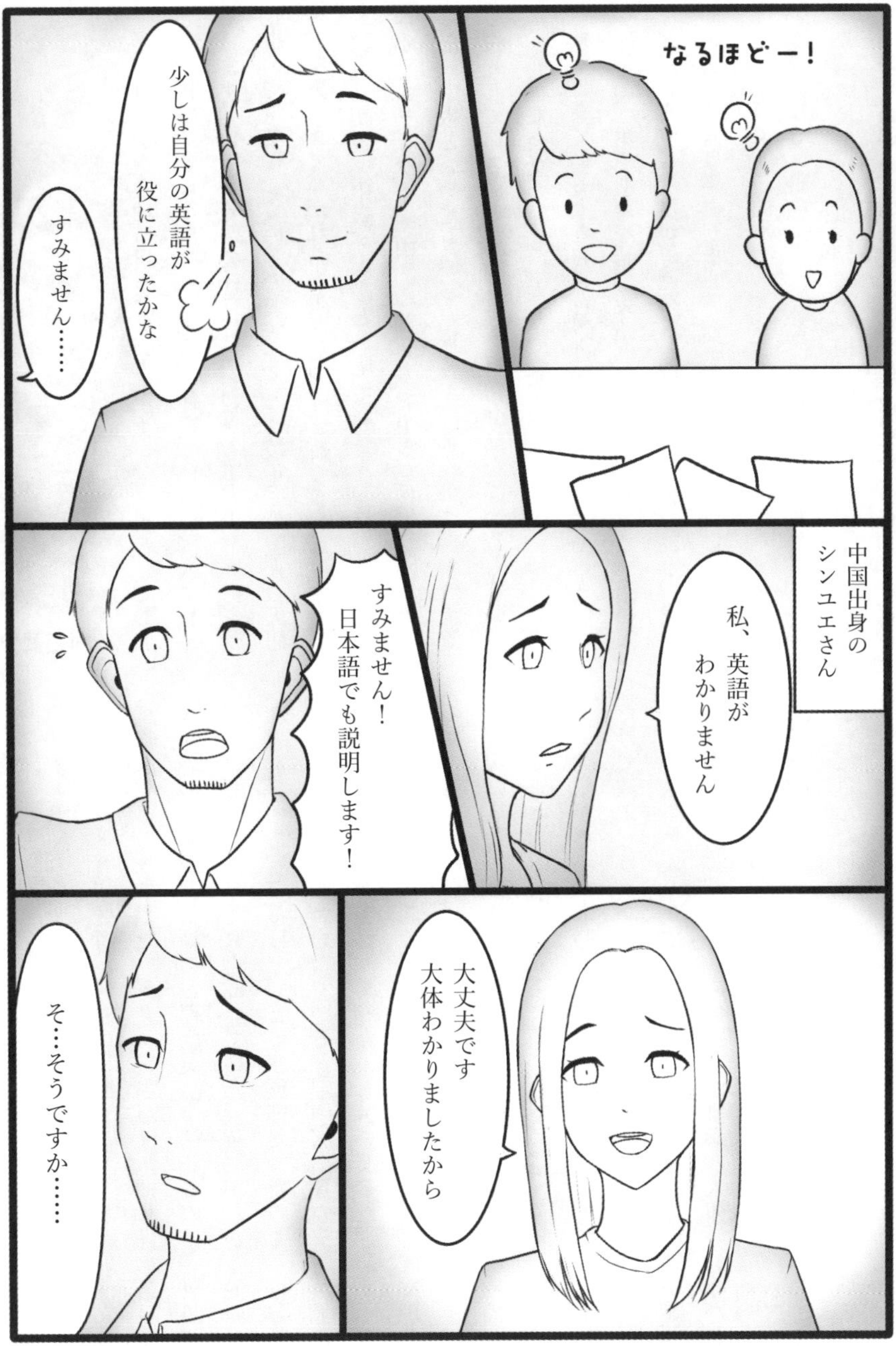
なるほどー！
少しは自分の英語が役に立ったかな
すみません……
中国出身のシンユエさん
私、英語がわかりません
すみません！日本語でも説明します！
大丈夫です 大体わかりましたから
そ…そうですか……

ケース 2

村西武史

半年ほど前から地域日本語教室にボランティアとして参加し、公民館で週に1度、この地域に住んでいる外国人に教えています。15年勤めた会社を辞め、親からアパート経営を受け継いで生業にしているのですが、ここ数年、外国人の入居者も増えてきて、かれらの生活に興味を持ちました。

教室は初級、中級、上級と一応のレベル分けがあり、私はボランティアの中田さんと2人で中級を教えています。ただし中級といっても、どのレベルにするかは本人の希望を優先しているので、ある程度日常会話ができる人もいれば、簡単な会話が難しい人もいます。

教室に来ている人たちの背景は様々です。母語でいえばスペイン語、ポルトガル語、英語、中国語、ウルドゥー語の人などがいます。全員が毎週来るわけではありませんが、たいてい7、8人は集まります。教室では特定の教科書は使っておらず、その時話題になっていることについて話したり、生活に密着したお知らせや広告を読んだりしています。

先週の授業では集合住宅の掲示物をいくつか用意して、どんなものがあるか見てみました。活動の終わりに質問がないことを確認し、次の活動に移ろうとしたとき、オーストラリア出身のラクランさんがマンションの注意書きにあった「ペットと居住者が快適に利用する……」という文の意味を聞いてきました。ラクランさんはあまり日本語ができないのですが、私はある程度英語が話せるので、英語で説明をしました。それを聞いていた、英語がわかる他の参加者も「ああ、なるほど」という反応だったので、自分の英語が役に立ったと思っていると、中国出身のシンユエさんが「私は英語がわかりません」と言いました。悪かったと思い、再度日本語で説明しようとしたところ、彼女がこの文の意味はわかっていると言ったので、少し気になりつつも次の活動に移りました。

授業の後、中田さんとそのことについて話したのですが、英語がわからない人にとっては不公平なので、日本語だけで教えたほうがいいんじゃないかと言われました。確かにそれもわかります。でも、日本語だけでは理解が難しい人もいますし、シンユエさんは漢字から大体の意味がわかるのでその点で有利です。漢字が苦手な人たちからすれば、それも不公平だと言えるんじゃないでしょうか。どうすればみんなにとって公平な授業になるのか、頭を悩ませています。

いろいろな声を聞いてみよう

村西さんは優しいし、授業もおもしろいので、このクラスは気に入っています。ただ、時々ですが、説明するときに英語を使うことがあるので、英語がわからない私はちょっと仲間外れにされたような気分になります。それに、日本語のクラスなんだし、日本語だけでやってもらえたら聞く練習にもなって、もっといいのになと思います。

シンユエさん

ラクランさん

村西さんは、僕がわからないときは英語で説明してくれて、とても助かってます。村西さんの前の人は日本語しか話さなかったので、質問をしても、その説明がよくわからないことがありました。他のみんながわかっているようなときは、それ以上質問して時間を取るのも悪いので、結局あきらめることも多かったです。

村西さんは授業中に時々英語を使うのですが、それがちょっと気になっています。この教室は参加者のレベルに幅があって、日本語の説明だけではわからない人もいます。英語がわかる人はいいでしょうが、英語がわからない人にとっては不公平なんじゃないかと思います。ここは日本だし、全員が理解できる媒介語がない場合は、やっぱり日本語だけで教えたほうが公平でいいんじゃないでしょうか。

中田さん

A　ケースの内容を確認しよう

1　教室に来ている参加者はどのような人たちですか。

2　村西さんがラクランさんに英語で説明したのはなぜですか。

3　村西さんは、シンユエさんの母語が中国語であることは日本語を学ぶ上でどのような影響があると考えていますか。

B　ケースを読んで考えよう

1　中国出身のシンユエさんは、村西さんが英語で説明するのを聞いて、内容が理解できていたにもかかわらず、英語がわからないと訴えました。ケースを読んだ時、なぜだと思いましたか。

2　村西さんは英語が全員の共通語でない教室で、英語を使って説明をしました。この対応についてどう思いますか。それはなぜですか。

3　村西さんと中田さんは学習者と接する上で「不公平があってはいけない」と考えていますが、二人の考える「不公平」には違いがあるようです。それぞれどのような観点から公平・不公平を考えていると思いますか。

C　いろいろな声を聞いて話し合おう

1　シンユエさんは日本語だけの授業のほうが疎外感もないし、練習の機会も増えると感じています。その他に媒介語を使わないことの利点は何でしょうか。

2　ラクランさんは村西さんが英語で説明をしてくれることで理解が深まっているようです。その他に媒介語を使うことの利点は何でしょうか。

3　ボランティアの中田さんは、共通の媒介語がない場合は日本語だけで教えたほうが公平でいいと考えています。この考えについてどう思いますか。

D　ディスカッション

クラスに日本語だけで教えてほしい参加者と媒介語を使ってほしい参加者が混在する場合、あなたならどうしますか。

解説

ケースでは媒介語の使用について、様々な立場からの意見に触れました。解説では媒介語・複数言語使用について教授法、第二言語習得理論の観点から議論し、教室での言語使用、さらに教育における公平性についても考えます。

媒介語の使用

●媒介語と教授法との関わり

媒介語とは学習者の母語または教師と学習者の共通語で、授業中の説明や指示および教材における説明や対訳に使われる言語のことです。媒介語を使用せず、目標言語のみで外国語を教える方法を総称して**直接法**と言います[1]。

18世紀中葉に始まったイギリス産業革命は国境を越えた人々の交流を盛んにし、外国語でのコミュニケーションの重要性が高まりました。それ以前の外国語教授法といえば、知的訓練を目的とした文法訳読法でしたが、19世紀になると口頭能力の育成を目的とした新しい教授法が考案されるようになりました。これらは母語の自然習得をモデルにしていることからナチュラル・メソッドと呼ばれ、媒介語を使用しない直接法が用いられました。直接法では学習者の母語などによる説明をしないため、語彙や表現は実物やイラスト、動作で導入し、文法や用法は複数の例文を用いて帰納的に理解させることが前提となります。ただし、教師が媒介語を使わなくても、教材では訳が与えられるなど、限定的に媒介語を取り入れる、いわゆる直接法的な折衷法が取られることもあります。

●媒介語が果たす役割

次に媒介語の役割について考えるために、直接法の長所・短所といわれる点について考えてみましょう。『新・はじめての日本語教育2［増補改訂版］日本語教授法入門』では直接法について次のようにまとめています[2]。

【長所といわれている点】

・媒介語を使わないので、学習者が目標言語に慣れるのが早い。

・翻訳をしないので、目標言語で考える習慣ができる（ただし直接法で教えられても、学習者はそれを母語で考えているのだという説もある）。
・口頭での言語の訓練が中心なので、ヒアリング、スピーキングの能力育成に向いている。

【短所といわれている点】
・媒介語を使用しないため、意味の説明が回りくどく、正確に伝わらないこともある。
・説明や例文提示のために、教師が話す時間が長くなり、学習者の発話時間が減る。
・初級段階では文字の教育が行われないので、学習者によっては失望することもある。
・媒介語を使用せず、目標言語だけですべてを処理しようとするため、教師の負担が多い。（pp. 153–154）

この他の直接法の長所として、学習者が複数の例文から自分で文法規則を導き出すといった能動的な学習になる、教師が学習者の母語を知らない場合や学習者間に共通語がない場合にも教えられるなどが挙げられます。短所としては特に初級段階では学習者が疑問に思ったことが質問できない、教具が多くなるなども考えられます（表1を参照）。

表1　直接法と媒介語使用の長所と短所

	長所とされる点	短所とされる点
直接法	・目標言語に慣れるのが早い ・目標言語で考える習慣ができる ・口頭能力の育成に向いている ・能動的な学習になる ・教師が学習者の母語を知らなくてもいい ・学習者間の共通語がなくてもいい	・説明が回りくどく、正確に伝わらない ・教師が話す時間が長い ・文字教育が遅れる ・媒介語が使えないので教師の負担が多い ・学習者が質問できない（特に初級） ・教具が多くなる
媒介語使用	・簡潔・正確な説明ができる ・学習者が質問しやすい ・教師との共通言語があるので学習者が安心する ・教師と学習者の関係が築きやすい ・教具が少なくて済む	・目標言語に触れる機会が減る ・受動的な学習になる ・教師に媒介語の能力が必要 ・学習者間に共通言語が必要

媒介語使用の長所と短所は直接法のそれと概ね対照的だと言えます。長所としては先述の直接法の短所とされる点を補う他に、教師と共通の言語があることで学習者は安心感が得られ、教師との関係も築きやすいことなどが挙げられます。短所としては目標言語に触れる機会が減る、媒介語による説明を受けて理解するため、受動的な学習になるといった指摘もあります。[3]

ただし、目標言語だけを使えば直接法の長所が生かされ、媒介語を使いさえすれば直接法の短所が補えるわけではありません。直接法的な教え方であれば、学習者の習得度合いによって理解可能なインプットの調整や視覚教材の効果的な使用が必要ですし、媒介語の使用も、説明事項に関する十分な知識とそれを媒介語で説明できる能力が前提となります。直接法、間接法のどちらで教えるにしても十分な計画と準備がなければ効果的でない点は同じだと言えるでしょう。

●媒介語の使用場面

次に、日本語教育において媒介語はどのような場面・目的で使われているのかを見てみましょう。

一般的に、海外では現地語が学習者・教師の共通語となり、媒介語を使った教育が行われ、母語が異なる学習者が集まる国内では共通語がないために直接法が用いられることが多いようです。国際交流基金の調査によると、海外で教える日本語教師の8割以上が非母語話者教師で、主に現地語が媒介語として使用されていると考えられます。[4]

教師の媒介語の使用を調べた調査に、台湾人日本語教師の母語使用に関するものがあります。[5] 大学2年生の会話の授業を観察した結果、日本語より母語のほうが多く使われていた教授行動に「言語構造の日中対照比較」「教師の説明や指示の翻訳」「リラックスした雰囲気づくり」「日本文化の説明」「文法説明」「理解度の確認のための質問」の七つを挙げています。逆に日本語の使用が多かった行動は「基本的な指示」でした。

一方、様々な国から来た学習者が机を並べる国内では学習者と教師の共通語が日本語の他にない場合もあります。そのため、媒介語は使えないという考えもありますが、実際はどうなのでしょうか。日本の大学で教える日本語母語話者教師34人を対象にした調査では、そのうちの7割が多様な母語の学習者に対して媒介語として英語を使用していたことを報告しています。[6] 英語を使う場面・目的として「文法、語彙や表現の説明」「予定の変更など、授業運営に関する説明」「学生からの質問への返答」などが多く、逆に学習者への注意や励まし、雑談などではあまり使われないとされています。同調査では英語使用に際して気を付けている点や工夫している点も調べていますが、「レベルが上がるにつれて、英語を使用する量を減らす」「最初から英語で説明するのではなく、先に日本語で説明してから英語を使用する」などが挙がっています。さらに学習者についても、その8割が母語にかかわらず教師に対して英語を使用するという結果が出ています。

表2　日本語教育における媒介語使用の目的

台湾人母語話者教師の台湾語使用[5]	・言語構造の日中対照比較 ・教師の説明や指示の翻訳 ・リラックスした雰囲気づくり ・文法説明 ・理解度確認の質問
日本人母語話者教師の英語使用[6]	・文法、語彙や表現の説明 ・予定の変更など、授業運営に関する説明 ・学習者からの質問への返答

また、国内で日本語を学ぶ留学生を対象にした別の調査では、非母語話者教師から学ぶメリットとして、媒介語があることが挙がっています[7]。

これらの調査からは、媒介語が国内外を問わず使われており、場面や目的に応じて選択的に使用されていること、学習者もそれを肯定的に評価していることが窺えます（表2を参照）。教育機関や対象者によって使い方は異なりますが、目標言語とうまく使い分けることで、授業の効率や学習効果の向上に有効であることが示唆されています。

言語学習における母語・複数言語活用

ここまでは主に日本語教育の観点から媒介語の使用について見てきました。次は外国語・第二言語習得、複数言語使用の観点から考えてみましょう。

●母語の自然習得と第二言語習得

みなさんの中には英会話など、学校教育以外でも英語を学んだ経験のある方もいるでしょう。その際、「英語で考えることが大事」「英語を（翻訳を介さずに）英語として理解することが必要」といったフレーズを耳にしたことがあるのではないでしょうか。これは直接法の長所とされる「翻訳をしないので、目標言語で考える習慣ができる」という点にも通じると同時に、英語の母語話者が日常的に行っていることでもあります。このような考えの背景には、母語の習得理論が初期の第二言語習得研究に大きな影響を与えていたという経緯があります（※ここでは外国語を含め、母語以外の言語を第二言語と呼びます）。

幼児が母語を自然習得する過程をモデルにした第二言語習得では次のような考えが示されてきました[8]。

a　モノリンガルの子どもの母語の習得には他の言語が介在していない。よって、第二言語の学習も目標言語を通してのみ行われるべきである。

b　第二言語学習と母語習得の目標が同一視される。そのため母語話者のレベルにならなければ第二言語習得が失敗したとみなされる。

c　第二言語習得の成功はいかに母語から切り離すかにかかっている。母語からの負の移転（母語の影響で第二言語の習得が阻害されること）を受けないように、頭の中で母語と第二言語がそれぞれ独立したシステムを形成することが目標となる。

母語の言語習得をモデルにすることで第二言語習得でも媒介語は必要ない、つまり直接法がよいと考えられたわけですが、上に挙がっている点はそれぞれ次のような点から批判されています[8]。

a′　成人が第二言語を習得する過程では、子どもが母語を習得する過程とは異なり、他言語の知識、成熟度、社会性、短期記憶の容量などが習得に影響を与える。そのため、成人が目標言語のみにより第二言語学習を行うことが有効とは言い難い。

b′　母語を習得する子どもたちは一つの言語で母語話者としての能力を獲得し、第二言語使用者は複数の言語で能力を獲得する。第二言語学習者が成功したかどうかは、母語話者の基準ではなく、第二言語使用者の基準で測らなければならない。母語話者になるための第一言語の「成功」と、第二言語使用者になるための第二言語の「成功」は同じではない。

c′　第二言語使用者の中では母語と第二言語が、語彙、構文、音韻、語用論など様々な点で密接に関わり合っている。コードスイッチングは、第一言語と第二言語を別々に使用する「モノリンガル・モード」ではなく、二つの言語を同時に使用する「バイリンガル・モード」の高度な活動である。

第二言語習得理論が発展するにつれて、母語の自然習得がモデルとされることはなくなりましたが、19世紀に登場した教授法の影響を受けた直接法は現在も広く実践されています。しかし、近年、媒介語の使用の効果を再考する研究や複数言語使用についての新しい言語観が議論されるようになりました。

●バイリンガリズムとトランスランゲージング

伝統的なバイリンガリズムにおいては、バイリンガルの頭の中には母語と第二言語がそれぞれ自律した言語体系を構築しており、二人のモノリンガルが共存しているような状態だと考えられていました。１９８０年代になると**言語相互依存仮説**が登場し、母語と第二言語は表面上異なる言語として現れるものの、基底は同じで相互作用を持つとされました。この**共通基底言語能力モデル**では一方の言語で得た知識はもう一方の言語にも転移し、両言語の能力が向上すると考えられました。つまり、第二言語は母語を媒介にした育成が可能ということであり、媒介語を使った教育の効果を支持していると言えます。

さらに、近年、**トランスランゲージング**という概念も注目されています。トランスランゲージングでは、複数の言語を使用する個人は複数の言語体系を持っているのではなく、複数の言語を包括する一つの言語体系をリソースとして言語活動を行っていると考えます（図1を参照）。例えば

図1　複言語使用に関する様々な考え方

参考：Garcia & Li（2014: 14）（Lは言語体系、Fはその言語の特徴）[9]

日英バイリンガルは、頭の中に日本語と英語の知識が一つになった言語リソースを持っていて、どちらの言語を使う際にも利用しているというわけです。

日本におけるトランスランゲージングの研究に、日本語を第二言語とする高校生への放課後支援において、複数言語環境での生徒たちの学びを考察したものがあります[10]。その中で中国出身の生徒が日本語で書いたスピーチを中国語に訳すことになった際、日本語のレベルが異なる他の生徒たちが各々の言語知識を駆使して手伝い、完成させていく過程や、一人だけ中国語がわからず疎外感を感じていたフィリピン出身の生徒に対し、中国出身の生徒たちが日本語と中国語を使って漢字や数学を教えたり、逆に英語を教わったりしながら、お互いに日本語力を伸ばし、複数言語のコミュニティを構築していく様子が報告されています。

このように、トランスランゲージングでは複数の言語使用が肯定的に捉えられます。本章のケースの教室も多様な背景を持つ学習者が集まる複数言語環境だと言えますが、日本語だけで教えたほうがいいのだろうか、というモノリンガルな指向で話が進んでいました。また、参加者についても個の学びに焦点が当たっています。この放課後支援のようにトランスランゲージングの考え方に基づき、学習者の能力や特性をピアラーニングなどに生かすことは、参加者の日本語能力を伸ばすだけでなく、共に学ぶことの意義を深めることになるのではないでしょうか。

教育の場における公平性

ここまでは媒介語の是非を教授法と習得の観点から議論してきましたが、本章のケースでは媒介語の使用が学習者にとって不公平な状況を生んでいるのではないか、という点が問題になっていました。ここからは媒介語の使用を教育における**公平性**という別の観点から考えてみましょう。

ケースに登場する二人の教師はいずれも学習者に対して不公平であってはいけないという意識を持っていました。しかし、何をもって公平とするかは人によって異なる場合があります。日本語の習熟度が低いラクランさんは、村西さんが英語で説明を補ってくれて助かると述べていました。それに対し、習熟度が高いシンユエさんは媒介語を使わない授業を希望しており、さらに、自分がわからない英語が使われることに疎外感を覚えていました。このような学習者が混在するクラスでは、媒介語の使用、不使用のどちらが公平だと言えるのでしょうか。

●公平についての異なる視点

この問題への手掛かりとして、まずは公平という概念について考えてみましょう。下のイラスト（図2）を見てください。左のEQUALITYは「平等」、右のEQUITYは「公平」と訳されます。似た意味の言葉ですが、平等が差別をせずに同じ扱いをすることを指すのに対し、公平は偏りがなく、バランスが取れていることを指します。このイラストに、本章のケースを当てはめるとどうなるでしょうか。背の高さを日本語の習熟度になぞらえて、左の背の高い人がシンユエさん、右の背の低い人がラクランさん、かれらの視界が日本語の理解だとします。木箱は教師が与える情報量やサポートです。

　まず、中田さんの「英語がわからない人にとっては不公平なので、日本語だけで教えたほうがいい」という考えですが、これは全員に箱を一つずつ配る「平等」の考えに近いものです。この場合、シンユエさんの理解は進みますが、ラクランさんは理解ができないままです。一方、村西さんの英語による説明は、理解のできていないラクランさんに多くの箱をあげることで、理解に偏りがないようにする「公平」な対応だと言えるでしょう。このように「不公平であってはいけない」という思いも、「木箱の数」に注目するか、「視界」に注目するかで対応が違ってきます。

　このケースでは英語を使うことによってラクランさんの理解が助けられるため、村西さんの対応は利にかなっています。しかし、実際の教育現場では中田さんのように一律同じ

図2　平等と公平

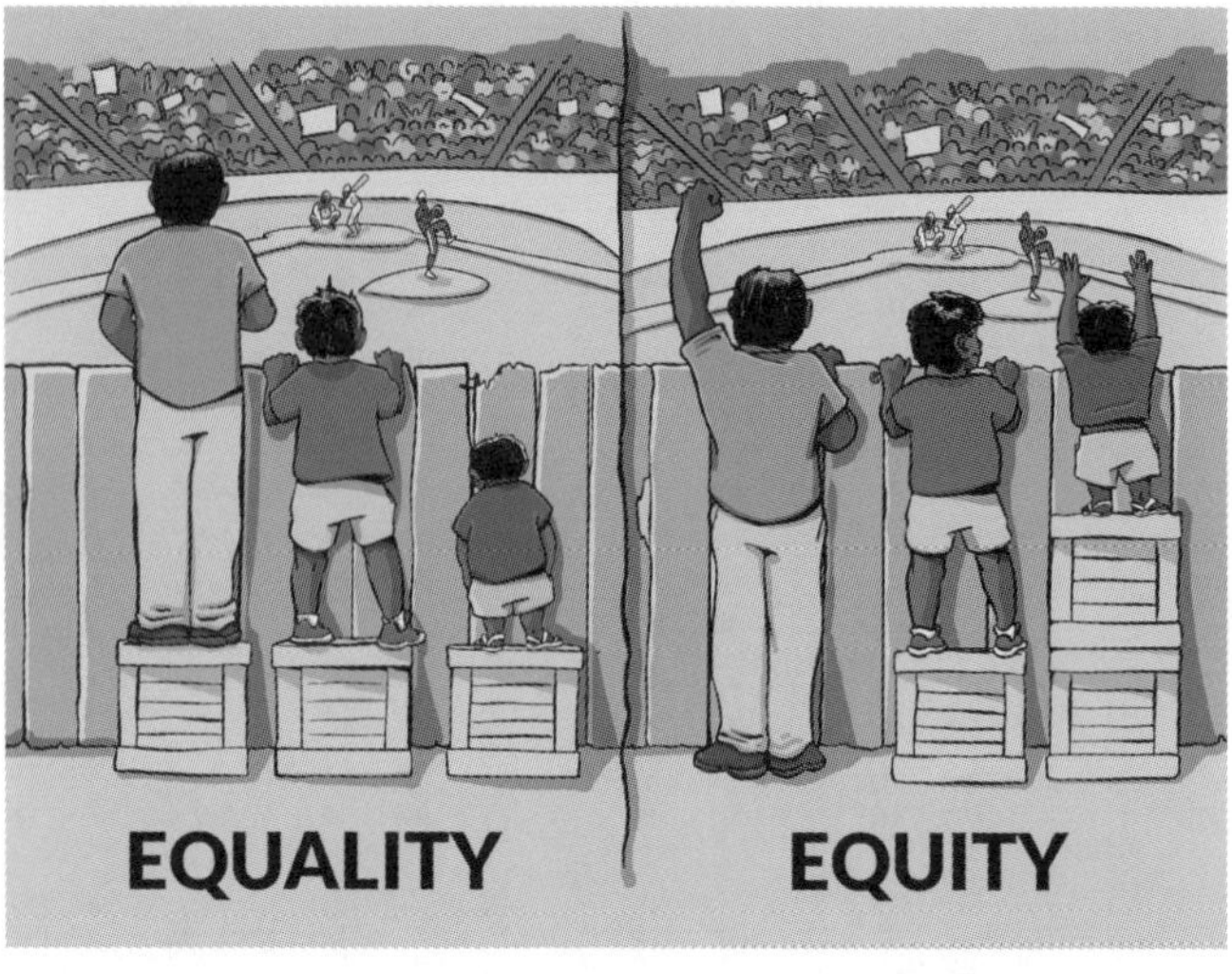

Interaction Institute for Social Change Artist: Angus Maguire

条件にすることが大事だと考える人も少なくないかもしれません。「平等」が差別や格差を解消するために重要な概念であることは言うまでもありません。ですが、「悪平等」という言葉があるように、すべてを一律に扱うことで問題が生じることもあります。誰にどんな箱がいくつ必要かはその時々で違います。シンユエさんにも別の状況では他の人には不要な支援が必要になるかもしれません。多様な学習者を前提に、柔軟に対応する姿勢が教師には求められます。

●「公正」な学習環境づくり

前項では「公平」「平等」という二つの観点からケースを考えましたが、最後に「公正」という概念についても考えたいと思います。「公正」とは公平で正しいことを指す言葉ですが、教育の文脈でどのような意味を持つのでしょうか。

世界の人々が尊重し合って共に生きる社会を目指す**開発教育**の分野では、この「公正」がキーワードとなっています。『グローバル時代の「開発」を考える』では、「公正」を「立場や条件を異にする個人や集団が、不当な不利益や不都合を被ることがないようにすること」(p.91) と定義し、公正な社会の実現のためには何かを決める際に当事者が参加できる話し合いのプロセスが大事だとしています[11]。これは、様々な背景を持つ人々が集まる日本語教育の現場にも通じる考え方ではないでしょうか。

シンユエさんは教室で英語が使われることに疎外感を覚え、不満に思っていました。媒介語の使用がラクランさんの学びを助けていたとしても、教室運営という観点からは必ずしもうまくいったとは言えません。参加者が共に学ぶことのできる「公正」な学習環境にはなっていないからです。

多くの場合、教育現場は機関や教師が定めた方針に従って運営されています。しかし、そこに関わる学習者はそのやり方に疑問を持っているかもしれません。このケースでも村西さんと中田さんの二人で話し合うだけでなく、教室の参加者がそれぞれの立場から意見を述べ合い、媒介語使用の方針を決めることにすれば、みんなが納得できる公正な学習環境になるのではないでしょうか。開発教育の「共に生きる」という理念は、前項で取り上げたトランスランゲージングの精神とも親和性が高いと思われます。参加者一人ひとりが持つ、言葉に関する知識や能力を生かして学び合うことは、教室を**共に学ぶコミュニティ**へと発展させることにつながります。教室を教育機関・組織それぞれにポリシーがあり、教師に与えられている裁量権も異なりますが、その枠組みの中で何ができるかを考えてみてはどうでしょうか。

発展活動

①ケースについての議論を踏まえ、解説を読んで新たに気づいたことはありますか。どのようなことを考えましたか。

②直接法・媒介語使用の長所、短所といわれる点について、あえて批判的に考察し、反論を考えてみましょう。対象者や環境によって長所が短所に変わったりするでしょうか。

③学習者が授業中に目標言語ではない言語や母語を使うことについてどう思いますか。あなたが教師だったらどのような対応をしますか。

④コース・授業に関することで、どのようなことが学習者を交えた話し合いで決められるでしょうか。

参考文献

［1］高見澤孟（2019）『新・はじめての日本語教育基本用語辞典［増補改訂版］』アスク出版

［2］高見澤孟（2016）『新・はじめての日本語教育2［増補改訂版］日本語教授法入門』アスク出版

［3］岡崎敏雄・川口義一・才田いずみ・畠弘巳（1992）『ケーススタディ日本語教育』おうふう

［4］国際交流基金（2023）『海外の日本語教育の現状―2021年度日本語教育調査より』p.21. 国際交流基金

［5］顔幸月（2001）「台湾人日本語教師の母語使用に関する基礎的研究―会話授業の分析を通して」『世界の日本語教育』11,pp.17-37.

［6］嵐洋子・倉林秀男・阿部新・田川恭識・アダムス＝ジョージ・ワー由紀（2019）「日本語教育における媒介語としての英語使用」『杏林大学研究報告』36,pp.13-25.

［7］横田隆志（2013）「留学生の日本におけるノンネイティブ日本語教師に対する意識調査」『2013 CAJLE Annual Conference Proceedings』pp.322-331.

［8］Cook, V. (2001). Using the first language in the classroom. *The Canadian Mod-ern Language Review*, 57(3), pp.402-423.

［9］García, O. & Li Wei. (2014). *Translanguaging: Implications for Language, Bilingualism and Education.* Basingstoke, UK: Palgrave Pivo.

［10］高千叶（2016）「JSL高校生にとって複数言語を使用する意義とは―学習場面における複数言語のやり取りに着目して」『ジャーナル「移動する子どもたち」―ことばの教育を創発する』7,pp.24-44.

［11］西あい・湯本浩之（2017）『グローバル時代の「開発」を考える―世界と関わり共に生きるための7つのヒント』明石書店

もっと学びたい人のための 文献案内

山本忠行（2013）「日本語直接教授法再考—創造的日本語教育をめざして」『通信教育部論集』16, pp.69–89.
言語教育において重要なのは説明よりも運用力をつけることであるという観点から、その実践における直接法の有効性を再考する論文です。教授法の変遷を踏まえ、文法訳読法等の問題点や直接法に関する誤解を指摘しつつ、直接法で教えるとはどういうことかをわかりやすく論じています。

谷守正寛（2016）「日本語教育における媒介語活用の課題と考察」『言語と文化』20, pp.81–102.
上記の山本（2013）を踏まえ、日本語教育における媒介語の使用は文法訳読法における母語の使用とは異なるという前提で、媒介語を活用した教育の有効性を論じています。教材における媒介語使用や、初級・中級レベルの文法項目について、英語を媒介とした教授例を具体的に示しており、山本（2013）と併せて読むことで、直接法と媒介語使用についてより多面的に考えることができます。

土屋千尋（2005）『つたえあう日本語教育』明石出版
愛知県立大学日本語教員課程の学生たちが教育実習を通して行き当たった様々な疑問や問題に向き合い、考えを深めていく過程が描かれています。本章のトピックである媒介語使用に関する議論もあり、一つの問題に対する多様な意見に触れることができます。

新倉涼子（2011）「「公平さ」に対する教師の意識、解釈の再構成—多文化化する日本の学校現場における事例から」『異文化間教育』34, pp.37–51.
何をもって公正とするかは主観的な問題でもあります。この論文では外国にルーツを持つ児童・生徒が増えている日本の学校現場において、公正がどのように解釈され、何がその判断要因になっているのかを考察しています。そして、教師が公正であることへの問い直しをし、実践につなげていく必要性を論じています。

Column

トランスランゲージングとは？

「トランスランゲージング」という用語は、ウェールズ語話者の減少を懸念したウィリアムズ（Williams, C.）という教育者が、インプット（読む・聞く）とアウトプット（書く・話す）に別の言語を使用する二言語（英語・ウェールズ語）併用のバイリンガル教授法を開発し、それを「トランスランゲージング」（"trawysieithu"）と呼んだことに由来します。[1] その後、トランスランゲージングは、主にバイリンガル教育に携わる研究者らによって、多言語話者の日常の言語活動、つまり、言語を個別の枠（例えば、「日本語」「中国語」）に閉じ込めるのではなく、状況や目的に応じて「言語」間を柔軟に行き来する自然なことばの使い方の観察や研究をもとに理論化されてきました。[2][3][4]

現在、トランスランゲージングは、新しいことばの教育の理念・教育方策として、バイリンガル・マルチリンガル教育、リンガフランカとしての英語教育、外国語教育、ライティング教育の分野など、様々な教育の現場にて多大な支持を受け始めています。ことばの教育へのトランスランゲージングの応用が進み、多くの研究者・実践者に支持を得るとともに、用語の指す意味が大きな幅を持つようにもなってきました。その結果最近では、「強トランスランゲージング」「弱トランスランゲージング」のように分けて議論されることもあります。前者の「個別言語」という概念自体を問題視し、それを排除することで、言語間（その言語使用者間）の力関係を打破しようとするものから、後者の言語間の枠は緩やかではあるものの、あくまでもそれぞれの言語は異なった文法を持つ別言語であるとする考え方まで様々です。[5]この後者の捉え方は、「外国語」教育の分野で広く受け入れられています。

ことばの教室でのトランスランゲージングには、二つの形態が考えられます。一つ目は、教師が計画的に多言語での学習活動を取り込むものです。例えば、インプットとアウトプットに別言語を使ったり、多言語（多くは、学習者の母語と目標言語）併用の活動を計画したり、[6]試験の設問を学習者の母語で提示したりするといったものです。トランスランゲージングの一つのあり方として捉えられる「翻訳」を様々な形で学習に取り入れるのも、これにあたると言えるでしょう。[7][8]二つ目は、教師が学習活動として計画するのではなく、学習者自身が自らの学習ストラテジーとして自発的にトランスランゲージングを行うものです。例えば、活動の目標を達成するために複数言語を駆使しながらより円滑、効果的にやり取りを行ったり、[9]目標言語だけでは表現できないことを母語も交えて発言したりすることがあげられるでしょう。

いずれにせよ、トランスランゲージングの理念をことばの教室に取り入れることの最も大きな利点は、学習者のモチベーションや自信を促し、創造性と批判性を伸ばすことが可能になることであるとされています。学習の際、目標言語だけでなく自分にとって得意な言語も使えるため、特に、若年齢者や目標言語のプロフィシエンシーが低い学習者は安心して教室活動に臨むことができるとも言われています。そして、従来の教室での「目標言語オンリー」の規則を見直し、教師の目を気にしないで学習者同士がトランスランゲージングを行える場を持つことで、学習者は多言語話者としての肯定的なアイデンティティを育みつつ、目標言語では言語化できないような自身の経験や知識を援用しながら深い学びを獲得でき、さらには、言語間の力の不均衡に対する批判的な視野を培うことができるとも言われています[10]。このようにみてくると、モノリンガルアプローチに対抗するトランスランゲージングを尊重し、多言語話者に積極的に多様な言語リソースを駆使して学習に臨むことを奨励することばの教育は、学習者の学びのチャンスを大きく広げ、健全な自己認識の意識を培うことができると言えるのではないでしょうか[11]。

［熊谷由理］

参考文献

［1］Williams, C. (1994). *Arfarniad o ddulliau dysgu acaddysgu yng nghyd-destun addysg uwchradd ddwyieithog*. PhD thesis, University of Wales, Bangor.

［2］García, O. (2009). *Bilingual Education in the 21st Century*. West Sussex: Wiley Blackwell.

［3］Li Wei. (2018). Translanguaging as a practical theory of language. *Applied Linguistics, 39*(1), pp.9–30.

［4］加納なおみ（２０１６）「トランス・ランゲージングと概念構築―その関係と役割を考える」『母語・継承語・バイリンガル教育（ＭＨＢ）研究』12, pp.77–94.

［5］MacSwan, J. (2017). A multilingual perspective on translanguaging. *American Educational Research Journal, 54*(1), pp.167–201.

［6］Turnbull, B. (2019). Translanguaging in the planning of academic and creative writing: A case of adult Japanese EFL learners. *Bilingual Research Journal, 42*(2), pp.232–251.

［7］Horner, B. & Tetreault, L. (2016). Translation as (global) writing. *Composition Studies, 44*(1), pp.13-30.

［8］Kumagai, Y. & Kono, K. (2018). Collaborative curricular Initiatives: Linking language and literature courses for critical and cultural literacies. *Japanese Language and Literature, 52*(2), 247-276.

［9］Kumagai, Y. & Shimazu, M. (2023). The United States-Japan Online Magazine Project: International Telecollaborations as Translanguaging Spaces. In N. Chikamatsu & L. Jin. (Eds.), *A Transdisciplinary Approach to Chinese and Japanese Language Teaching: Collaborative Pedagogy Across Languages, Disciplines, Communities, and Borders* (pp.179–195). New York: Routledge.

［10］Prada, J. (2019) Exploring the role of translanguaging in linguistic ideological and attitudinal reconfigurations in the Spanish classroom for heritage speakers. *Classroom Discourse, 10*(3-4), pp.306–322.

［11］熊谷由理・佐藤慎司（２０２１）「公正な社会づくりをめざしたトランスランゲージング理論とその実践」尾辻恵美・熊谷由理・佐藤慎司（編）『ともに生きるために―ウェルフェア・リングイスティクスと生態学の視点からみることばの教育』pp.67–102. 春風社

第3章

宗教や政治はNGの話題？

教室の話題を考える

本章を読む前に考えましょう

1. 自分自身の外国語学習の経験を思い出してください。教科書や教材には、どのような「話題」がありましたか。
2. 教室の「話題」として避けたほうがよいもの、取り上げるのが難しいと思うものはありますか。
3. 教室で扱われる「話題」について、教師としてどのような配慮が必要だと思いますか。

教室における話題の設定背景には、シラバスや教科書など教材の変遷、また、日本語教師自身が持つ教育観や教室観なども関わってきます。確かに学習者が誰でも安心して学べる環境を準備することは必要です。しかし、不安要素をあらかじめすべて排除し、教室を教師によって検閲された空間にするという方法で本当によいのでしょうか。自分のことを教室で話したくないという学習者もいるようですが、話したくなるような環境を教室につくることは不可能なのでしょうか。この章では、教室における話題の意味について考えます。

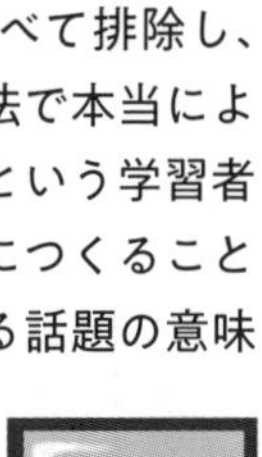

どうも、宮内仁志です。今、日本の教育機関で専任講師として働いています。
私は大学卒業後、旅行代理店で営業として働き、海外の様々な人と仕事してきました。
夢だった日本語教師に転職したいという思いがより強くなり決心して今の職に。
専任とはいっても、まだ新人なので
教案のチェックをしてもらっています。
教務主任にチェックや授業のアドバイスなどをいただいています。
とても面倒見のよい先生なので助かっています。

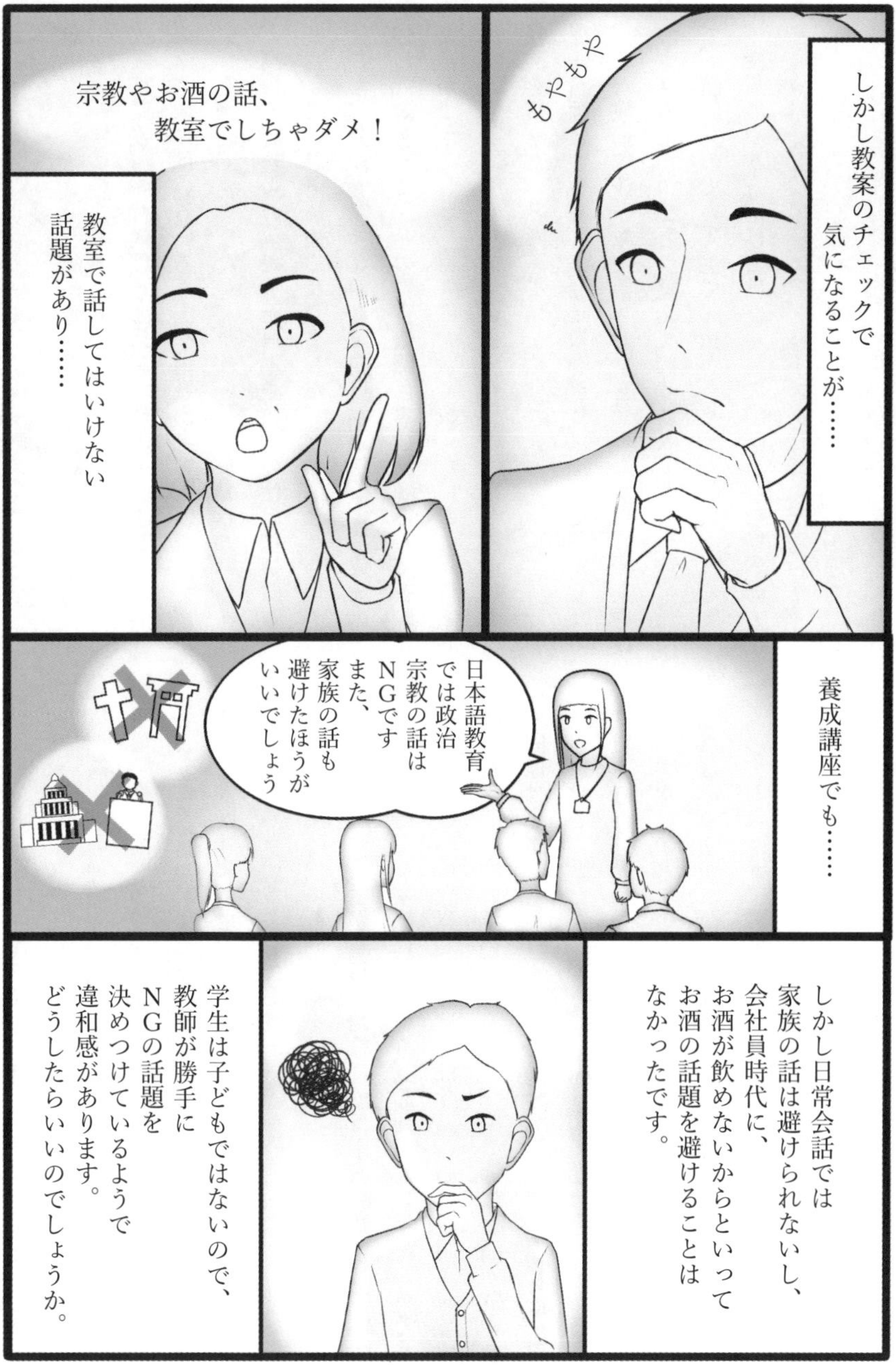
しかし教案のチェックで気になることが……

もやもや
宗教やお酒の話、教室でしちゃダメ！

教室で話してはいけない話題があり……

養成講座でも……

日本語教育では政治宗教の話はNGです また、家族の話も避けたほうがいいでしょう
しかし日常会話では家族の話は避けられないし、会社員時代に、お酒が飲めないからといってお酒の話題を避けることはなかったです。

学生は子どもではないので、教師が勝手にNGの話題を決めつけているようで違和感があります。どうしたらいいのでしょうか。

ケース3

宮内仁志

大学卒業後、旅行代理店で営業の仕事をしました。会社のオフィスにはいろいろな国や地域出身の同僚がいて、毎日楽しく働いていましたが、かれらと仕事をしているうちに、高校の時からの夢だった日本語教師の仕事に挑戦したいという思いが再び強くなりました。

そこで、会社で働きながら民間日本語学校の養成講座で勉強し、縁あって、今の教育機関に専任講師として就職することができました。将来は大学で教えたいので、将来的には、大学院進学も考えていますが、まずは今の学校で教師経験を積みたいと考えています。

専任講師といっても、今年教師デビューしたばかりなので、まだ教務主任の教案チェックを受けながら、授業や仕事のやり方を一つひとつ覚えている新人です。教務主任はとても面倒見のよい先生で、私が早く一人前になれるように、授業のやり方だけではなく、大学院進学の準備の方法などについても、親身にアドバイスをしてくださいます。

ただ、先日、教案チェックのフィードバックの際に気になることがあり、それからずっともやもやしています。それは、教室の話題にはNGのトピックがあり、日本語教師はそれに敏感であるべきだというものです。私のクラスには、宗教上の理由でお酒を飲まない学生がいるのですが、その学生に配慮して、会話練習の時にお酒の話題は出さないようにと言われました。また、クリスマスの話題も、キリスト教以外の学生がいるから、私のクラスでは、しないほうがいいということでした。

養成講座時代にも同じ話を聞いたことがあります。その時は、講師の先生が、日本語教育では宗教や政治の話題は絶対にNGで、家族についても話したくない学生がいるかもしれないから教室では避けたほうがいいと説明されていました。前に働いていた企業にも、宗教的にお酒が飲めない同僚はいましたが、だからといって日常の会話でその話題を避けることはなかったし、家族の話題は会社である程度親しくなったら避けられないんじゃないかとも思います。学生は子どもではないのだし、教師が話題にしても、嫌ならその話題については話さないと思うのですが、どうなのでしょうか。教師が勝手にNGの話題を決めつけてしまっているようで、なんだか違和感があります。

いろいろな声を聞いてみよう

教師は異文化に対して敏感であるべきだと思います。政治や宗教について教師が自分の意見を話すなんてもっての外ですし、授業の中で教師が提示する話題については、問題がないか、あらかじめ確認しておくべきです。以前、私がイスラム教圏の国で教えていた時には、お酒の話は宗教的に NG でした。お酒を飲まない学生に「お酒」と何度も言わせるなんて、大問題だと思いますよ。

手嶋先生
（教務主任）

中野先生

家族の話題は NG っていう学校もあるみたいですけど、変な話ですよね。学生だって日本の人と親しくなれば、家族の話もするでしょうし。私は学生を大人として扱う方針なので、家族の話だけではなく、上級クラスでは政治や宗教の話題だって扱いますし、どんどん自分の意見を話してもらいます。これから社会に出るんだし、必要なことは教えないとだめでしょう。

政治や経済にあまり関心がない友達は、先生に「あなたの国ではどうですか」と聞かれると、自分が国の代表者みたいになってしまって気まずいとは言っていましたね。私は特に話したくない話題はないけど、やっぱり政治思想とかの話になると、自分の国では話せないこともあるから、これを教室で言っていいのかなと不安になることはあります。でもここは日本だから話してもいいのかな。

ナットさん

A　ケースの内容を確認しよう

1　宮内さんが日本語教師になる前に働いていた会社はどんなところでしたか。

2　宮内さんが現在働いている学校は、どんな学校ですか。雰囲気はどうですか。

3　宮内さんが「もやもやしている」のはなぜですか。

B　ケースを読んで考えよう

1　宮内さんは会社員時代と教師になった後で、話題についてどのような違いを感じていますか。それについてあなたはどう思いますか。

2　宮内さんは教室の中で教師が話題を制限することについてどう考えていますか。それについてあなたはどう思いますか。

3　NGの話題はどのように決められているのだと思いますか。

C　いろいろな声を聞いて話し合おう

1　教務主任の手嶋先生が「教室の話題は問題がないか、あらかじめ確認しておくべき」と考える理由は何でしょうか。また、日本国内と海外では異なると思いますか。

2　中野先生は、なぜ学習者に「どんどん自分の意見を話してもらう」という方針を立てていると思いますか。それについてあなたはどう思いますか。

3　ナットさんの意見について、あなたは教師の立場からどう考えますか。

D　ディスカッション

あなたは日本語の教室で扱われる話題について、教師としてNGにすべき話題があると思いますか。その判断基準は、個人として外国人と話すときとどのように異なりますか。

解説

教務主任の手嶋先生は、日本語教師は異文化に対して敏感であるべきだと言っています。確かにその通りかもしれません。ただそれは、教師が教室の中で特定の話題を避けていれば解決するという単純な問題でもなさそうです。では、日本語の教室において「NGの話題」をどう考えるべきなのでしょうか。ここでは、教室で扱われる「話題」の意味について考えてみましょう。

教室の話題はどのように設定されるか

日本語教育において、教室の話題とはどのように設定されるのでしょうか。

それぞれの教育機関には、社会的使命や目標があり、その下で言語教育プログラムは実施されています。プログラムでは複数の学習コースが設定され、それぞれのコースを受講する学習者に合わせてシラバスや教科書が選定されています。日本語教育では1990年前後に学習者が多様化する状況の中でコースデザインという概念が導入されました。コースデザインとは、ニーズ分析、レディネス分析など学習者の基本情報を踏まえた上で、学習者の学習目標に合わせてシラバスを設定し、教科書を選択するという考え方のことです[1]。

シラバスは大きく分けて、構造シラバス、概念・機能シラバス、場面シラバス、話題シラバスなどに分類することができますが、それぞれ、当時の言語観・言語教育研究における言語観・言語教育観の影響を強く受けています。例えば、オーディオリンガルメソッドが全盛期だった時代とコミュニカティブアプローチが導入された時代、また、Can-doに基づく言語教育が意識されるようになった後では、シラバス作

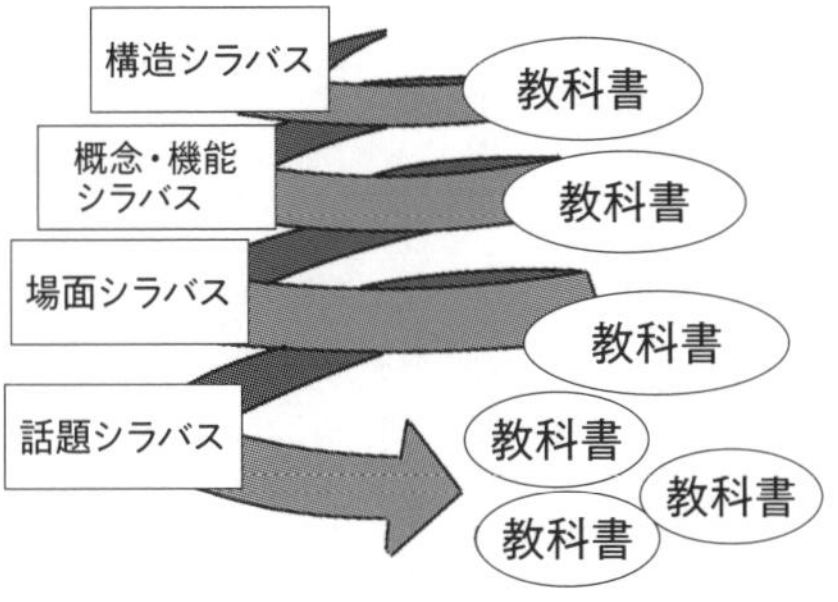

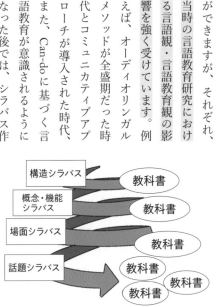

成の考え方にも変化が生じています。この流れの中で、教科書の構成も、言語の構造に注目し「どう話すか」に焦点を当てたものから、話題に注目し「何を話すか」に焦点を当てたものへと変化してきました。

例えば、「存在文（Nがいます／あります）」や「助数詞（〜つ、〜人など）」といった学習項目は、近年では「家族を紹介する」のように話題（トピック）として提示されるようになっています。教科書の学習項目が存在文や助数詞として提示されているのであれば、自由に話題を設定することができますが、「家族」というトピックが設定されている教科書で家族の話題を避けることは難しいのではないでしょうか。

以上のことからまず、教室の「話題」とは、教科書や教材においてある程度方向づけられたものであるということを確認しておきたいと思います。前述したように、存在文の導入と口頭練習を行う教室より、自分の家族を紹介し家族構成について話す教室のほうが、より強い**自己開示**を学習者に求めるということを、まず教師自身が理解しておく必要があります。詳しくは後述しますが、このことは日本語教育関係者の関心が、言語そのものから学習者へ、また学習者を取り巻く社会へと変化しており、教室観そのものが変化したことと無関係ではありません。

教室での自己開示

学校教育と異なり、日本語教育には国で定められた**学習指導要領**に当たるものが存在しません。市販されている教科書についても、学校教育法で定められているような**教科書検定**に当たるものは存在せず、何を使ってどのように教えるかは教育機関に一任されています。そのため、日本語教科書で扱われる学習項目は、教科書作成者の教育観や好みが色濃く反映されたものであるという指摘もあります[2]。つまり、個々の教室活動でどのような「話題」を扱うのかについては、選定されている教科書や教師の個人的「好み」によって変えることができるというのが実際のところなのです。

しかし、本章のケースでは、「日本語教育には授業として扱うにはNGの話題がある」とされているようです。なぜこのようなことが起こるのでしょうか。

まず考えられるのは、教師自身が教授経験を積んだ場所でのローカルルールをいわば過剰一般化している可能性です。

世界で実施される日本語教育の現場は非常に多様であり、教室において教師が話題にすべきでないことも地域によって千差万別です。先ほど、何を教えても教育機関の自由と書きましたが、それは日本国内の話であって、海外で実施される日本語教育は現地の教育政策や学校法のもとで実施されていることが多々あります。現地の国家体制や社会習慣によって、タブー視される話題もあるでしょう。そのような現地の法律や習慣、宗教に理解を示し配慮することは、世界で働く者として当然であると言えます。

しかしながら、このことは同時に、日本語教育の「常識」と呼ばれているものは、実際にはその教師個人が教授経験を積んだ場所や教育機関における「ローカルルール」にすぎないことを示しています。ケースの中で教務主任の手嶋先生は「お酒の話題は大問題」と言っていましたが、実際には、これはそのような地域もあるということにすぎません。言ってしまえば、世界で実施されている日本語教育において、どこに行っても同じように適用可能な「常識」というものは存在しえないのです。したがって、教師には働く教育機関がどのような機関であり、何を重視しているのかを理解した上で、自分は教室にどのような場をつくりたいのかを考えることが強く求められます。

教科書検定

文部科学大臣が小・中・高等学校で使用する教科書の内容の適切さを認定する審査のこと。学校教育法で定められており、審議会での審議を経て合格した本のみが教科書として使用可能となる。教材作成自体を民間企業に任せることで、著作者の創意工夫を引き出すことが目的とされている。

タブーに挑む教育実践

では、教室とはどのような場なのでしょうか。「当然、それは日本語を学ぶ場だろう」という答えが返ってくるかもしれません。

実は教室の考え方（教室観）は日本語教育研究の変遷と共に多様化してきたという指摘があります。ある研究では、学会誌に掲載された論文から判断すると、教室観は大きく**「言語形式習得の場」「言語技能獲得の場」「人間形成**

の場」の三つに分類されるとされています。また、日本語教育の目的と相互行為についての議論が深まるとともに、研究者が教室を捉える視点は、「自己」から「他者」「教室コミュニティ」「社会」へと拡大しているといいます[3]。つまり、教育実践の目的と教室で行われる教師や学習者の相互行為をどのように捉え、教室がどのような場であると考えるかによって、教室の意味は変化し、そこで生まれる話題の意味も変わってくるのです。

では、教室の話題の意味が変わるとは、どういうことなのでしょうか。ここではタブー視されることが多いトピックをあえて教室の話題として扱った授業の実践事例をいくつか紹介します。

●国内大学での事例

まず、大学で実施されたレポート作成の授業において「論争上にある問題」を扱ったものに、有田佳代子の研究があります[4]。これは、受講生の一人であった中国人留学生がレポートのテーマとして「日中関係の悪化」を選んだ事例を報告したものです。留学生はレポート作成の過程において日本人学生と対話を行い、相手の無関心さに失望しながらも、結果的には自身が強く持つナショナル・アイデンティティに向き合うことになったと報告されています。このことから有田は「論争上にある問題」を授業で扱う意義について、批判的思考能力や学問上・社会生活上必要とされるスキルを開発すること、また社会に主体的に参加するための行為能力を育成することがあるとしています。また、そのような授業で教師は、教化に陥らないよう注意し、安易な相対主義（簡単に言うと「みんな違ってみんないい」という考え）と既存の権力構造の無批判な受容を避ける必要があると述べています。

つまり、教師自身が持つ政治観や歴史観によって学習者を諭すのではなく、しかしながら、すべての主張を無批判に受け入れ「みんな違ってみんないい」とするのでもない形で、教師は授業運営を行う必要があるということです。

このことは大学で同じように「論争上にある問題」を扱った山本冴里の研究でも指摘されています[5]。山本は教室の中で言語教師が「中立的」であろうとすることによって、ある矛盾が起こると説明しています。言語教師には、ある言語社会での典型的なモデルとしての役割が期待されているといいます。しかし、ある特定の話題についての価値判断を放棄し、中立的であろうとすることで、その役割が果たせなくなるという矛盾です。つまり、教師はある場面では、言語社会の典型例として自身をモデル化しながら、ある場面では、個人の判断によって社会に典型的な意見を示すことをためらうのです。

学校教育の議論においても、教師の多くは政治や宗教などのセンシティブなトピックを教室の中で扱うことをためらうとされています。[6] その背景にあるのは、中立的でありたいという教師自身の思いや専門家ではないことへの躊躇であると考えられます。

しかし実際には、ある問題に際して「中立的であること」は、決して無色透明なものではなく、それ自体イデオロギーを帯びた選択であることが指摘されています。[7] 何も選択しないということは、決して中立的なのではなく、問題を看過し現状維持を容認しているにすぎないと言うこともできるでしょう。さらに、あるトピックの専門家でないから意見すべきではないという考え方に対しては、教師の果たすべき役割を正しい知識の伝道者に矮小化してしまっているという問題点を指摘することもできます。

山本も有田と同じように、言語教師が「専門家」として「正解」を与えようとするのではなく「正しい質問」を提供する**支援者**（enabler）になることが可能であるとしています。つまり、言語教師は、専門知識を与える役割ではなく、学習者が考えるためのきっかけを与え、その環境を促す役割を担うことができるということです。事例として紹介されているのは「この海を考える（Thinking about this sea）」と名付けられたプロジェクトです。これは留学生用の教室に貼られた日本地図にあった「日本海」という表記が「東海」と「日本語」で書き換えられていた出来事を発端に始まったものであるといいます。ボランティアで参加学生を募って実施された活動であるため、いわゆる授業とは少し違うものではありますが、話し合いの様子やフィードバックからは、参加者が活動を通じて自身の無関心や思い込みに気づき、社会や自分に対する認識を変化させる様子が強く伝わってきます。

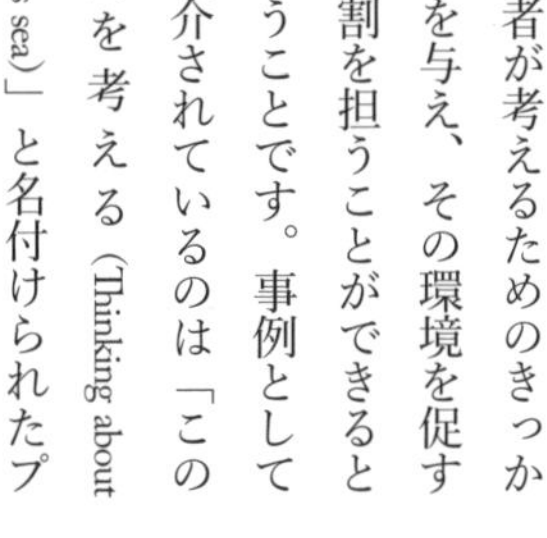

●国内日本語学校での事例

日本語学校で実施された研究もあります。萩原秀樹は、日本語教育においてデリケートなトピック（生と死、性差、災害など）を扱った授業を継続的に実施し、その成果を報告しています。[8] 萩原は日本語教育を留学生が自身の人生を考えるためのライフキャリア教育の一環として捉え、日本語教育は現実の複雑さや多様性と向き合い、社会との接点を持つべきであると主張しています。また、一部の教師がトピックについて大仰に捉えたり、過大評価したりするのに対し、学習者の思いは素朴であると述べ、学習者にとって知的好奇心を満たす授業になりうると報告しています。教師に求められることとして、学習者と同じ地平に立ち、自身の内面や本音を開示する覚悟を持つこと、複雑なトピックを前に学習者が語る言葉をそのまま受け取るのではなく、語られない言葉の存在を認める態度が挙げられています。これは、語られる言葉に耳を傾けながら、学習者が口に出せない思いをそのまま受け止める姿勢を指していると考えられます。

これらの教育実践において扱われる「話題」とは、その複雑さや切実さにおいても、限りなく現実世界に近いものであり、教室の内容は、単に日本語を学ぶという目的を超えて、社会に接近しています。つまり、教師が言語教育の「常識」と向き合い、明確な教育観のもとに、新しい教育実践をデザインすることによって、教室の話題が学習者自身の人生経験と有機的に結びつくものになっているのです。

呼びかけによる主体化の問題

日本語教育において教室の話題に関心が集まる背景には、そもそも日本語教育が言語で言語を教えるという制約に置かれたものであることがあります。日本語を学習対象とし、日本語を使って日本語の運用力の向上を目指す教育は、いうならば教科内容を持たない科目であるとも言えるのです。その意味においても、前項で挙げた教育実践では教師がその内容に対する問題提起を行っており、意義深いものであると考えられます。

しかしながら、ここで再度確認しておきたいのは、そのことと教師がタブーに配慮せずに思いのままに教室の話題を据えるということは、全く別の問題であるということです。

主体論やアイデンティティ論において、主体とは呼びかけに対する応答の効果であるとする考え方があります[9]。簡単にいえば、私は、始めから「私」なのではなく、誰かにある方法で呼びかけられ、それに応えるときに初めて「私」になるという考え方です。

例えば、ある場において、私は始めから日本人なのではなく、相手から投げかけられる「何人ですか」という問いに対して「日本人です」と応えることによって、自分を

「日本人」として主体化していると考えることができます。このことは、日本語で日本語を教える日本語教育の教育現場においては問題になりえます。

　言語教育の現場では、教師の発話が時に強い権威性を帯びることがあります。それは言語の教室においては、教師の発話が、指示や説明のために用いられるだけではなく、それ自体が学習対象として提示されるからです。教師が教科書の文を読み上げ、学習者にリピートさせるとき、学習者はただ、教師がどの部分を読んでいるのかを確認しているわけではありません。教師の発話それ自体を自身の発話のモデルとするために意識を集中させて聞いているのです。同様に、教師に「どこに住んでいますか」と質問された初級学習者は、教師の質問の意味を理解し、正確な答え方がわかることを示すために「西新宿に住んでいます」と答えます。住んでいる場所という、一般的に考えればややプライベートなことを聞かれる文脈ではあるのですが、この質問に対して「どうしてですか」と答える学習者はいないでしょう。

日本人に「なる」

　このように考えると、言語教師の発話には授業で学習者を何者かとして主体化する機能が備わっているのであり、その意味においては、教師が志向する言語行為の在り方（つまり、何を目的として、どのように言語をやり取りするか）が教室での学習者の在り方を決定すると考えることができます[10]。それ自体が学習対象として提示された教師の発話によって呼びかけられた学習者は、教室の中で自身を否応なく、ある主体として主体化することがあるのです。

　では、それが問題になるとはどういうことでしょうか。例を挙げて説明します。個人的な話になりますが、以前、ある留学生から授業の中で教師から政治の話ばかり聞かれて困るという相談を受けたことがありました。教科書にそのような話題はなかったので、どういうことなのか彼に尋ねたところ、ある教師が事あるごとに、彼に対して出身国の政府の在り方について意見を求めてくるということでした。

　もしかすると、その教師は学生に政治的な関心を持ってもらいたいと考えていたのかもしれません。しかし、彼はその国の代表として日本に来ていたわけではありません。彼は日本で足繁くトレーニングジムに通い、トレーニング方法と食生活の改善に興味があり、ゲームが大好きな学生でした。

　つまり、教師が「○○人」として彼を主体化する質問を繰り返すことにより、教室の中で彼は「○○人」として固定化され、そこから逃げられなくなったのです。「いろいろな声を聞いてみよう」においてナットさんの友達が言っていた「気まずい」という反応もこれと同じであると考えられます。ここでの問題は、ある話題をめぐって、教師が学習者に対して「○○人」「男性」「留学生」「無宗教者」「異性愛者」「両親がそろった家庭の出身者」など、ある特定のカテゴリー属性からの答えを過度に期待することであり、そのようにしか答えられない質問を準備してしまうことにあると考えられるのではないでしょうか。

相手との関係性による話題の変化

「NGの話題」と言っても、話題そのものがNGというわけではありません。本章のケースにあったように、初対面の人と家族の話はしないという人でも、その後、関係性が構築されるにつれ、家族について話すようになることは十分にありうるからです。話題とはあくまでも会話の参加者の関係性において成立するものであり、関係性を抜きにしてその正否を判断することはできません。そして関係性とは変化するものです。このことは日本語教育における自己開示の議論において、しばしば教室に**支持的風土**を醸成することの重要性が指摘されていることとも重ねて考えることができます。

支持的風土とは学習者が脅威や不安を感じることのない教室の雰囲気のことであり、それにより教室参加者の間でお互いの信頼関係である**ラポール形成**が促進されます。[11] つまり、自己開示とは支持的風土を背景としたラポール形成と双方向的な影響関係を持って進むものであると考えられます。

本章で紹介した教育実践例では、いずれも教師の役割として何かを教えたり、唯一の正解を教示したりするのではなく、場を設定し的確な質問をすること、また、時に安易な相対主義に陥ることを避けながら、一人の参加者として学習者と対等な立場でトピックに向き合うことが挙げられていました。そのためには教師の側にも、教室の中で期待される教師としての役割を下りることが必要になります。つまり、一人の人間として話し合いに参加する覚悟が必要なのであり、それにより初めて、学習者と教師という役割関係を超えた交流が生まれるということです。このことは日本語教育に携わる者としての教師の自己認識、つまり、自分にどのような役割があると考え、自分が教室をどのような場にしたいと考えるのかによって変わってくると言えるでしょう。

発展活動

①ケースについての議論を踏まえ、解説を読んで新たに気づいたことはありますか。どのようなことを考えましたか。

②多国籍の学習者が集まる教室でタブー視されそうな話題について、リストアップしてみてください。その中で、授業で扱えそうなもの、また扱えないと思うものと、その理由を考えてください。

③「教室の中で言語教師は中立であるべきだ」という意見がありますが、なぜそう考えられているのでしょうか。また、そうでなくてもよいと考えている人たちは、なぜそう考えているのでしょうか。それぞれの立場の理由を考えた上で、自分自身の考えを説明してください。

参考文献

[1] 田中望（1988）『日本語教育の方法―コース・デザインの実際』大修館書店
[2] 深澤のぞみ・本田弘之（2019）『日本語を教えるための教材入門』くろしお出版
[3] 寅丸真澄（2015）「日本語教育実践における教室観の歴史的変遷と課題―実践の学び・相互行為・教師の役割に注目して」『早稲田日本語教育学』17, pp.41–63.
[4] 有田佳代子（2006）「日本語教室における「論争上にある問題」(controversial issues) の展開についての試論―「日中関係の悪化」を例として」『WEB版リテラシーズ』3(1), pp.1–10.
[5] Yamamoto, S. (2020). 'The sea': Benefits of discussing controversial issues in second/foreign language teaching. In N. M. Doerr (Ed.), *The Global Education Effect and Japan Constructing New Borders and Identification Practices* (pp.191–231). London, UK: Routledge.
[6] ダイアナ＝E＝ヘス（渡部竜也・岩崎圭祐・井上昌善訳）（2021）『教室における政治的中立性―論争問題を扱うために』春風社
[7] Kubota, R. (2014). "We must look at both sides"—But a denial of genocide too?: Difficult moments on controversial issues in the classroom. *Critical Inquiry in Language Studies, 11*(4), pp.225–251.
[8] 萩原秀樹（2014）「「生と死の日本語教育」の実践」『桜美林大学言語教育論叢』10, pp.87–102.
[9] ルイ＝アルチュセール（西川長夫・伊吹浩一・大中一彌・今野晃・山家歩訳）（2005）『再生産について―イデオロギーと国家のイデオロギー諸装置』平凡社
[10] 牛窪隆太（2012）「日本語教育実践において「主体的」が意味してきたこと」『リテラシーズ』10, pp.1–10.
[11] 縫部義憲（2001）『日本語教育学入門』瀝々社

もっと学びたい人のための
文献案内

ダイアナ＝E＝ヘス（渡部竜也・岩崎圭祐・井上昌善訳）（2021）『教室における政治的中立性―論争問題を扱うために』春風社

学校カリキュラムに論争問題を取り入れることについて、理論的根拠や教育実践例、学生の反応など、豊富なデータを示しながら、その意義を論じています。特に、教室における教師の政治的な立場表明の是非について、教師と学生双方を対象に実施した調査結果が示されており、非常に参考になります。

有田佳代子（2016）『日本語教師の「葛藤」―構造的拘束性と主体的調整のありよう』ココ出版

日本語教師が現場で直面する「葛藤」について、その背景を多角的に探り、調整の方向性を示しています。特に、第４章に展開される「実用の日本語教育」をめぐる議論は、今でも言われる「日本語教師の仕事は実用的な日本語を教えることだ」という言説について歴史的な背景を踏まえた考察がなされており、日本語教師の役割について改めて考えさせてくれます。

山本冴里（2014）『戦後の国家と日本語教育』くろしお出版

戦後、国策として実施された日本語教育に与えられた役割について、国会における発言録をもとにその変遷を明らかにしています。教室で政治的なトピックを扱わないとしても、日本語教育そのものが実際には国家の政治的方針にしたがって実施されてきたという事実は存在します。自分の教育実践の文脈についてより広い視点で考えたい人におすすめの一冊です。

有田佳代子・志賀玲子・渋谷実希（2018）『多文化社会で多様性を考えるワークブック』研究社

大学の異文化間教育や多文化共生論、教師養成課程の授業などで使うことを想定して作られたワークブックです。テーマの中には、宗教観や政治問題、ナショナリズム、差別問題なども取り上げられており、豊富な資料をもとにしながら、受講生が解釈や考えを深めるための活動が設定されています。社会的なテーマを授業の中でどのように扱えばいいのか、また、どのように教材化できるのかについて、具体的に学ぶことができる一冊です。

Column

教師の「気負い」と、学生たちの「洒脱さ」について

もともと運動能力が高くないのに学生時代はバレー部で、ずっと下手でずっとダメだった。サーブのときもアタックのときも監督や先輩にいつも言われたのは、「気負っている」「力んでいる」。年を取っても、失敗のときの癖はなかなかなおらない。

留学生の上級日本語作文クラスでは、コロナ禍での学び、日本社会の外国人と防災、文化相対主義と本質主義などをテーマとして学び、ディスカッションして書く、というコースを設定した。学生たちの身近な問題を例として取り上げ比較的順調にクラスは進んだが、最後のテーマを「表現の自由」とした。具体的には、国際芸術祭「あいちトリエンナーレ２０１９」で社会問題となった「表現の不自由展」。そして、失敗した。この問題を契機に自分の周りのことを考えてほしいと思ったのだが、もくろみはうまくいかず、ディスカッションも成果物も中途半端なものになってしまった。その理由を考えてみると、まず、私が選んだ文章が、背景知識が全くない留学生たちにとって難しすぎたこと。そして、「表現の自由」という問題自体が様々な母国からやってきた留学生たちにとって、あまりに面倒くさすぎたこと……。けれども、失敗の最大の、そして根本的な要因は、やはり担当者である私自身の、「気負い」「力み」だったのではないかと思う。

一方で、別のクラスでは、日本にいる日本語母語話者の学生たちとインドネシアで日本語

を学ぶ学生たちがオンラインで協働学習をした。コース前半は、教員が設定したテーマについて議論した。ジェンダー、マイノリティ言語、ナショナリズムなど、どちらかというと「社会派」問題について考え、教師としてはそれなりに手ごたえがあった。コース後半は、各グループでテーマ（希望調査後にテーマ例は教師が提示した）を決め、それぞれ10分程度の動画を作った。学生間のラポールも形成されスムーズにコースは進み、成果物もまずまずよいものができた。ただ、担当者として軽くポカンとしたのは次のようなことだ。コース前半での議論をテーマは、例えば外国人労働者問題とか、人権や宗教についてとか、コース前半での議論を深めようとするものが多かったのだが、学生たちが希望した圧倒的な人気テーマは、「日本の小学生にインドネシアのめずらしい動物を教える」。複数のグループが、このテーマで作品を作った。そして、最も完成度が高くルーブリックの相互評価でも最高得点を得たのは、洒脱というのか、飄々として遊び心がある「インドネシアの動物たち」の作品だった。

学習者も教師も価値観を揺さぶられ、信念の再検討を促され、迫力に満ちた祈りのように「輝く何か」がほとばしる「あの実践[1]」は、容易に手に入らない。これからもきっと、私は何度も失敗して、ひそかに学生たちに謝りながら、「気負うな」と自分に言い聞かせつつ、でも、なにかしら信じつつ、もたもた仕事をしていくんだろうと思う。

［有田佳代子］

参考文献

［1］山本冴里（2021）「崖っぷちの向こう側に踏み出して―センシティブなテーマを扱ったコミュニケーション教育の実践研究」『言語文化教育研究』19, pp.131–153.

第4章

「〇〇では…」「〇〇人は…」
文化の教え方を考える

本章を読む前に考えましょう

1. 「日本人は…」「日本（で）は…」の「…」の部分に言葉を入れて文を作ってみてください。
2. 1. で考えた文はすべての場合に当てはまると思いますか。当てはまらない場合があるとすれば、どんな場合でしょうか。
3. 1. で考えた文に関する事柄を日本語の授業で扱ったことがありますか。
   ある場合 →どのように扱いましたか。
   ない場合 →あなたが外国語を学んだ時に「〇〇人は…」「〇〇（で）は…」と習ったことがありますか。どのようなことを、どのように習いましたか。

日本語教師は日本語だけでなく、日本の文化や習慣も教えるというイメージを持っている人は多いのではないでしょうか。実際、ほとんどの日本語教師が文化や習慣に関する事柄を授業で扱ったことがあると思います。でも、そもそも「文化」とは何でしょうか。日本の文化や習慣を教えることには、どのような目的や意味があるのでしょうか。
この章では、日本語教育で「文化」がどのように扱われてきたのかを歴史的にふりかえり、その背後にある文化観とその影響を考えてみましょう。

私は佐藤竜人です日本国内の大学で、留学生に日本語を教えています世界中から来ている学生たちには、この留学の機会にお互いの国のことを学んで見識を広めてほしいと思っています
皆さんの国のお正月について話してください
お正月《しょうがつ》
おせち
ふくわらい
はーい
よかった
たのしんでる
私の国では、お正月はあまり重要ではありませんクリスマスの方が家族みんな集まって肉料理を食べて楽しく過ごしています
レオさん
えー
私はレオさんと同じ国ですでもクリスマスにそんなことはしません……
それに、いろんな背景の人がいるので、みんなレオさんのような過ごし方をするのではありません
そのような人は例外です私たちの国では普通は私が紹介したように過ごします
バチ
バチ

明日の夜
いっしょに
ごはんを食べませんか。
今日は誘われた時の返し方です
例えば……
「明日はちょっと……」
「最近は忙しくて……」
などがあります
せんせーい！
どうしました、
ミーナさん
どうしてもっと
はっきり断らないんですか？
曖昧さは相手を傷つけない
という日本人の配慮の表れです
最初はわかりにくいかもしれませんが
慣れたらわかるようになりますよ
日本語には、日本人の価値観が
反映されているので、
日本語を学ぶ上で役立つと思い、
授業でも紹介するように
しています。
しかし、ミーナさんは、その後も
ずっと考え込んでいました。
うーん
私の説明は
何かおかしかったでしょうか。

ケース 4

佐藤竜人

私は日本国内の大学で留学生に日本語を教えています。世界中から来ている学生たちには、この留学の機会に日本やお互いの国のことを学んで見識を広めてほしいと思っています。ただ、最近、文化的なことを扱った際に、気になる出来事がありました。

私が働く大学では毎月「日本文化を学ぼう」という留学生を対象としたイベントを行い、様々な日本の文化を紹介しています。前回は1月だったので、私がお節や福笑いといったお正月の料理や遊びを紹介した後、グループに分かれて学習者の国のお正月について話してもらいました。ところが、その時にちょっとしたいざこざが起きてしまったのです。ヨーロッパのある国から来たレオさんが、自分の国ではお正月はそれほど重要な行事ではなく、むしろクリスマスに伝統的な肉料理を作って家族や親戚がそろって楽しむと紹介してくれました。でも、同じ国出身のアミさんが、これに反論したのです。アミさんの家族にはクリスマスにそのようなことをする習慣はないし、いろいろな背景の人がいるのだから必ずしもみんながレオさんの紹介したような過ごし方をするわけではないということでした。これに対してレオさんは「そういう人たちは例外的で、私たちの国では私が紹介したような過ごし方をするのが普通だ」と言い返し、教室には気まずい雰囲気が流れました。私は思わぬ展開におろおろするばかりでした。来年はイベントのやり方を見直したほうがいいでしょうか。

また、先日の初級の授業では、誘われたときの返答の仕方を練習し、「明日はちょっと……」、「最近忙しくて……」といった婉曲的な断り方を教えました。すると、ミーナさんから「曖昧すぎて、断っているのかどうかわかりにくいです。どうしてもっとはっきり断らないんですか」と質問がありました。私は「この曖昧さは相手を傷つけないようにという日本人の配慮の表れなんです。最初はわかりにくいかもしれませんが、慣れたらすぐわかるようになりますよ」と答えました。このように日本語には日本人の価値観が反映されているので、日本語を学ぶ上で日本人の考え方を知ることは役に立つと思い、授業でも機会を見つけて紹介するようにしています。ただ、ミーナさんは、その後ずっと何か考えて込んでいるようでした。私の説明、何かおかしかったでしょうか。

いろいろな声を聞いてみよう

佐藤先生がお節料理や初詣といった日本のお正月を紹介してくれたように、僕も典型的なクリスマスの過ごし方を紹介したんです。もちろん他の過ごし方をする人がいるのも知っています。でも、やっぱりそういう人たちは僕たちの国の典型とは言えないと思うんですよね。例外的なことを挙げて「この国の文化です」とは、ちょっと言えないんじゃないかな。

レオさん

アミさん

私の家族はキリスト教徒ではないので、クリスマスは特に何もしません。宗教上の理由以外でも、レオさんの言うようなクリスマスの過ごし方をしない人は多いと思います。それに、そういう習慣って時代によっても変わっていくものじゃないですか。典型的なイメージに合わないからって、私たちは例外的な人だから話す価値がないみたいに言われて、ショックでした。

先生の説明を聞いても、私はもっとはっきり断ってもらったほうがわかりやすいのになあと思います。自分が断る場合も、もっとストレートに言ったほうが私らしい気がするんです。でも、相手の文化を尊重することは大事だし、悪い印象も与えたくないし……。ちょっと窮屈な感じはするけど、日本人とうまくコミュニケーションを取るためには仕方がないのかな。

ミーナさん

A　ケースの内容を確認しよう

1　1月の「日本文化を学ぼう」というイベントでは、どのような活動が行われましたか。

2　レオさんとアミさんは自分たちの国の人のクリスマスの過ごし方について、それぞれどのような意見を述べましたか。

3　婉曲的な断りの表現について、ミーナさんは何と言いましたか。佐藤さんはそれに対してどう答えましたか。

4　佐藤さんはどうして日本人の考え方を授業で紹介するようにしているのですか。

B　ケースを読んで考えよう

1　日本やそれぞれの国のお正月を紹介するという活動は適切だったと思いますか。

2　来年のイベントはどのようなやり方をすればいいと思いますか。

3　ミーナさんの質問に対する佐藤さんの答え方は適切だったと思いますか。

C　いろいろな声を聞いて話し合おう

1　レオさんはある国の文化を紹介するためには「典型的」な例を挙げればいいと考えています。あなたもそう思いますか、思いませんか。

2　アミさんはその国の「典型的なイメージ」に当てはまらない人たちが軽視されていると感じています。あなたもそのようなことを見聞きしたり、経験したりしたことがありますか。

3　ミーナさんは日本人と話すときは自分も婉曲的な断り方をしたほうがいいのか悩んでいます。もしあなたがミーナさんに相談されたら、どのようなことを言いますか。

D　ディスカッション

あなたが日本語の授業で「日本文化」や「日本人の考え方」を扱うとしたら、その目的はどのようなことが考えられるでしょうか（今扱っている場合は、どのようなことを目的にしていますか）。

解説

ここでは、日本語教育において文化がどのように扱われてきたかをふりかえりましょう。佐藤さんの行った活動や授業の根底には、どんな文化観があるのでしょうか。また、三人の学習者（レオさん、アミさん、ミーナさん）の意見にはどのような文化観が反映されているのでしょうか。

脈々と語られてきた「日本人論」

冒頭の「本章を読む前に考えましょう」で、「日本人は…」「日本では…」の「…」の部分に言葉を入れて文を作ってもらいました。みなさんはどんな文を作りましたか。「日本人はきれい好きだ」「日本人は時間にきっちりしている」「日本では空気を読むことが大切だ」などの文はありませんでしたか。このように日本人の行動や考え方、文化、社会の独自性を強調し、その特徴を説明する論は日本人論と呼ばれています。日本人論はすでに江戸時代には語られていたそうです。その後も明治時代を経て、戦中、戦後、そして現在に至るまで語られ続けています。

例えば、1940年代後半から1950年代にかけては、「日本人の精神文化は封建的だ。しかし、戦後の民主化を成功させるためにはこれを革新しなければならない」といった自省的な日本人論が見られました。[1] また、1960年代後半から1980年代前半には高度経済成長に後押しされ、多くの日本人論が世に出回りました。[2]『タテ社会の人間関係』[3]、『「甘え」の構造』[4]、『ジャパン・アズ・ナンバーワン』[5]などのベストセラーとなった日本人論が出版されたのもこの時期でした。1970年代には、アメリカ文化では主張をはっきりと述べて論争することをよしとするのに対し、日本文化は沈黙を美とする

現在も見られる日本人論

ために日本の立場がうまくアメリカに伝わらなかったことが日米貿易摩擦の原因だというように、メディアが日本人論を根拠にした論調を取ることもありました。[6] 現在でも、冒頭でみなさんに作ってもらったような言説をメディアや身のまわりで見聞きすることがあるのではないでしょうか。このような日本人の特殊性にまつわる言説は、今もメディアなどを通じてグローバルに流通しています。

日本語教育における日本文化

●日本語習得には日本文化への理解が不可欠

日本語教育でも日本文化や日本人は特殊だと捉えられていました。そして、大学の留学生を対象とした「日本事情」という科目では、「タテ社会」「ウチとソト」「終身雇用制度」「学歴社会」といった他とは異なる特徴を持つ日本社会・日本文化が知識として教えられました。[7] さらに、言語と思考は互いに影響し合っているため、そうした日本人の考え方や感性を理解し、身に付けることは日本語を習得する上で不可欠だと考えられていました。[8] 例えば、学習者が読解文の内容を十分に理解するためには、目立たないことを美徳とする日本人の考え方を獲得する必要があるという意見や、受身や使役は日本人の発想法と深く関わっているために外国人には習得困難だという意見が出されていたようです。

つまり、日本人や日本文化は特殊であり、それらは日本語とも密接に関係しているという思想に基づいて、「日本語を教えるには、特殊な日本文化や日本人の考え方・価値観を学習者に教え込む必要がある」とされていたのです。佐藤さんがミーナさんに対して、婉曲的な断り方と日本人の配慮を結びつけて説明した裏にも、このような考え方があると言えるでしょう。

●日本文化は円滑なコミュニケーションへの鍵

1980年代後半になると、日本人と外国人が接触する機会が増えました。**留学生受入れ10万人計画**で国内の留学生が急増したり、円高を背景に日本企業が海外に拠点を置くようになったりしたためです。このような中、日本文化を教えることの目的は、学習者の異文化コミュニケーション能力の向上と結びつけられていきました。日本人とのコミュニケーション上のトラブルを回避するために、日本文化に関する知識が役立つと考えられたのです。万一トラブルが起きてしまった場合には、日本文化についての知識を踏まえてどう解決するかを学習者自身が考えることが期待されました。[8]

「いろいろな声を聞いてみよう」では、ミーナさんが日本人とのコミュニケーションを成功させるために、「日本人は婉曲的な断り方をする」という佐藤さんから教わった知識を利用しようとしていました。ミーナさんは、日本文化を円滑な異文化コミュニケーションのための参照知識として捉えています。

●日本文化の発見を通した多文化理解

さらに、1990年代後半には、教師が知識を与えるのではなく、日本人との交流や伝統文化の体験などを通して、学習者自身に日本文化や日本人の特徴を発見させることで、多文化を理解し尊重できるようになるという報告も出されました[8]。

留学生受入れ10万人計画

1983年に中曽根内閣が策定した計画。2000年を目標に、留学生受入れ数を10万人にすることを目指した。策定当時の国内留学生は1万人程度だったが、この計画によって就学ビザの取得手続きが簡素化され、就学生が急増した。2003年に来日留学生数が10万人を超え、計画が達成された。（詳しくは第8章を参照）

文化の捉え方を問い直す

このように、日本語教育において日本文化は「他とは異なる特殊なものとして学習者に身に付けさせる対象」「日本人とのコミュニケーションの際に参照するもの」さらには「学習者自身が発見していくもの」と捉えられ、それを反映した教育実践が行われてきました。しかし、これらの日本文化の捉え方に対しては様々な批判もあります。以下では、二つの観点からの批判を紹介します。

図1　日本語教育における日本文化の捉え方

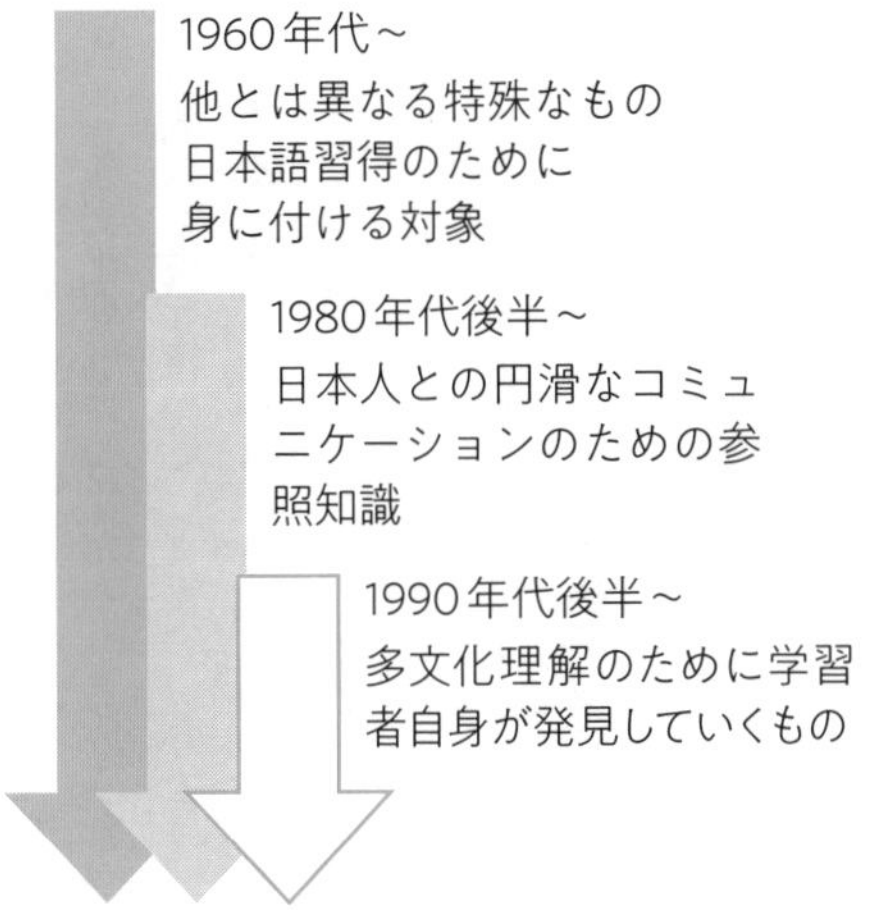

●「包摂と排除」の観点からの批判

一つ目は、日本語教育学者の牲川《せがわ》波都季による**包摂と排除**の観点からの批判[8]です。牲川は、戦後に出版された日本語教育分野の論文を分析し、日本語教育における日本人の思考様式の扱われ方がナショナリズムとどのように関係してきたのかを探りました。牲川は、ナショナリズムには非日本人を日本や日本人に従属・同化させる包摂の側面と、日本や日本人と差異化して排除する側面があると述べています。そして、日本語教育は日本人の思考様式の扱い方を変えながら、意識的にも無意識的にも非日本人を包摂／排除し、ナショナリズムの維持に加担してきたと指摘しています。

まず、「日本語を習得するには日本文化や日本人の思考様式を身につける必要がある」という考え方は、学習者に日本人の思考様式を内面化させ、日本に同化・包摂する志向を持ちます。同時に、この考え方の下では、学習者にとって日本語の習得や理解が難しいのは日本人の特殊な思考様式を完全に理解することは困難だからだということになり、学習者を異質なものとして差異化し、排除する機能も果たします。

「異文化コミュニケーション能力向上のための参照知識としての日本人の思考様式」「日本人の思考様式を学習者が発見することで、多文化理解につながる」という考え方も、包摂と排除の機能を併せ持っています。一方では、日本人の思考様式が学習者の出自のそれと異なると認識させることで、日本人ではない他者として学習者を排除します。もう一方では、「日本人はこういう人たちなんだ」という固定的・単一的な日本人像を示すことで、学習者が日本人とコミュニケーションする際に違和感を抱いても文化

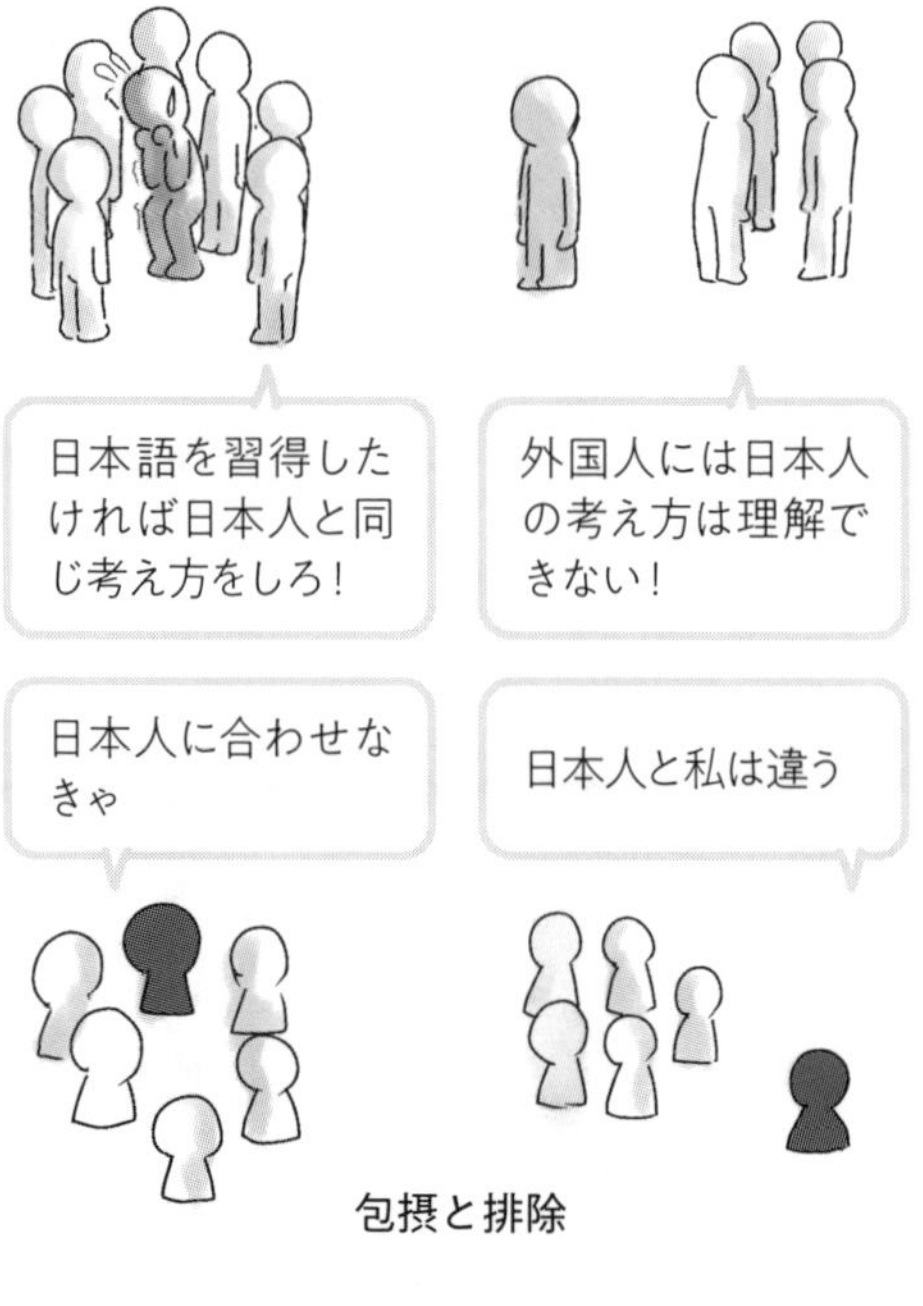
外国人には日本人の考え方は理解できない！
日本語を習得したければ日本人と同じ考え方をしろ！
日本人と私は違う
日本人に合わせなきゃ

包摂と排除

の違いとして飲み込ませ、異議申し立てができないようにしてしまう包摂の原理が働いています。本章のケースに登場したミーナさんが窮屈さを感じながらもあきらめようとしてしまっていることも、このような包摂の原理が働いた結果だと考えられます。

●文化本質主義の観点からの批判

二つ目は、言語教育学者の久保田竜子による**文化本質主義**の観点からの批判です。ここでいう本質主義とは、「ある集団の特徴を固定的に捉え、その本質は不変であると見なす」（p.xiii）ことです[9]。久保田は文化が固定的に解釈され、本質化されることを問題視しています[10]。

その理由の一つは、文化を本質化すると、その文化内の集団があたかも一枚岩であるかのように錯覚し、そこに存在する多様性を見落とすことです。例えば、ひとくちに日本人といっても、世代、職業、社会階級、ジェンダー、地域、信仰、民族、使用する言語、障がいの有無などは非常に多様で、「日本人は○○だ」というような一つの枠組みでは括れません。それなのに本質化された枠組みで括ると、それに当てはまらない人をまるでいないかのように、あるいは異端であるかのように扱ってしまう危険性があるのです。ケースの中でレオさんがアミさんに対して取った言動は、まさにこれでした。

また、文化や言語を本質化して捉えると、文化が常に変化していることや実際の言語使用が複雑であることも見過ごしてしまいます。加えて、文化本質主義では文化が政治的・経済的・イデオロギー的につくられた構築物であるという側面も覆い隠されかねません。例えば、戦後に流布した「和」「同質的」「集団主義」といった日本人論は、実証的な検証を経ることなく欧米との比較からつくられたイメージにすぎないといいます。このイメージが、日米貿易摩擦のように国際的な政治経済の場で異なる意見に直面した際に、日本の立場を正当化し、権力や利益を守るために利用されてきたのです。さらに、日本人論は国内的にも利用されてきました。例えば、急速な西洋化の中で国民に肯定的なアイデンティティを保たせたり、和や集団を重んじるという自己イメージを植え付けて社会的な軋轢が起きないようにしたりしました。「日本では○○だ」「日本人は○○だ」といった本質主義的な見方をうのみにすると、このよ

うな言説をつくりだした政治的・イデオロギー的な意図が看過されてしまうのです。

日本文化への新たなアプローチ

近年は、このような日本文化がはらむ落とし穴から脱却しようとするアプローチが提案されてきています。

●4Dアプローチ

久保田竜子は、Dで始まる四つの概念を取り入れた**4Dアプローチ**を提唱しています。[11] 四つの概念とは、「記述的（descriptive）」「多様性（diversity）」「流動的（dynamic）」「言説的（discursive）」です。このアプローチでは文化の規範的な見方をうのみにせず、①実際にはどうであるかを〝記述的〟に理解すること、②文化の中の〝多様性〟に注目すること、③文化の〝流動的〟な性質を捉えて歴史的な文脈と共に理解すること、④文化に関する知識は様々な権力関係の中で〝言説的〟に構築されており、多重的な意味を含んでいると認識することが求められています。

4Dアプローチによる「お雑煮」[10]や北米の感謝祭の扱い方を提案している久保田の論考を参考に、本章のケースで佐藤さんが扱った「お正月」というテーマをどう取り上げることができるか考えてみましょう。まず、正月料理や祝い方の多様性に注目し、そのような多様性がなぜあるのか、正月を祝わないのは誰なのかを考えたり、様々な人にインタビューしたりすることができるでしょう。その結果を踏まえて、多様性を分類することはできるのか、分類する際の難しさや分類によって生じる問題は何かも考えられそうです。また、正月行事の歴史を吟味したり、メディアの分析を通して正月の過ごし方の規範イメージがどのように・誰によって・なぜ構築されてきたのかを調べたりもできるのではないでしょうか。

日本語教師は言語や文化が持つ政治性にしっかりと目を向け、無意識のうちに様々な政治的意図に加担してしまうことなく、多角的な視点を持って社会の将来を切り開いていかなければならないと久保田は主張しています。[11]

●個の文化

言語文化教育学者の細川英雄は、事物や事柄に関する普遍的な知識として文化を教えることには限界があるとし、コミュニケーション能力の育成を行う日本語教育が扱うべきは「**個の文化**」であると主張しました。[12]「個の文化」とは、一人ひとりの個人が持つ不可視的な知です。学習者がそれを他者との間で表現し、相互作用する中で内省・変化させ、どのような他者とも人間関係を結ぶことのできる「強固で柔軟な自己アイデンティティ」を獲得できるようにすることが日本語教師の専門性であり使命であると細川は述べています。

どのようにすれば、このような理念が実現できるでしょうか。細川は自身が行った「レポートを書く」という教室活動を紹介しています。[13] この活動では、①「私（＝学習者自身）」をくぐらせたテーマを設定すること、②教室内外での他者との様々なやり取りと内省を経て原稿を書き直し、相互の活動を評価するというインターアクションを受容すること、③自身の論理を他者に明示し、他者の納得する論理を獲得することという3点が指標とされています。思考と表現の往還を通して「個の文化」を見つめ直し、変容することが目指されています。

あなたの教育実践における「文化」とは？

以上のように、異なる文化観が日本語教育の様々な実践の根底に存在しています。過去に見られた文化観が必ずしも新しいものと置き換わったわけではなく、近年でも変わらず見られます。実際に日本語の教室をのぞいてみると、今もケースの中のような実践や出来事はあると思われます。しかし、どのような形で文化を扱うにせよ、私たちは常に自身の文化観を顧み、自らの教育実践がどのような意味を持ちうるのかを自覚的に問い続ける責任があるでしょう。

「文化」の定義は160以上も

「文化」という言葉は日常的に使われていますが、そもそも「文化」とは何でしょうか？ 1950年代初頭に出版されたクローバー（Kroeber, A.L.）とクラックホーン（Kluckhohn, C.）の著書[14]によると、英語のcultureの定義は当時すでに160以上もあったそうです。その後も新たな定義が生まれています。それだけ定義が難しい概念だということでしょう。「文化」について読んだり聞いたりするときは、誰が・何のために・どのように文化を定義しているのかぜひ一度考えてみてください。

発展活動

①ケースについての議論を踏まえ、解説を読んで新たに気づいたことがありますか。どのようなことを考えましたか。

②日本語学習用の教材（どんな教材でもかまいません）で文化がどのように扱われているか調べましょう。牲川の「包摂と排除」や久保田の「本質主義」につながる記述はありますか。

③テーマを一つ決めて、４Ｄアプローチに基づいた教室活動を考えましょう。

参考文献

[1] 飯塚浩二（１９５２）『日本の精神的風土』岩波新書

[2] 杉本良夫・ロス＝マオア（１９９５）『日本人論の方程式』筑摩書房

[3] 中根千枝（１９６７）『タテ社会の人間関係―単一社会の理論』講談社

[4] 土居健郎（１９７１）『「甘え」の構造』弘文堂

[5] エズラ＝ヴォーゲル（広中和歌子・木本彰子訳）（１９７９）『ジャパン・アズ・ナンバーワン』ＴＢＳブリタニカ

[6] 吉野耕作（１９９７）『文化ナショナリズムの社会学―現代日本のアイデンティティの行方』名古屋大学出版会

[7] 川上郁雄（１９９９）「「日本事情」教育における文化の問題」『21世紀の「日本事情」』1, pp. 16–26.

[8] 牲川波都季（２０１２）『戦後日本語教育学とナショナリズム―「思考様式言説」に見る包摂と差異化の論理』くろしお出版

[9] 久保田竜子（２０１５）『グローバル化社会と言語教育』くろしお出版

[10] 久保田竜子（２０１２）「日本語教育における文化」『アメリカにおける日本語教育の過去・現在・未来』全米日本語教育学会・国際交流基金 <https://www.aatj.org/resources/publications/book/Culture_Kubota.pdf>（２０２１年12月21日閲覧）

[11] 久保田竜子（２００８）「日本文化を批判的に教える」『文化、ことば、教育―日本語／日本の教育の「標準」を越えて』(pp.151–173) 明石書店

[12] 細川英雄（２０００）「崩壊する「日本事情」―ことばと文化の統合をめざして」『21世紀の「日本事情」』2, pp. 16–27.

[13] 細川英雄（２００３）「「個の文化」再論―日本語教育における言語文化教育の意味と課題」『21世紀の「日本事情」』5, pp.36–51.

[14] Kroeber, A. L. & Kluckhohn, C. (1952). *Culture: A critical review of concepts and definitions.* New York: Vintage Books.

もっと学びたい人のための
文献案内

佐藤慎司・ドーア根理子（編）（2008）『文化、ことば、教育―日本語／日本の教育の「標準」を越えて』明石書店
ことばや文化のモデルを設定し、それに近づけようとする「標準化」に教育者や研究者がどう向き合えばいいかをテーマとした論文集です。本章で紹介した牲川の論考の一部や、久保田の４Ｄアプローチについても読むことができます。日本の文化やことば、日本語教育の「標準化」について人類学、東アジア研究、外国語教育、社会言語学といった多角的な視点からの論考が収められています。

髙野陽太郎（2019）『日本人論の危険なあやまち―文化ステレオタイプの誘惑と罠』ディスカヴァー・トゥエンティワン
認知科学を専門とする筆者が、「日本人は集団主義だ」という言説がどのようにして人々の間で“常識”となったのかを説明しています。比較的平易な文章で様々な研究が紹介されており、日本人論をクリティカルに考えたい人の第一歩としておすすめです。

ガイタニディス＝ヤニス・小林聡子・吉野文（2020）『クリティカル日本学―協働学習を通して「日本」のステレオタイプを学びほぐす』明石書店
当たり前と捉えられている日本についてのイメージや固定概念を各章で紹介し、それらに対して様々な観点や理論を通してクリティカルに迫ります。末尾には各章のテーマの下での活動案が示されており、授業でクリティカルな視点から日本文化や日本社会を取り上げたいと考える教師にも役立ちそうです。

イングリッド＝ピラー（高橋君江・渡辺幸倫他訳）（2014）『異文化コミュニケーションを問い直す―ディスコース分析・社会言語学的視点からの考察』創元社
異なる文化的・言語的背景の人々が交流する現代における異文化コミュニケーションを理解するための１冊。前半で文化の概念や文化と言語・国家の関係が整理され、後半で国際ビジネスや異文化間ロマンスなど様々な文脈の中での異文化コミュニケーションについて書かれています。

Column

「敬語プロジェクト」を振り返って

私が教えていたマレーシアの大学の「ビジネス日本語」クラスでは、「敬語がうまく使えないせいで失礼な人だと誤解されたらどうしよう」と、学習者たちがよく不安を口にした。主に目上の人やフォーマルな場でのやり取りに敬語が使用され、適切に使えなければ相手に失礼な印象を与えることもあると当時の教科書に書かれていたからだ。私は少しでもかれらの不安を和らげようと、敬語だけが人間関係やビジネス場面の成否を決めるわけではないと伝えてみたが、どうも説得力がない。そんな時、久保田竜子氏の「文化を教えるための批判的アプローチ」に出会った。そこで提唱されていた「４Ｄ」の視点を取り入れて、「敬語プロジェクト[1]」をやってみようと思い立った。

「敬語プロジェクト」は２００７年に篠原涼子が主演した『ハケンの品格』という企業ドラマを題材にしている。学習者たちは登場人物の社内外での会話を記述し分析することで敬語使用の実態を探った。その結果発見したのは、尊敬語や謙譲語は「思っていたほど使われてはいない」ということ。実際、検証した２３５文の発話のうち、尊敬語や謙譲語が使われていたのは20文ほどだった。二つ目の発見は、敬語を使うかどうかの判断には、相手の年齢や社内の地位だけでなく、相手の能力や経験、日々の接触の頻度、心理的な親疎といった要素も影響することだった。三つ目は、礼儀正しさや敬意を表す方法は、当然のことながら、相手に対する配慮や振る舞い、声のトーンといった敬語以外の方法がいくつもあるということだった。

上記のような発見を学習者はどのように捉えたか。もちろん、難しい尊敬語や謙譲語の代わりに丁寧語（「です」や「ます」）が使えるとわかって安心した学習者もいた。しかし、中には、何を拠り所に敬語を使うべきか余計にわからなくなったという学習者もいた。敬語の使用状況の複雑さや個人差を発見した結果、もっと包括的で「間違いのない」敬語のルールがあるはずだ、それを教えてくれ、というのだ。これを聞いて私は慌てた。教科書の規範を疑い、実態の多様性に気づくことが目的だったのに、逆に学習者がもっと規範を探し求めるようになってしまった。でも、落ち着いて。久保田氏は四つのDがあると言っている。つまり、ことばや文化を記述（describe）していくと、それらには個人差や文脈の差があって、いつも同じではない（diversity）ことがわかる。また、時間が経つ中で変化もする（dynamic）。でも、多様だし変化するとか言ってたら、これから学ぶ人はどうしたらいいかわからなくなるから、それらについて今の時点での一応のルールを決めておこう（discursive）となる、と。４Ｄはことばと文化に対するスパイラル的な視点だ。それを忘れずに、今度こそ慌てずじっくり、ことばや文化について新たな言説を自分たちで生み出す醍醐味を、学習者と共に味わいたい。

［芝原里佳］

参考文献

［1］芝原里佳（２０１２）「敬語の使用状況を記述的に理解する実践—ビジネス場面のコミュニケーション学習における企業ドラマの発話分析」『リテラシーズ』10, pp.11–20.

第5章

「花マル」ってあり？
言語教育とパターナリズムを考える

本章を読む前に考えましょう

1. 小学校や中学校のときの先生を思い出してください。どのような先生を覚えていますか。
2. 今までに出会った先生（あるいは、テレビドラマなどで見た先生）のうち、よい先生だと思う先生にはどのような特徴がありますか。また、あまりよくない先生には、どのような特徴がありますか。
3. 学校教育や英会話学校など、教育が実施される場面によって、「よい先生」の定義は変わると思いますか。変わるとすれば、どのように変わると思いますか。

この章で扱う「パターナリズム」とは、「子ども扱い」のことを指しています。日本語教育においては、しばしば「日本語学習者だからといって子ども扱いしてはいけない」と言われます。では、その時の「子ども扱いする」とは、どういうことなのでしょうか。それは個人のイメージや主観の問題なのでしょうか。この章では、「パターナリズム」概念をもとに、教育における自由と教育的介入の意味について考えます。

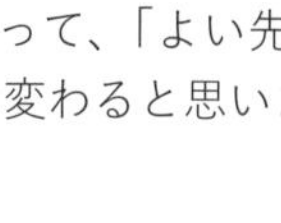

これは、ある日本語学校に勤める
〜ています
ごはんをたべていま
・・・
河合理子の実体験です。
教員室
河合先生！
河合先生、午後から初級Aクラスですよね？
山下先生！お疲れ様ですはい、そうです！

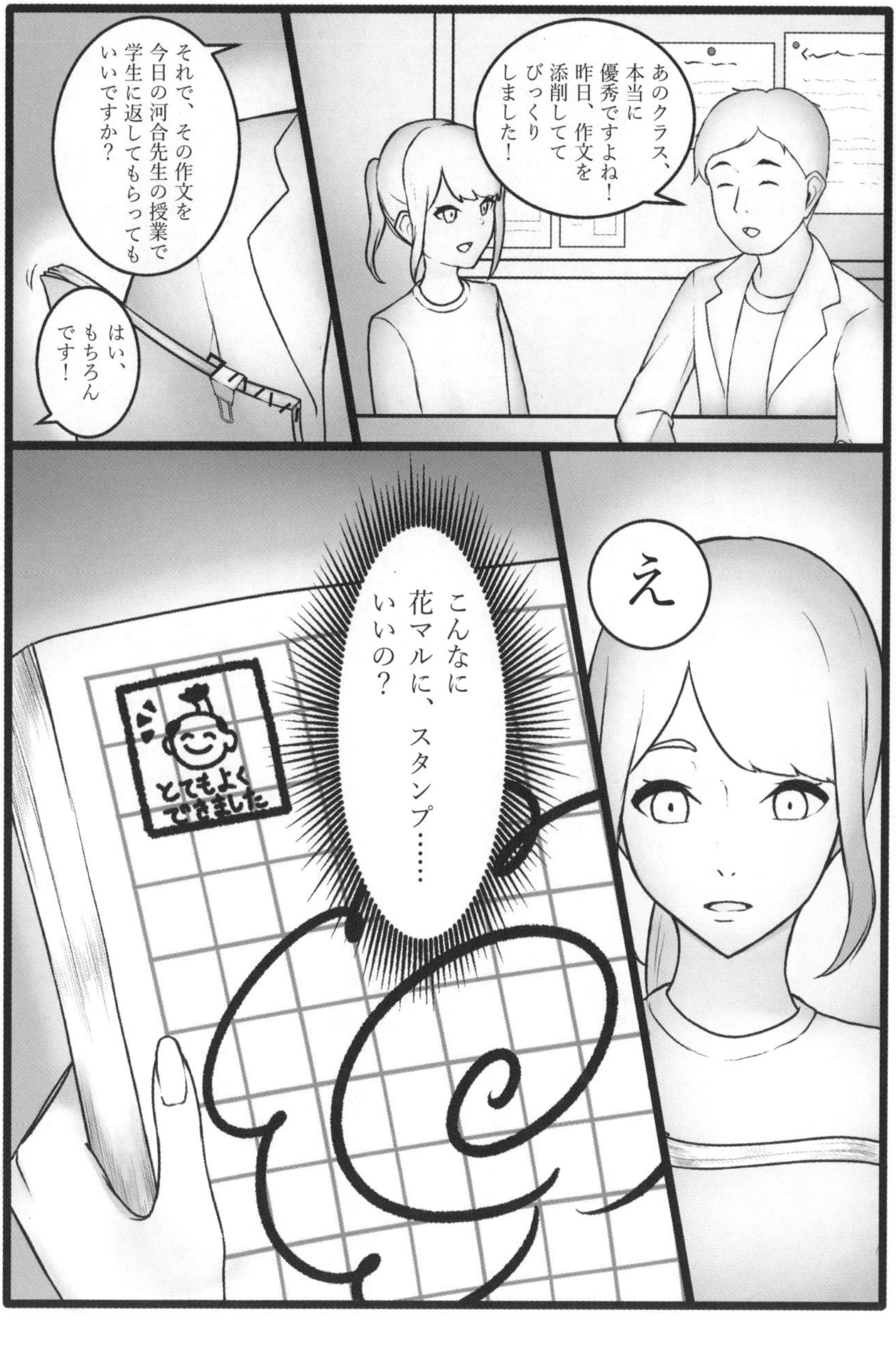
あのクラス、本当に優秀ですよね！
昨日、作文を添削しててびっくりしました！
それで、その作文を今日の河合先生の授業で学生に返してもらってもいいですか？
はい、もちろんです！
え
こんなに花マルに、スタンプ……いいの？
とてもよくできました

ケース5

河合理子

私は大学の主専攻で日本語教育を学び、卒業後に日本語教師になりました。指導教官の勧めもあり、まずは、韓国にある民間教育機関で専任講師として働き始めました。勤めていた教育機関には、学生だけではなく、ビジネスパーソンを対象としたコースもあり、初めは自分の父親くらいの年齢の学習者に戸惑いながらも、最終的にはいい関係を築くことができ、貴重な体験をすることができました。韓国で3年働いた後、さらなるキャリアアップを目指して日本に帰国し、今は大学院で研究しながら、民間日本語学校の進学コースで週に3日、午前のクラスを教えています。

今の学校は、風通しもよく先生同士の関係もいい雰囲気で、とても気に入っているのですが、最近ちょっと気になっていることがあります。それは、同僚の先生が学習者を「子ども扱い」しているのではないかということです。

先日、初級クラスの引き継ぎの時に、チームティーチングをしているクラス担任の先生から作文の宿題の返却をお願いされたのですが、渡された作文には、赤ペンで大きな花マルが書かれ、「よくできました！」とかわいいキャラクターのスタンプがベタベタ押されていました。私はそれを見て、思わず固まってしまいました。もちろん、先生によって教授スタイルが違うことはわかっているし、私が横からとやかく言うことでもないとは思うのですが、正直、強い違和感を覚えました。学習者たちは、自国で高校を卒業してから来日しているので、若いといっても20歳前後ですし、大学院進学を目指している学習者もいます。そんな学習者たちに対して、花マルにスタンプってアリなのでしょうか。授業で作文を返す時に、それとなく様子を観察してみたのですが、「かわいい！」と喜んでいる学習者がいる一方で、反応に困っているような学習者もおり、自分が学習者だったら間違いなく、後者の反応をするだろうなと複雑な気持ちになりました。後日、その先生にさりげなく聞いてみると、学習者たちも喜んでいるということでした。でも、前に働いていた学校では、学習者が初級だからといって子ども扱いしてはいけないと言われていたし、私もそう思います。その先生は、よかれと思ってやっているようなので、何とも言えないのですが、初級の学習者だからといって子ども扱いするのは、学習者に対して失礼だし、学習者をバカにしている感じがして、とても嫌です。でも、これって私個人の感覚の問題なのでしょうか。

いろいろな声を聞いてみよう

別に子ども扱いしているつもりなんてないですよ。クラスの子たちも喜んでくれていますし。私自身、アメリカで英語を勉強していた時に、先生がいろんなスタンプを押してくれて、それがうれしかったんですよね。初めはびっくりする子もいるみたいですけど、日本の学校では当たり前ですし、日本文化の勉強にもなると思ってやっています。害があるわけではないし、問題ないでしょう？

山下先生

チャンさん

人によると思いますけど、私はかわいいものが好きなので、うれしいです。自分の好きなキャラクターのスタンプがもらえると、がんばってよかったと思いますし。自分の国の学校では、そういうのはなかったけど、今は日本に来て勉強しているので、特に嫌な感じはしないですね。先生が日本文化だと説明してくれたので、日本の学校はそういうものだと理解しています。

正直、子ども扱いされていると感じる場面はありますね。日本語がまだ上手じゃないから仕方ないですけど、クラスでゲームをするときとか、小学生になったような気持ちになることもあります。先生は優しいから、あまり文句は言いたくないけど……。私は一回会社で働いて日本に来ているから、そのせいかもしれないです。将来は大学院で経営学を学ぶつもりなので、早く上級クラスに行きたいです。

ジニーさん

A　ケースの内容を確認しよう

1　河合さんは日本語教師として、どこでどのような経験を積みましたか。

2　河合さんが現在働いている学校は、どのような学校ですか。

3　河合さんは教師としてどのような信念を持っていますか。また、それはなぜですか。

B　ケースを読んで考えよう

1　河合さんが「横からとやかくいうことではない」と考えているのは、なぜだと思いますか。

2　あなたが河合さんだったら、どうしますか。それは、なぜですか。

3　河合さんの「学生をバカにしている」という意見についてどう思いますか。

C　いろいろな声を聞いて話し合おう

1　同僚の山下先生の「クラスの子たちも喜んでくれている」から「別に問題ない」という意見について、どう思いますか。

2　チャンさんの意見について、どう思いますか。自分の言語学習の経験と重ねて考えてください。

3　ジニーさんの意見について、どう思いますか。自分の言語学習の経験と重ねて考えてください。

D　ディスカッション

あなたが授業の中で「花マル」や「スタンプ」を使うとしたら、その目的は何ですか。

解説

みなさんは「子ども扱い」と聞いて何を思い浮かべましたか。また、そのこととよい先生のイメージに関係はありましたか。人は誰でも、よい教育について特定のイメージを持っています。しかし、そのイメージのままに教育を行うことには問題はないのでしょうか。「私が学習者だったら……」と考えてみることは大切です。しかし、教育現場における教師の判断には、専門家としての判断根拠が必要なはずです。ここでは「子ども扱い」について、パターナリズムの観点から考えてみましょう。

「子ども扱い」とはどういうことか

学習者を「子ども扱い」するというのは、どういうことなのでしょうか。その問題を考えるために、まず「**パターナリズム**（paternalism）」の概念を紹介し、教育や医療の現場において「個人の自由への干渉」がどのように問題になっているかを見ていきます。

「パターナリズム」とは、父親（father）を意味するラテン語の「pater」が語源であるとされ、16世紀に誕生した**父権的**（権威主義）という語が、19世紀に定着したものであると言われています。[1] 日本語では、「父権主義」や「保護的温情主義」、ときには「温情的差別主義」などと訳されることもあるようです。研究者によっても定義が異なる用語ですが、一般的には、父親が子どもによかれと思って干渉するように、「権力を持つものが自分より弱い者に対して積極的な干渉を行うこと」を意味して使われます。簡単に言えば、「余計なお節介」ということです。では、なぜ「余計なお節介」がそれほど大きな問題になるのでしょうか。それは、他者に対する積極的な干渉や介入が、時に人の自由や基本的権利を脅かすことにつながりうるものだからです。例えば、高校の進路指導の先生が「君のためだ」と言って無難な大学の受験を強く勧めるとき、あるいは、日本語教師が「日本語上達のため」と言って教室での母語使用を禁止するとき、それらはどのような意味において正しいと言えるのでしょうか。

私たちは自由であることを望みますが、自由とは、個人の意志の問題だけではなく、社会的な制度の中で実現されるものでもあります。パターナリズムの研究者たちは、この「個人の自由」に対しての他者の干渉や実際の介入がどの程度認められるべきなのか、また、仮に認められるのであれば、なぜ認められるのかについて議論しています。

自由への干渉

個人の自由への干渉を論じた古典に、ミル（Mill, J.S.）が書いた『自由論』があります。[2] この本の冒頭でミルは、「物質的にであれ、精神的にであれ、相手にとって良いことだからというのは、干渉を正当化する十分な理由にはならない」（p.30）と言い切っています。ミルは「あなたのため」や「あなたをもっと幸せにする」という理由においても、また、仮に「もっと正しいやり方」がある場合でさえも、相手に物事を強制したり我慢させたりするのは、「けっして正当なものではない」と主張しました。ここでは、ミルの議論を参考にしながら、個人の自由を妨げること（＝自由への介入）を考えるための関連概念として、**自己決定**、**自律**、**未熟性**、**配慮**について説明します。

自己決定とは、簡単に言えば、自分のことは自分で決めるということです。仮に他者からの介入があったとしても、最終的にその決定権を個人に委ねることによって、個人の自由は保障することができます。**自律**とは、個人が「自由に関連する行動を客観的に反省する能力」[1] を持ち、独立した主体である状態を指します。つまり、成熟した大人とは、他に依存することなく、自分のことは自分で決め、自身の行動に対しての責任を持つということです。そして、自分のことを自分で決め、その結果に対して責任を持つことによってこそ、人間は自律することができるのです。このように「自己決定」と「自律」は、相互に密接な関係を持っています。「本章を読む前に考えましょう」で尋ねた「いい教

自律と他律

自律とは自分で自分を律するという文字の通り、一般には自分自身で立てた規範やルールに従って行動することである。これに対し、他律とは他の規範や命令に従うことを意味する。哲学者のカントは、自律について、感性による欲望ではなく、理性によって自らの意志を立てることと考えた。

師」のイメージについて、学生の話をじっくり聞いてくれる教師、自分を人間として対等に扱ってくれる教師などを挙げた人もいるかもしれません。それは、その先生が学生を自律した主体として扱っていたからだと考えることもできるかもしれません。

それに対して、**未熟性**とは、まだ成熟していない状態を意味しています。未熟なものは自律しておらず、正しい自己決定を行うことはできないため、積極的に保護する必要があるということです。「自己決定」と「自律」と「未熟性」の関係に関連して、ミルは、自由の原則は、「成熟した大人にのみ適用される」（p.31）として、子どもを自由の担い手から外しました。また、ミルは「民族そのものが未成熟だと考えられる遅れた社会も対象から除外してよいだろう（p.31）とも言っています。つまり、ミルの議論においては、「成熟した市民社会」の「成熟した成員」のみが、自由の担い手として想定されているのであり、それ以外の子どもや外国人の自由への干渉は容認されているということです。子どもと外国人を並べるというのは、現代から考えれば信じられないことではありますが、この本が書かれた1850年代、世界には未成熟な民族がいるという発想は、特に責められるべきものではありませんでした。

そして、教育の場において、このような「未成熟」なものの自由への干渉が正当化される根拠として位置付けられるものに、教師の**配慮**があります。「配慮」について、ここでは仮に相手をおもんぱかって行う特別な判断と定義しておきましょう。

例えば、日本語教育の現場で、外国人留学生に対して日本の礼儀作法を教えるという場面を考えてみます。日常で出会った外国人の友人に対して、礼儀作法を注意する人はあまりいないでしょう。そもそも、成人に対して礼儀作法を注意すること自体がマナー違反だと考える人もいるかもしれません。しかし、日本語教育の現場では、留学生の将来のために、教師として日本での礼儀作法を教える必要があるという意見もあります。この時の、「教師として」という部分が専門家の「配慮」に当たります。

教育におけるパターナリズムの問題

では、実際の教育現場において、パターナリズムとはどのように考えられているのでしょうか。1989年の**子どもの権利条約**以降、教育の議論においては、子どもを保護の対象とするのではなく、大人と同等の権利を持つ主体とする見方が主流となっています。[3] つまり、子どもは大人と同じ権利を持っており、その権利や自由を脅かすことは、教育の場においても許されないという認識が広がっています。しかし、だからといって学校で子どもに対して何の指導も行わず、放置しておくというわけにもいきません。そこで現在では、子どもの基本的人権を踏まえた上で、改めて教育における介入をどう考えるかが課題とされるようになっています。

近年の教育学の研究においては、教育の目的には子どもを「最終判断者」（つまり、自己決定を行う主体）として発達させることがあり、そのためには判断の最良性を高める必要があるという考え方[3]があります。また、教師によるパターナリスティックな介入が許されるのは、子どもの自律や可能性を育む限りにおいてであるとも言われています。[4] これらの議論において教師は、子どもに対して自分が持つ信条や価値観を押しつけるのではなく、子どもの人格的尊厳や利益に最大限の「配慮」をした上で、選択的な提示を行うことが求められるといいます。つまり、教師が子どもの利益を決めつけて、それを一方的に教え込むのではなく、子どもにとっての利益を考え、その実現のためのよりよい選択肢を提示して選んでもらうということです。教師の役割は、子どもとの対話を続けることであり、教師の干渉の妥当性は、教師集団の話し合いの場で精査されるべきものであるといいます。[3]

このように、子どもに対する教育の場であっても、子どもの「未熟性」を理由に、子どもの自由を侵害することはできず、教師の指導は子ども個人の自己決定力を高め、自律へと促すためになされるべきであるという考え方が広がっています。

子どもの権利条約

子どもを大人と同等の権利を持つ主体として位置付けその権利を認めた条約。意見を大人同様に尊重し、子ども自身にとって最善の利益が守られること、子どもも医療・教育・生活の支援を受ける権利を保有することなどが示されている。1989年に第44回国連総会において採択された。

成人に対する「配慮」と「同意」

では、成人を対象とした場合、パターナリズムとはどのように考えられるのでしょうか。日本語教育において学習者が成人であることの意味については、実際にはそれほど議論されてきませんでした[5]。一方で、日本国内の日本語教育機関で日本語を教える場合、ほとんどの学習者はすでに自己決定できる大人であるという現状があります。つまり、日本語教育関係者は、学校教育の議論にある「未熟な子ども」の自律性を高めるために「配慮」を伴った介入を行うとするのとは異なる形で、成人学習者に対する「配慮」を考える必要があるということです。それでは、そもそも成人に対する「配慮」とはどのようなものなのでしょうか。

成人に対する「パターナリズム」がしばしば問題となる分野として、医療分野があります。ここでは医療分野における**インフォームド・コンセント**（informed consent）をめぐる議論から、専門家による「配慮」の意味について考えてみます。

インフォームド・コンセントとは、専門家である医師が、素人である成人患者に対して、病状や治療方法についてわかりやすく説明を行い、患者の**同意**を得た上で、治療を進めるというものです。この考え方が医療従事者や法律関係者の間で真剣に議論されるようになったのは、欧米では1970年代、日本では1980年代後半からとされており、日本では、いまだ十分に実現されているものではないといいます[6]。その理由として考えられるのが、医師が専門家として、成人患者の「利益」に「配慮」することの倫理的な難しさです。

例えば、輸血以外に助かる見込みがない患者が、宗教上の理由で輸血を拒否している場合、患者にとっての「利益」とは、生き延びることか、あるいは自身の信条をまっとうすることかという議論があります。この場合、輸血をしないで患者を死なせてしまっても、医師は法的な責任は問われません。しかし、「同意」なしに輸血をした場合、仮に患者が助かったとしても、医師が法的な責任を問われる可能性が高いといいます[7]。つまり、法的には、医療の専門家である医師でさえも、「患者の利益」を根拠として、成人患者の自由への介入を正当化できないのです。そしてこの背景には、教育での議論同様、患者の自己決定の自由を最大限に尊重し、患者の自律を保障するという考え方があります。

翻って日本語教育ではどうでしょうか。教室内の言語使用について日本語以外は使ってはいけないと教師が説明するとき、教師は学習者に十分な「同意」を得ているでしょうか。あるいは、よかれと思って花マルやスタンプを押すとき、それは学習者の自律性を保障するものになっているでしょうか。

「配慮」とは何か

「同意」と「配慮」とは、どのような関係にあるのでしょうか。「インフォームド・コンセント」における同意については、その都度の患者の表面的な同意を得るだけでは不十分であり、介入を行うための関係の構築を、時間をかけて行う必要があるという意見があります[8]。その背景に見えるのは、専門家としての倫理的な責任です。つまり、相手との間で同意が成立してさえいればよいということではなく、専門家として、相手との関係性において「配慮」を行い、その上で同意を得る必要があるということです。

「配慮」と「同意」の問題に関連して、哲学者の湯浅慎一は、パターナリズムを「他者の関心もしくは配慮を、私のあるいは彼の「利益のために」、彼に代わって遂行するという私の配慮形態」と定義しています[9]。「配慮」は「関心」と区別されるものであり、「関心」が単なる関わりであるのに対し、「配慮」とは「他者との関わり」を意味するといいます。そして、医療行為とは、相手に関心を持つことではなく、配慮することであると主張しています[9]。

この指摘から考えると「配慮」とは、相手との間に、有機的に作り出される関係性を前提としたものであると考えられます。つまり、相手の置かれている状況を専門家である私がどのように理解するかによって、「配慮」のあり方も決まるということです。湯浅は、「がん患者とはこういうものだ」「子どもとはこういうものだ」という一面的な理解が、「代理的・飛び込み的配慮[9]」につながると指摘します。ここでいう「代理的」とは、医師が患者の関心を代弁することであり、「飛び込み的」というのは、本来であれば、それぞれの患者に固有であるはずの配慮を、医師が一方的かつ一面的に捉えようとすることです。

つまり、「配慮」において重要なのは、患者に配慮しているというときの、医師の「患者理解」のあり方であり、それは、相手との関係性の上に成り立っているということです。

このことを本章のケースに当てはめてみるとどうでしょうか。「日本文化を教えてあげる」という教師の配慮は、「学習者は日本文化を知りたいはずだ」という一面的な学習者の理解になっていないでしょうか。あるいは、「学習者が喜んでくれている」から問題ないというのは、「代理的・飛び込み的配慮」に基づく同意となっていないでしょうか。

2020年1月、アメリカのワシントンポスト紙が、日本では一部の会社や日本語学校の間で、外国人のパスポートを取り上げて保管することが常態化していると報じて話題となりました[10]。

パスポートを取り上げ、自由な移動に制限をかけることは基本的人権の侵害であり、厳しく糾弾されるべきことです。一方で、この背景には（未熟な）外国人留学生に対する「配慮」があると考えることもできます。事実、2016年に群馬県で起きた事件では、学校の責任者が「なくすと困る」という理由で留学生を説得し、パスポートを没収していたことが明らかになっています[11]。もちろんパスポートの取り上げは、法に照らして不適切な行為であり、教師の教授行為における正当性とは質が異なるものではありません。しかし、「なくすと困る」という「代理的・飛び込み的配慮」によって、留学生から「同意」を得るという構図があったことは指摘できるでしょう。

介入の正当化根拠を考える

では、冒頭に示した花マルやスタンプは、何が問題なのでしょうか。学習者が提出した宿題に、教師が花マルを付けたり、スタンプを押したりするという行為そのものが、学習者の自由や権利を侵害しているとは考えられません。また、日本語教室が教育現場であることを考えれば、そこで教師の配慮によるパターナリスティックな介入が行われるのは、当然であるとも言えるでしょう。提出物にフィードバックを与えることは教師の職業的役割であり、その行為を非難することはできないという意見もあるかもしれません。

しかしながら、教育学の議論を踏まえるのであれば、教師の行為の正当性が、何によって保障されているのかを考える必要性はありそうです。それは、花マルやスタンプをもらった学習者が喜んでいるという、学習者の「同意」でしょうか。あるいは、日本で暮らす学習者に日本文化を教えたいという教師の「配慮」でしょうか。しかし、そのいずれに対しても、教育や医療における議論では、疑問が投げかけられています。

おそらく問題は、教師が学習者を「子ども扱い」しているかどうかではありません。子ども扱いしているかどうかというのは、冒頭の例にあった通り、個人の主観の問題だからです。教育学や医療における議論を踏まえるのであれば、この問題は構造的な問題として考えるべきものでしょう。

花マル問題の構造的問題とは、端的に言えば、子どもに対する教育で実施されている行為が、成人である外国人学習者に対して無自覚的に行われることによって、介入の正当化根拠にある「未熟性」が、「外国人留学生の未熟さ」に重ねられてしまうことにあると考えられます。つまり、花マルを付ける教師が、自身の介入の正当化根拠について、何にも考えていない場合、教師が意図しているかどうかにかかわらず、介入の正当化根拠は「未熟性」に重ねられてしまう可能性があるということです。ケースにおいて河合さんが「バカにしている」と感じたのは、その「未熟性」が「留学生」に重ねられることで、担任の先生の「学習者理解」のあり方に対して疑問を感じたからだと言えるかもしれません。また、「配慮」という点から考えてみるのであれば、同僚教師が「代理的・飛び込み的配慮」をしていることに疑問を持ったとも言えるでしょう。つまり、自分が受けてきた学校教育の方法を成人に対する日本語教育の現場に適用するのであれば、なぜその方法が正当と言えるのかを教師は常に自分に問う必要があるのです。

　教育学者のブルーナー（Bruner, J. S.）は、教育について一般大衆が持つ「こうした方がいい」という素朴な考え方や信念を「**フォーク・ペダゴジー**」[12]と呼びました。教育というものは、すべての人が関わりを持つため、専門的な知識を持たない人でも、何かしらの信念を持っていることが知られています。ここで必要なことは、言語教育におけるパターナリスティックな介入について、このような「フォーク・ペダゴジー」をもとに、あれこれ評論することではありません。専門家として求められることは、自身の介入の正当性を考えるための自分なりの理論的根拠を持つことであり、それが、専門家としての倫理的責任であるとも言えるのではないでしょうか。

発展活動

①ケースについての議論を踏まえ、解説を読んで新たに気づいたことはありますか。どのようなことを考えましたか。

②大学の授業で「花マル」をもらうことについて、外国語を勉強している周囲の人に意見を聞いてみてください。その際、この章で説明されていたことを説明し、どのような反応があるかも探ってみてください。

参考文献

[1] 樋澤吉彦（2005）「自己決定／自律」および「自己決定権」についての基礎的考察」『Core Ethics』1,pp.105–116.

[2] ジョン＝スチュアート＝ミル（関口正司訳）（2020）『自由論』岩波書店

[3] 山梨八重子（2014）「教育におけるパターナリズム正当化根拠の一考察」『先端倫理研究』8,pp.153–173.

[4] 秋池宏美（2016）「「教育とパターナリズム」研究の射程」『駿河台大学論叢』53,pp.79–97.

[5] 牛窪隆太（2010）「「学習者ニーズ」再考―成人教育学における議論を手がかりに」『リテラシーズ』7,pp.31–36.

[6] 江口聡（2014）「インフォームド・コンセント―概念の説明」加藤尚武・加茂直樹（編）『生命倫理学を学ぶ人のために』pp.30–51. 世界思想社

[7] 江崎一朗（2014）「パターナリズム―概念の説明」加藤尚武・加茂直樹（編）『生命倫理学を学ぶ人のために』pp.65–75. 世界思想社

[8] 樋澤吉彦（2005）「「同意」は介入の根拠足りうるか？」『新潟青陵大学紀要』5,pp.77–90.

[9] 湯浅慎一（2014）「患者は子供か―医療におけるパターナリズムを哲学的に考える」加藤尚武・加茂直樹（編）『生命倫理学を学ぶ人のために』pp.86–96. 世界思想社

[10] Simon, D. (2020, January 23). Ghosn wasn't the only one trapped in Japan: Many foreign workers also want to escape. *The Washington Post*. < https://www.washingtonpost.com/world/asia_pacific/ghosn-wasnt-the-only-one-trapped-in-japan-many-foreign-workers-also-want-to-escape/2020/01/23/ea7bcaf0-3daf-11ea-971f-4ce4f94494b4_story.html>（2021年9月20日閲覧）

[11] 『産経新聞』「全留学生パスポート没収群馬」2016年12月14日付 <https://www.sankei.com/article/20161214-6HJH76UR5ZKHRIWLSR6TVKBTOI/>（2021年9月20日閲覧）

[12] ジェローム＝ブルーナー（岡本夏木・池上貴美子・岡村佳子訳）（2004）『教育という文化』岩波書店

もっと学びたい人のための
文献案内

加藤尚武・加茂直樹（2014）『生命倫理学を学ぶ人のために』世界思想社
医療従事者を目指す人に向けて書かれた入門書。領域は日本語教育とは異なりますが、医療現場において人の自律性を保障するとはどういうことなのかについて非常に示唆に富む論考が収録されており、自律性について考えたい人におすすめです。

澤登敏雄（1997）『現代社会とパターナリズム』ゆみる出版
教育におけるパターナリズムについて、特にライフスタイル、子ども・家族、犯罪・非行対策の切り口からの論考をまとめたもの。パターナリズムの分類や正当化基準についての論考も収録されており、自由であることとパターナリズムの関係について考えてみたい人におすすめします。

苫野一徳（2011）『どのような教育が「よい」教育か』講談社選書メチエ
現象学を専門にする教育哲学者の立場から「よい教育とは何か」という難問に真っ向から取り組んだもの。「欲望論的アプローチ」を軸に「自由の相互承認」という方向性を提示し、教育現場におけるあらゆる二項対立を乗り越えるための考え方が示されています。日本語教育の教育的意味について考えたい方におすすめです。

佐藤学（2022）『専門家として教師を育てる―教師教育改革のグランドデザイン』岩波書店
科学的根拠に基づいて進められる医療実践とは異なり、不確実性の高い教育実践において教師たちは「職人性」を身につけており、そこには「カン」や「コツ」が存分に含まれていることが指摘されています。本書では、教師に求められるものを「専門職性」と「職人性」に区分した上で、教師の個人的、経験的な「実践的知識」をどのように育てていくかについて議論しています。教育学の専門書ではありますが、教師の判断根拠や実践的知識について概念的に理解し考える上で、必要な知識を得ることができる一冊です。

Column

自分の内なる「日本語教師のパターナリズム」から、どうやって抜け出せる？

海外で日本語教師の仕事を始め、10数年間教えた後に日本に帰国したのだが、初めて日本の某日本語学校で働いた時の衝撃は忘れ難い。本章の「花マル」や「スタンプ」による「子ども扱い」とはまた別次元の、徹底的に厳しい管理教育的パターナリズムがそこにはあった。そこでは、20歳を超えた成人学習者に対して、郷に入っては郷に従えといった「日本社会」に同化させるための「しつけ」も日本語教師の役目とばかりに、遅刻や欠席、授業態度や課題提出などについて厳しい「指導」と叱責が、日本語教師たちによって繰り広げられていた。言葉遣いから敬語から何から何までを注意の対象に、「そんなんじゃ日本でやってけないよ！」と教員室で感情的に学生に説教する日本語教師の姿に、「日本国内の日本語教育の現場って、こんな感じなんだ！」とカルチャーショックを受けたものだ。

これは日本語教師自身が、どのような社会的な位相のもとに日本語学習者と出会ったのか、という最初の教師体験にも左右されるのではないだろうか。例えば私は、自身が欧州の英語圏に暮らす不十分な英語話者として、現地のマジョリティの学習者相手に日本語を教え始めた。社会的位相および言語的位相においてはこちらがマイノリティだったため、現地の日本語学習者を自分よりも「下」の子ども扱いするという発想は全くなかった。また私自身が現地で暮らし始めた当初は英語が覚束なかったこともあり、言語マイノリティであることの悔しさを日常的に感じていたこともある。子どもに話すようにゆっくり話しかけてくれる（いわゆる「フォリナートーク」）現地の方々の「親切」も、当時すでに20代後半だった私にとっては、子ども扱いされている感じがして時に不快に感じられたものだ。その不快さも、相手の中に「あなたのためを思って」のパターナリズムを感じ取っていたからだと思う。日本語だったら私はどんな議論でもできるのに。思考力や知識量であなたと互角に渡り合えるのに。英語ではそれが難しい。そのことに対する悔しさともどかしさは半端じゃなかった。

日本に帰国して10年経つが、以上の海外での日本語教師の経験や言語マイノリティとして生きた経験から、座右の銘にしている言葉がある。「Never make fun of someone who speaks broken English. It means they know another language（片言の英語を話す人を笑っちゃいけない。かれらは他の言葉を知っているということなのだから）」（作家、ジャクソン・ブラウン（Jackson Brown, H.）の言葉）。日本で暮らしている今、片言の日本語を話す人が目の前にいたら、この人はいったいいくつの言葉を話す人なんだろうと私は真っ先に考える。彼ら彼女らの母国語で、あるいは他の言語で話したら、議論したら、かなわないのではないか。この人は人生経験や知識量において、私をはるかに凌駕するかもしれない。そんな気持ちで相対すれば、花マルや「よくできました」のスタンプや、日本語の敬語が「できない」からといって相手を叱りつけることなんて、到底できやしないのだ。日本語教育のパターナリズムから抜け出る第一歩は、日本語モノリンガル的な視点から、自分を解き放つことではあるまいか、とつねづね私は感じている。

【稲垣みどり】

第6章

先生の言うとおりに教えました！
ポストメソッドを考える

本章を読む前に考えましょう

1. あなたは日本語の教え方をどのように学びましたか／学んでいますか。
2. あなたの教え方に、日本語教師になるために受けた教育（日本語教育専攻課程・副専攻課程、420時間の養成講座など）で指導をしてくれた先生の影響はありますか。それはどのような点においてですか。現在教師教育を受けている人は、今指導をしてくれている先生にどのような点で影響を受けていると感じますか。
3. 実際に教える中で、学習者に合わせた自分なりの教え方を見つけていますか。それは具体的にどのようなものですか。教師経験がない人は、今受けている教師教育をふりかえり、可能な範囲で考えてみてください。

教育は誰もが受けてきたものであることから、教師になろうとする人たちは自身のこれまでの学習経験に基づいた教育に対する考えを持っていると言われています。その中で、現場の教師たちは、日々の実践において、教師教育で学んだことをどのように生かしているのでしょうか。教師教育プログラムで学んだことは全く役に立っていない？　それとも、教師教育で学んだことに従っている？　本章では、「ポストメソッド」という考え方から、教師が日本語の教え方をどのように学び、それを実践していけるのかを考えます。

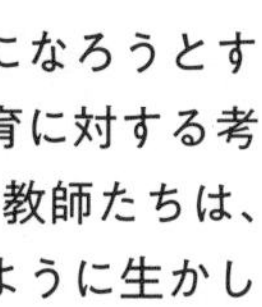

私は、石田智子。

大学に通いながら420時間の日本語教師の養成講座を受けました。

講座では山口先生に日本語の教え方の基礎をしっかり教えていただき、実習では毎日厳しいフィードバックをいただきました。

結構厳しい指導もあり、大変だったのですが、実習後は学習者も話せるようになっていたので、教え方は理にかなっていると思っていました。

先生のおかげで話せました！

しかし、私の出鼻はベトナムに行ってすぐにくじかれてしまいました。

教えた文型は全く定着しておらず
先生、わかりません
え！忘れました……

え、でも前に言いましたよね
授業は理解もしてもらえません。それに、学習者の発音も日本で教えていたときのようにきれいなものには決してなりません。

??

??

発音はくりかえし
コーラスすべし
困ったときは、山口先生のアドバイスを思い出していますが
むずかしいです…
しかし、なかなかうまくできません……
ある日、同じ学校の田中先生に相談しました。
ちょっと相談いいですか
どーぞ
上手くできないんです！
うちの学習者は、コミュニケーションをとりたいと言っている人が多いです なので発音よりもコミュニケーションの活動をしたらいいと思いますよ！ まず日本語に興味を持たせることが大切ですよ！
日本語はまず発音から きれいな日本語でないと伝わりませんよ
でも、発音指導が日本語教育の要と指導してくれた先生は教えてくれました
あっ、そうなんですね！
なんで驚いていたんだろう
私の信念を伝えただけなのに……

ケース 6

石田智子

私は大学に通いながら、420時間の養成講座で日本語教育を学びました。その養成講座の山口先生には、文型導入の際の言葉遣いやジェスチャー、絵カードの見せ方、学習者にフィードバックを与えるときの顔の表情など、いろいろとみっちり教えていただきました。講座の最後には、付属の日本語学校で実習をするのですが、実習後の先生のダメ出しはいつも厳しく、できるようになるまで何度も指導をしてくれました。その時は大変でしたが、先生に教えていただいたおかげで日本語の教え方を身に付けることができたと思っています。というのも、先生に言われた通りにきっちりと実習をやったら、日本語学校での実習はうまくいき、学習者も上手に日本語が話せるようになっていたからです。でも、養成講座を修了し、ベトナムの日本語学校で教え始めて、私は出鼻をくじかれてしまいました。

日本の養成講座で先生に手取り足取り指導していただいた方法でベトナムの学習者に日本語を教えたのですが、学習者は文型を全く理解してくれないし、教えたはずの文型が全く定着しないのです。そして、学習者の発音も日本で教えていた時のようにきれいなものには決してなりませんでした。そこで、先生が「発音は何度も何度も繰り返しコーラスさせたらうまくなる」とおっしゃっていたのを思い出し、先生に指導された通りの方法でコーラス練習をしたのですが、全く効果がありませんでした。同僚の田中先生に相談をしたら、「うちの学習者は日本語でコミュニケーションができるようになりたいと考えている人が多いから、発音なんて今は気にせずに、もっとコミュニケーションの活動をしたらどう？　発音ばかりだと学習者は日本語学習に対する意欲を失ってしまうから、まずは日本語に興味を持たせることが先決だよ」と言われてしまいました。でも、山口先生は「きれいな日本語はきれいな発音から！　きれいな発音で話さなければ相手に伝わらない」といつもおっしゃっていたので、私は田中先生の言うことに納得がいかなくて、「「発音指導は日本語教育の要です」と養成講座の山口先生がおっしゃっていましたよ」と言ったところ、田中先生はびっくりされていました。山口先生は、「教師は教える際の信念を持つことが大切だ」といつもおっしゃっていたので、単に私の信念を伝えただけだったのに、なぜ田中先生は驚いたのでしょうか。私は何かおかしなことを言ってしまったのでしょうか。

いろいろな声を聞いてみよう

日本語の教え方には、どの教育現場でも効果がある万能な方法があると思います。養成講座では、その方法を受講生に教えています。修了生たちは「山口先生のおかげでどこの学校に行っても即戦力になれています」と言ってくれていますよ。石田さんから今の職場でうまくいっていないという相談を受けましたが、私が教えた通りにきちんとやっていないんじゃないでしょうか。

山口先生

田中先生

石田先生はとても熱心にやっていると思いますよ。でも、一つの方法しか信じていないように感じます。もっと目の前の学習者を見て、学習者に合わせて授業をやったほうがいいんじゃないかな？　いつも困ったことがあると、すぐに「山口先生は……」と言って、山口先生という人に習ったことを再現しようとしているようなんですが、私にしたら正直、「山口先生って誰？」って感じなので……。もちろん尊敬する先生がいることはいいことですよ。でも……。

私も石田さんと同じ養成講座に通い、山口先生から指導を受けました。でも、山口先生の方法が日本語教育の教え方だとすると、日本語教師って楽しくないなって思ったんです。結局、私が想像していた日本語教師のイメージと違っていたので、養成講座を修了したけれども、日本語教師にはならず、今は一般企業で事務の仕事をしています。

鈴木さん

A ケースの内容を確認しよう

1 石田さんはどのように日本語の教え方を学びましたか。

2 石田さんの日本語を教える際の「信念」はどのようなもので、それは何をもとに形成されましたか。

3 同僚の田中先生が石田さんに提案をした際、石田さんはどう反応しましたか。

B ケースを読んで考えよう

1 石田さんは、養成講座の実習ではうまく日本語を教えられたのに、どうしてベトナムの教育現場ではうまく教えることができなかったのでしょうか。

2 同僚の田中先生の提案に対して、なぜ石田さんはケースのような反応をしてしまったのでしょうか。

3 石田さんが今教えているベトナムの日本語学校でうまく教えられるようになるには、どうすればよいと思いますか。

C いろいろな声を聞いて話し合おう

1 山口先生は「日本語の教え方には、どの教育現場でも効果がある万能な方法があると思います」と言っています。あなたはこの考えについてどのように思いますか。どこに行っても適用できる万能な教え方とはどのようなものでしょうか。

2 田中先生は「もっと目の前の学習者を見て、学習者に合わせて授業をやったほうがいい」と言っていますが、それについてあなたはどう思いますか。

3 鈴木さんは、日本語教師になるのをあきらめてしまいました。もし鈴木さんが日本語教師になるのをあきらめる前にあなたに相談をしていたなら、あなたはどのようにアドバイスをしますか。

D ディスカッション

日本語教師はどのようにして日本語の教え方を学び、それをどのようにして自分のものにしていくとよいのでしょうか。

解説

石田さんは、養成講座を受講している時に山口先生に日本語の教え方を習い、それをベトナムでも実践しようとしていました。でも、うまくいかなかったようです。日本でやっていることをそのままベトナムでやったからうまくいかなかったのでしょうか。ここでは「ポストメソッド」という考え方から石田さんのケースをふりかえります。

「ポストメソッド」の考え方が生まれた背景

日本語教授法を学ぶ際、サジェストペディアやサイレントウェイなどの「メソッド」を学んだことはないでしょうか。これらのメソッドは、１９７０年代から１９８０年代にかけて、認知心理学や行動心理学などの知見に基づいて開発されたものです。この時代は「**メソッド興隆の時代(Heyday of Methods)**」と呼ばれるほどに、様々な研究者が「科学的な知見」に基づいた言語教育の方法を提案していました。[1] これらのメソッドには「パッケージ化」されていたという特徴があります。つまり、それぞれのメソッドを提唱する研究者によって理論的な指針が打ち出され、それに基づく学習者のための教科書や教師のための指導書が

メソッドの例

サジェストペディア…ロザノフ（Lozanov, G.）が提唱したメソッド。暗示を重視し、リラックスした教室環境を生み出すため、ゆったりとしたソファを用いたり、緩やかな音楽を用いたりすることもある。

サイレントウェイ…ガテーニョ（Gattegno, C.）が提唱したメソッド。沈黙を重視し、教師の発話を極力避け、カラー・チャートやカラー・ロッドなどの教具を使って学習者の発話を促す。

これらのメソッドは、そのメソッドを提唱する研究者によって実践の方法が定められ、その方法が普及されていくことから、「**デザイナー／グル（教祖）メソッド**」と揶揄されることもある[2]。

「パッケージ化」された形で提供され、教師はそれに従って教えれば、学習者は言語を身に付けることができると考えられていたのです。

本章のケースでは、養成講座の指導者である山口先生がどの教育現場でも効果がある万能な方法があると信じていました。そして、実習では、受講生がその方法で授業ができるようになるまで、繰り返し手取り足取り指導していました。このような方法は、指導する内容や教師・学習者の役割、指導手順などが詳細に定められ、教師はそれに従って教える必要があるとするメソッドの考え方と合致します。

しかしながら、1980年代後半から、**クリティカルな立場**に立つ英語教育の研究者が、メソッドに対して疑問を投げかけるようになりました。例えば、ペニクック(Pennycook, A.)は、メソッドの概念は特定の観点に偏っており、研究者と現場の教師の間に不平等な力関係と利害関係を生み出していると主張しました[3]。このような流れの中で**ポストメソッド**の考えが生まれました。「ポスト」とは「〜の後」という意味です。つまり、教師が「サジェストペディアがダメなら、サイレントウェイで教えてみよう」というように、代わりのメソッドを探すのではなく、メソッドそのものの代わりとなる方法を探すことが主張され始めたのです。このポストメソッドの議論でよく知られているのが、インド出身の英語教育研究者のクマラヴァディヴェル(Kumaravadivelu, B.)です[4]。クマラヴァディヴェルは、1990年代に「ポストメソッド」の概念を主張し始めました。クマラヴァディヴェルのメソッドに対する批判は、ペニクックと同様、研究者や母語話者といった社会的に権力のある者がメソッドの普及を推進し、現場に根ざす者たち(教師や非母語話者)はそれを受容するだけの立場となっている**植民地主義的イデオロギー**が存在する言語教育の在り方をクリティカルに捉えました。そして、ポストメソッドの教育原理で必要となる考え方を、**場の特殊性**(Particularity)、**実践性**(Practicality)、**可能性**(Possibility)という三つのPを用いて説明しました[3]。

クリティカル

クリティカルは、日本語で「批判的」としばしば訳される。日本語教育における批判的思考を研究する名嶋義直は、「批判的に考える」「批判的思考」「批判的姿勢」を「「一歩立ち止まってじっくり考えてみる」姿勢」(p.5)と説明している[5]。

ポストメソッドにおける三つのP

場の特殊性―言語教育の実践は、特定の文脈の中で営まれており、従来のメソッド概念のようにどこでも誰にでも使えるものはない。それよりも、現場の人たちの実体験を重視する必要がある

実践性――理論を生み出す研究者と理論を消費する実践者という不健全な関係性を否定し、現場の教師が日々の実践から理論を生み出していく必要がある

可能性――教師も学習者も自身が属している社会文化的文脈を自らよりよく変えていくことができる可能性がある

クマラヴァディヴェルは、現場の教師や学習者の経験・知識を重視し、実践者が主体的に教育実践を営み、そしてそれをふりかえり、自らの理論を構築していくことの重要性を説きました。そして、そのことは実践者自身が置かれている環境をも変革していくことにつながると主張しました。

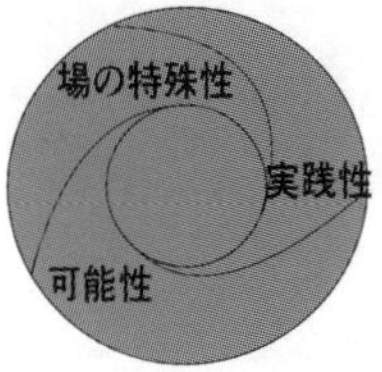

「メソッド」は死んだのか？

ポストメソッドを推進する人たちの中には、「メソッドの死」[6]、「葬られたメソッド」[7]のように、メソッドの限界を「死」という言葉と結びつけて説明する人もいます。しかしながら、果たしてメソッドは死んでしまったのでしょうか。

1970年代から普及した「デザイナー／グル（教祖）メソッド」のようなパッケージ化されたメソッドは終焉を迎えたと言えるでしょう。日本語教授法の授業で、サジェストペディアやサイレントウェイなどのメソッドを学びますが、それらはプログラムの一部分で取り入れられるようなことはあっても、カリキュラム全体をそれらのメソッドで行い、教師はそれに従順に従わなければならないというようなことは今やほとんどありません。それは、クマラヴァディヴェルが指摘するように、教育実践は様々な文脈で行われているがゆえに、どの現場でも同じように通用する方法はないということに、研究者や教師が気づいたからでしょう。教育現場は金太郎飴のようにどこを切っても同じというわけではないのです。

また、コミュニカティブ・ランゲージ・ティーチング（CLT）が普及したことも関係しています。CLTは、「コミュニケーション能力を身につけるという教育目標と、コミュニケーションを言語の重要な働きであるとみなす言語観」（p.21）に基づくアプローチであり[8]、授業ではロールプレイやシミュレーション、インフォメーションギャップなどを利用した活動が行われます。CLTは様々な理論に基づいているため、メソッドのように具体的な方法や手順が示されることはありません。リチャーズ（Richards, J.）とロジャーズ（Rodgers, T.）が、CLTは「メソッドというよりもアプローチと見なすのが妥当だろう」（p.216）と述べているように[9]、CLTはその教育目標と言語観に沿って実践されれば、世界中のどこでもその地域に適した形で応用することが可能だと信じられています。それゆえ、「コミュニケーション」や「コミュニカティブ」と冠した実践が世界中の様々な地域で展開されるようになりました。これは一見、メソッドを乗り越え、「ポストメソッド」の時代に入ったように見えるかもしれません。しかしながら、私たちはクマラヴァディヴェルが指摘するような植民地主義的イデオロギーが存在する言語教育を果たして乗り越えたと言えるのでしょうか。

私たちはポストメソッドの時代に入ったのか？

クマラヴァディヴェルの指摘で私たちが忘れてはならないのは、英語圏の中心である西洋で開発されたCLTが世界中の至る地域で西洋の価値観の下で導入されていることでしょう。この点について、クマラヴァディヴェルは、アフリカやアジアの諸国において、現地の言語的、教育的、社会的、文化的、政治的な状況を無視した形でCLTが導入されてきたことを、様々な研究を紹介しながら述べています[10]。例えば、そのうちの一つのチック（Chick, k.）の研究では[11]、「CLTが選択された背景には、ヨーロッパやアメリカにとってよいことは、クワズールー族にとってもよいことだとする短絡的な自文化中心主義が後押ししたのではないか」（p.22）と結論付けています。日本語教育においても同様に日本語母語話者教師の権威性や提供者性が指摘されています（→第12章を参照）。

では、研究者や母語話者の権力性に打ち克ち、ポストメソッドの考え方に基づいた実践ができるようになるには、私たちはどのようにすればよいのでしょうか。その方法として、クマラヴァディヴェルはこれまでの第二言語学習と教育の研究成果と理論、実践的知識に基づき、前掲したポストメソッドの教育原理（三つのP）を遂行するための**10のマクロ・ストラテジー（大きな戦略）**を提案しました。マクロ・ストラテジーは、前掲した三つのPを遂行するための基本的なガイドラインであり、教師はこれを自分自身の文脈に即した教室での具体的な実践（ミクロ・ストラテジー）に移していく必要があります。従来の「デザイナー／グル（教祖）メソッド」では、教える内容や手順、方法が明確に定められ、ミクロ・ストラテジーがメソッドを推進する研究者によって定められていました。それに対し、ポストメソッドではより大きな視野であるマクロ・ストラテジーが重視され、教師はそれを指針として自身が置かれた文脈に即した自らのミクロ・ストラテジーを打ち出し実践することが求められています。そして、その実践を通して、教育実践に対する自分なりの理論を生み出していくのです。

10のマクロ・ストラテジー[12]

・教師は、教育の管理者と学習の仲介者という二つの役割の間のバランスを取ることができるように、学習者の学びの機会を可能なかぎり増やす。

・これから起こりうる学習者との認識のズレに対して取り組むことができるように、今ここで起きている教師の意図と学習者の認識のズレを可能なかぎり減らす。

・教師は、学習者が単に反応したり、応答したりするだけではなく、学習者が話題や会話を自ら始めることができるように、話し合いやことばのやり取りを促す。

・学習者自らが学習を導き、見つめるのに必要なストラテジーを身に付けることができるように、学習者に自律性を促す。

・第二言語の学習に必要な明示的な感覚を身に付け、学習者自身の意識を第二言語の形式的・機能的特性に向けることができるように、言語に対する意識を育成する。

・教師は、学習者が文法の正しさとコミュニケーションにおける流暢さのルールを推測したり、内在化したりできるように、自らの直観や経験に基づいた発見的な学習を促す。

・教師は、言語・言語外の文脈、状況・状況のさらに外側にある文脈といったものがどのように影響を与え、文法の正しさとコミュニケーションでの流暢さを生み出しているのかを示せるように、文脈を伴った言語インプットを与える。

・教師は、聞く・話す・読む・書くが統合された形でどのように機能するのかを学習者に示せるように、言語スキルを統合する。
・教師は、学習や教育が行われる社会的・政治的・経済的・教育的環境に敏感になることができるように、社会との関連づけを大切にする。
・教師は、学習者が自らの力や知識に重きを置いて教室に参加できるように、文化的な意識を高める。（pp.138-139）

自分の実践から理論を生み出していく

このようにポストメソッドの考え方では、教師の日々の実践から自らの理論を生み出していくことの重要性が主張されています。では、実践からどのようにして自分独自の理論を生み出すことができるのでしょうか。

まず、教師個人が自分自身の実践と向き合い、日々省察することが大切でしょう。本章のケースをふりかえると、石田さんは養成講座で学んだ方法をそのままベトナムで実践しようとしていました。そして、その実践ではうまくいかないことを自覚したものの、養成講座で教えてもらった通りにできていないからではないかと思い、養成講座で指導された方法にさらに立ち戻ろうとしていました。しかし、石田さんは養成講座で受けた指導に固執するのではなく、目の前にいるベトナムの学習者やベトナムの社会的文脈に目を向け、自身が働く日本語学校の学習者に合わせた実践を自ら模索し、自分なりの理論を生み出していく必要があったのではないでしょうか。

しかし、日々の実践から自らの理論を生み出していくといっても、研究者によって構築された理論的な知識、そして他者の経験的・実践的な知識を完全に無視してもいいというわけではありません。なぜなら、私たちは学術的な本や論文などの文献を読んだり、研究会や学会などに参加したりすること、そして職場の同僚と話し合ったりすることを通して、新たな気づきを得ることができるからです。

香港の日本語母語話者教師四名を対象に行われた研究では、研究者によって構築されてきた専門知識や理論的概念、科学的知見（グローバルナレッジ）と実践に関する教師の個人的な知識（ローカルナレッジ）を相互に影響させながら、新たな実践を生み出していくことの重要性が主張されています[13]。

この調査に協力した教師たちは、教育実践や個人の体験などの経験、大学・大学院で学んだことや考えてきたことから**日本語教育に対する考え**を構築していました。そして、日々の実践で試行錯誤し続ける中で、自身の日本語教育に対する考えをもとにしながらも、**ローカルの社会的文脈**（学習者や周囲の教師、カリキュラムなど教育実践に影響を与えるもの）、**グローバルナレッジ**（専門知識や理論的・科学的知識）、**他者のローカルナレッジ**（他の教師の経験的・実践的知識）を融合し、**グローカルナレッジという新たな自分なりの日本語教育に対する知識を構築していました**（図1を参照）。つまり、研究者が推進する知識のみ、あるいは教師個人の経験に基づく知識のみに頼るのではなく、日々、双方に目を配りながら自らの実践と向き合っていくことが重要なのです。本ケースの石田さんも、同僚の田中先生と実践について話をする際には、一方的に自らの信念を主張するのではなく、田中先生の声にも耳を傾ける必要があったのではないでしょうか。また、山口先生以外の実践者や研究者が書いた文献などにも目を向ける必要があるのではないでしょうか。

そして、このような新たな自分なりの日本語教育に対する理論を構築していく過程では、教育や学習、学校などに対して批判的かつ懐疑的な考察を行うことで構築される自分なりの「教育哲学」を持つことが重要でしょう。[14] 哲学者の仲正昌樹は、「哲学」と「宗教」には次のような違いがあると言います。[15]

図1 グローカルナレッジの形成

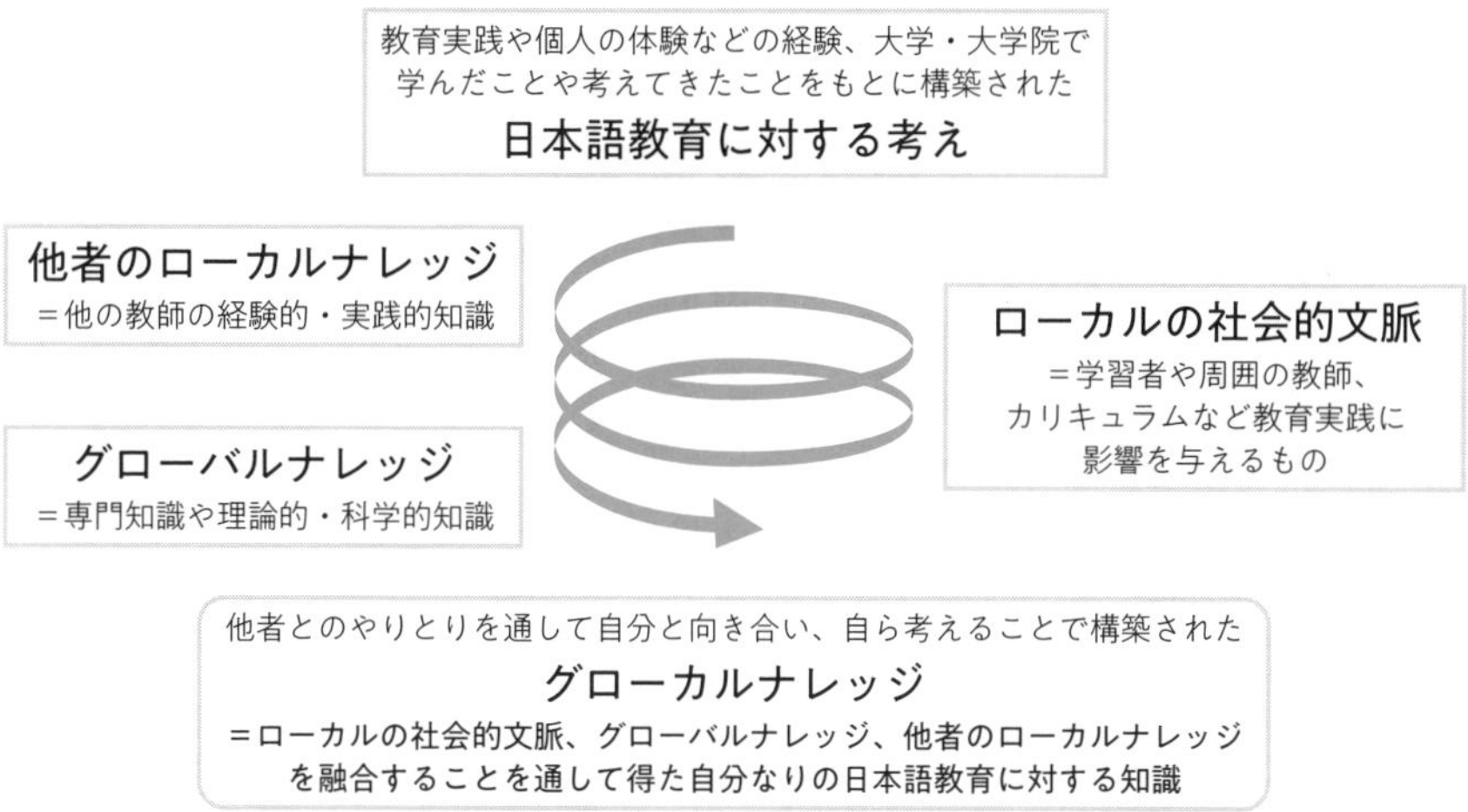
教育実践や個人の体験などの経験、大学・大学院で
学んだことや考えてきたことをもとに構築された
日本語教育に対する考え
他者のローカルナレッジ
＝他の教師の経験的・実践的知識
グローバルナレッジ
＝専門知識や理論的・科学的知識
ローカルの社会的文脈
＝学習者や周囲の教師、
カリキュラムなど教育実践に
影響を与えるもの
他者とのやりとりを通して自分と向き合い、自ら考えることで構築された
グローカルナレッジ
＝ローカルの社会的文脈、グローバルナレッジ、他者のローカルナレッジ
を融合することを通して得た自分なりの日本語教育に対する知識

「宗教」が人生や世界についての深刻な問いに対して究極の「答え」を示し、それを「信ずる」ことを要求するのに対し、「哲学」はむしろ人々が常識として無条件に信じているようなことを疑問に付し、どこまでも「問い」の可能性を拓くことを特徴とする。（p.30）

教師が教育実践について語ったり、自身の教育に対する信念や考えを語るときには、本ケースの石田さんが盲目的に山口先生の教えを信じ込んでいたように、ある種の宗教のようになっているところはないでしょうか。「○○先生がこう言っていました」、このような発言は教育現場でも学会でもよく耳にします。そして、宗教間の対立のように、教師個々の考えの違いから、互いを否定し、教師同士が対立するようなこともあるのではないでしょうか。

教師教育プログラムで指導をしてくれた先生、そして論文や発表などを通して影響を受けた先生が、あなたのグル（教祖）になってはいませんか。自分のグル（教祖）を疑っていくことも、自分なりの新たな日本語教育に対する理論を構築していくうえで重要なのではないでしょうか。

発展活動

①ケースについての議論を踏まえ、解説を読んで新たに気づいたことはありますか。どのようなことを考えましたか。

②同僚の日本語教師（養成段階の人は、知り合いの日本語教師や先生）に、「て形」をどのように教えているかを聞いてください。そして、そのような教え方で教えるようになったのにはどのような背景があるのかを尋ねてみてください。人によって教え方の裏にある背景はどのように違いますか。または同じですか。

③英語圏では、教師の就職活動で、Ａ４用紙１ページ程度の教育哲学（Teaching Philosophy）の提出を求める教育機関が多くあります。「自分が日本語を教える上で大切にしたいと考えていること」をテーマに、あなたの教育哲学を書いてみてください。可能であれば、他の人と教育哲学を読み合ってみましょう。その際、対立が生まれないように注意しながらコメントし合いましょう。コメントでは、おもしろいと思ったところ、自分と同じところについて言及してみてください。他の人の教育哲学を読んで、どのように思いましたか。

参考文献

[1] Richards, J. C. (2008). Growing up with TESOL. *English Teaching Forum, 46*(1), pp.2–11.

[2] Bell, D. M. (2003). Method and postmethod: Are they really so incompativle? *TESOL Quarterly, 37*(29), pp.325–336.

[3] Pennycook, A. (1989). The concept of method, interested knowledge, and the politics of language. *TESOL Quarterly, 23*, pp.589–618.

[4] Kumaravadivelu, B. (2006). *Understanding language teaching: From method to postmethod.* Mahwah, NJ: Lawrence Erlbaum Associates.

[5] 名嶋義直（２０２０）『10代からの批判的思考―社会を変える９つのヒント』明石書店

[6] Allwright, R. L. (1991). *The death of the method* (Working Paper No.10). Lancaster, UK: The University of Lancaster, The Exploratory Practice Centre.

[7] Brown, H. D. (2002). English language teaching in the "post-method" era: Towards better diagnosis, treatment, and assessment. In J. C. Richards & W. A. Renandya (Eds.), *Methodology in language teaching* (pp.9–18). Cambridge, UK: Cambridge University Press.

[8] 谷口すみこ（２００１）「日本語能力とは何か」青木直子・尾崎明人・土岐哲（編）『日本語教育学を学ぶ人のために』pp.18–33. 世界思想社

[9] ジャック＝C＝リチャーズ・シオドア＝S＝ロジャーズ（高見沢孟訳）（２００７）『アプローチ&メソッド―世界の言語教授・指導法』東京書籍

[10] Kumaravadivelu, B. (2006). TESOL methods: Changing tracks, challenging trends. *TESOL Quarterly, 40*(1), pp.59–81.

[11] Chick, K. J. (1996). Safe-talk: Collusion in apartheid education. In H. Coleman (Ed.), *Society and the language classroom* (pp. 21–39). Cambridge, UK: Cambridge University Press.

[12] B・クマラヴァディヴェル（南浦涼介・瀬尾匡輝・田嶋美砂子訳）（２０２２）『言語教師教育論―境界なき時代の「知る・分析する・認識する・為す・見る」教師』春風社

[13] 瀬尾匡輝（２０１７）『言語教育実践のグローカル化―海外で働く日本語教師のケース・スタディ』上智大学言語科学研究科博士論文（未公刊）

[14] Crookes, G. (2009). *Values, philosophies, and beliefs in TESOL: Making a statement.* New York, NY: Cambridge University Press.

[15] 仲正昌樹（２００８）『〈宗教化〉する現代思想』光文社

もっと学びたい人のための
文献案内

B. クマラヴァディヴェル（南浦涼介・瀬尾匡輝・田嶋美砂子訳）（2022）『言語教師教育論—境界なき時代の「知る・分析する・認識する・為す・見る」教師』春風社

クマラヴァディヴェルが、自身の主張に基づく言語教師教育について執筆した書籍の日本語翻訳版です。クマラヴァディヴェルの主張が詳しく理解できるとともに、日本の文脈でクマラヴァディヴェルの主張をどのように生かせるかを翻訳者たちが議論している点も非常に参考になります。

佐藤慎司（編）（2019）『コミュニケーションとは何か—ポスト・コミュニカティブ・アプローチ』くろしお出版

クマラヴァディヴェルのポストメソッドへの言及があり、CLTとの関係がわかりやすくまとめられています。また、書籍の中では、CLTそのものがすでにポストメソッドであると指摘する、ポストメソッドに関する別の観点からの主張も含まれており、その点も興味深いです。

細川英雄・三代純平（編）（2018）『実践研究は何をめざすか—日本語教育における実践研究の意味と可能性【新装版】』ココ出版

「実践への参加者たちが協働で批判的省察を行い、その実践を社会的によりよいものにしていくための実践＝研究」（p. 80）とする「実践研究」について議論がなされています。教師の日々の実践からボトムアップ的に自らの理論を生み出していくとするポストメソッドと親和性の高い議論であると思います。

近藤有美・水野愛子（編）（2017）『日本語教師への道しるべ　第3巻　ことばの教え方を知る』凡人社
山内進（編）（2003）『言語教育学入門—応用言語学を言語教育に活かす』大修館書店

それぞれの書籍の第1章「外国語教授法」（近藤・水野 2017）、第10章「英語教授法」（山内 2003）で、1970年代から1980年代にかけて開発されたメソッドについてわかりやすくまとめられています。それぞれのメソッドについてさらに詳しく知りたい人はぜひ読んでください。

Column

「教材」と「教科書」の結びつきを解きほぐす教師に

日本語教育では、「教材」というと、割と「教科書」「テキスト」を指すことが多いようです。「使用教材」という言葉は、「どんなテキストを使っているか」ということと密接につながりますし、実際「「○○○○（テキスト名）」という教材を使っていて……」という言い方は、日本語教育の現場でよく耳にするものです。

ところが、「教材」という言葉は、本来とても幅広い概念で、教育の分野によってその意味に違いがあります。例えば、国語科教育では、多くの場合「教材」というと「題材」を意味することが多く、『ごんぎつね』や『走れメロス』、『ヤドカリとイソギンチャク』など物語や評論などの読み物のタイトルを指すことが見受けられます。また、社会科教育では、「教科書では米作りについて庄内平野を例に扱っているのだけど、うちの地域では身近じゃないから地元の米作りを「教材」にしようか」などといった具合に、「学習の材となる事象」を指すことが多いです。このように、「教材」という言葉には、「何をどう教えるか」ということに対する分野なりの特徴や業界の事情が大きな影響を持っているようです（もちろんそれだけではなく、写真、フラッシュカードなど、さらに具体的な「教具」を指すこともあります）。

それにしても、なぜ日本語教育では「教材」という言葉で「教科書」「テキスト」を指すことが多いのでしょうか。ここには、やはり、分野の特徴、業界の事情の存在が考えられます。

日本語教育の現場では長いこと「日本語学校」や「留学生センター」が主な現場としてとらえられてきました。そして、そこでは毎週決まった時間に決まった学生がやってきますし、学習の期間が決められていて、明確なプログラムが存在しています。さらに、そこで教える内容は基本的に言語をスキルとみなし、その習得に焦点を当てたいわゆる「語学」でした。そのため「何をどう教えるか」ということが効率よくパッケージ化された「教科書」「テキスト」が重宝され、「教材」=「教科書」「テキスト」という考えが定着したのだと思われます。

一方、近年の日本語教育は、「決まったプログラム」の中の「語学」だけではなくなってきています。学び手も多様で、「決まった時間に、決まった人が、決まった期間に」ということが前提ではない現場も増えました。社会との関わりの中で、思考したり対話したりしつつことばを学ぶことの重要性も説かれるようになりました。こうした中では、すでにあるパッケージ化された内容と教授法が込められたテキスト選びではなく、自分たちの目の前の学習者に適した題材だったり、事象だったりを探し、選び、ことばの学びにしていく「教材」を自分たちでつくっていくことが求められるようになります。こうした「自分たちで教育の内容と方法、さらには目的をつくりあげていく」というクリエイティビティとデザインの発想を日本語教師の専門性の重要な視点にしていけるといいなと思います。

〔南浦涼介〕

第7章

何をするかは自由と言われても……

地域の日本語教室における活動の可能性を考える

本章を読む前に考えましょう

1. 学校以外の場（英会話学校、オンライン英会話、サークルなど）で外国語を勉強したことがありますか。ある場合、学校の授業とは目的や学習方法、活動の仕方などに違いがありましたか。
2. 自分が外国に住んでいるとしたら、その国の言語を学びたいですか。何を目的に、どのような方法で、学びたいですか。
3. 引っ越しや進学など、新たな環境に移ったときに大変だと思ったことや苦労したことはありますか。
4. 「地域の日本語教室」には、どのような人が参加し、どのような授業や活動が行われていると思いますか。参加したことがある人は、その日本語教室はどんなところだったか思い出してみましょう。

自治体などが運営し、ボランティアの地域住民が無償で教える地域日本語教室には、国籍、属性、学習の目的、日本語のレベルなどが様々な、その地域に住む外国人が参加します。そのような地域日本語教室では、「多文化共生」が目指されることが多いです。本章では、地域日本語教室にはどのような人が参加するのか、何が課題となるのか、また、どのような活動の可能性があるのかについて考えてみましょう。

私は、谷村里美。
日本語学校で非常勤講師をしていて、最近は近所の地域日本語教室でボランティアも始めました。
佐々木さん
ここではベテランボランティアの佐々木さんがまとめ役をしていて教室に行くと、その日のペアを紹介してくれます。
何をするかは自由って言われたけどどうすればいいんだろう……。とりあえず、日本語学校で使っている教科書で教えたらいいかな……。
しかし、ある日
谷村さん、ここは学校じゃないし普通の会話を楽しんだらいいのよ
すみません次回からそうします
次の回……
タンさんの趣味は何ですか

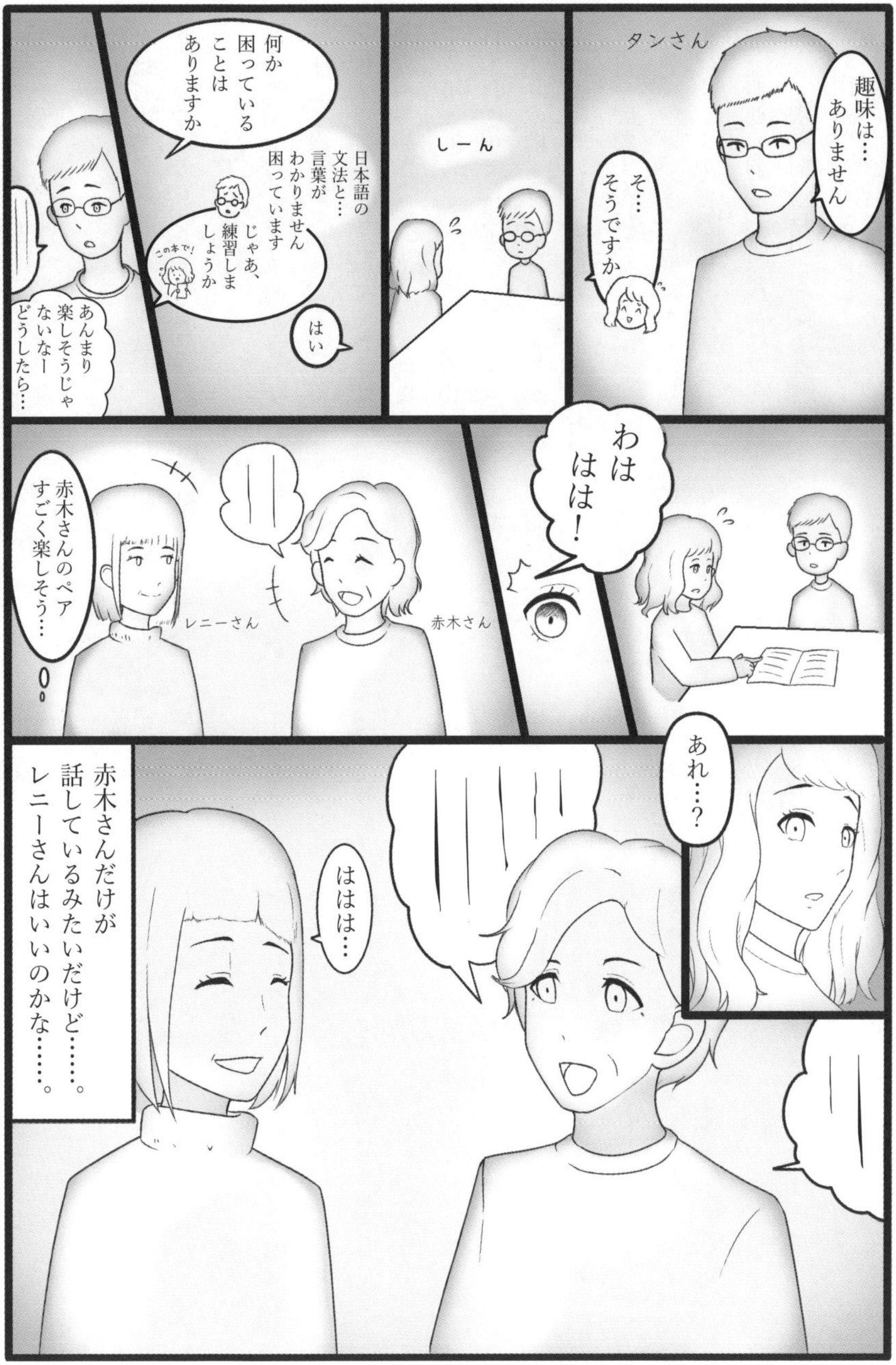
タンさん
趣味は…ありません
そ…そうですか
しーん
何か困っていることはありますか
日本語の文法と…言葉がわかりません困っています
じゃあ、練習しましょうか
この本で!
はい
あんまり楽しそうじゃないなーどうしたら…
わははは!
赤木さん
レニーさん
赤木さんのペアすごく楽しそう…
あれ…?
ははは…
赤木さんだけが話しているみたいだけど……。レニーさんはいいのかな……。

ケース 7

谷村里美

私は日本語教師養成講座を修了し、日本語学校の非常勤講師として教えています。最近は、近所の地域日本語教室でボランティアも始めました。

その教室では、ベテランボランティアの佐々木さんが教室のまとめ役をしていて、教室に行くとその日にペアとなる外国人参加者を紹介してくれます。外国人もボランティアも自由参加なので、誰とペアになるかは、教室に行くまでわかりません。何をするかは自由です。

日本語学校では決まったカリキュラムがあり、授業前にしっかり準備するので、何をするかは自由と聞いて、少し不安に思いました。それで、私は日本語学校で使っている教科書や問題集を持って行き、ペアになった相手にどこがしたいかを聞いて、口頭練習や問題集をしていました。

でも、ある日、佐々木さんから、ここは学校ではないし、楽しく普通の会話を楽しんだほうがいいよと言われました。そこで、次の回は自由な会話を楽しんでみることにしました。外国人のタンさんとペアになり、自己紹介をした後、趣味の話をしてみたのですが、あまり話が盛り上がらず、すぐに終わってしまいました……。何か困っていることがあるかと聞いたら、「日本語の言葉や文法がわからない」と言われたので、念のため持ってきていた教科書を使い、いつも通り口頭練習や問題集をしました。でも、あまり楽しそうではありません。これでよかったのかな……。

他のペアからは笑い声が聞こえてきます。外国人のレニーさんとボランティアの赤木さんは話がとても盛り上がっていて楽しそうです。でもよく聞くと、話しているのはほとんどが赤木さんです。レニーさんは自分の言いたいことが言えているのかな……。それに、ただ雑談するだけで、外国人参加者のみなさんは満足するのでしょうか。

楽しくおしゃべりするのも大事だし、私もそうしたい気持ちがありますが、「日本語ができないから困る」という参加者も多いし、話せるようになるためにはやっぱり文法や語彙の勉強が必要だし……。その人に合ったトピックで話せたらいいのかもしれないけど、教室に来る外国人は国籍も年齢も、職業もばらばらで、誰とペアになるかもわからないので、何をどう準備してよいか困ってしまいます。私の今の力では事前準備なしに教えることは難しいし……。何を目的に、どのような活動をするのがよいのでしょうか。

いろいろな声を聞いてみよう

私は5年前に来日し、日本で仕事をしています。教室では、自己紹介で終わることが多くて、それはあまり意味がないと思っています。でも仕事で日本語ができないと困るし、とりあえず日本語教室に来れば何か教えてもらえると思って来ています。教科書で教えてくれるのはいいけど、レベルが合ってないし、あまりやる気が出ません。もうちょっと教える内容を考えてほしいです。

タンさん

レニーさん

夫の仕事の都合で日本に来ました。友達がいないので、ボランティアや他の参加者の方と買い物や子どもの学校などについて話せて楽しいし、助かっています。でも、私は日本語ができないから、わからない時も多いです。そんな時は周りの人に合わせて笑っていますが、ときどき自分が見下されている気がしてしまいます。日本語が上手になったら、自信が持てて、自分らしく生活できるのかな……。

私は10年ぐらいこの教室に参加しています。私は生まれた時からこの地域に住んでいて、日本人も外国人も、子どもからお年寄りまで様々な人が一緒に出会えるこの場所が、地域のコミュニティとなり、「多文化共生」が実現されるといいなと思っています。「教室」という名前ですが、勉強するより、みんなが対等な関係でただ楽しくおしゃべりするほうがいいんじゃないかなと思います。

佐々木さん

A　ケースの内容を確認しよう

1　谷村さんが参加する日本語教室では、どのように教室が運営されていますか。

2　ペア活動のとき、谷村さんはどのような準備や活動をしていますか。

3　ボランティアの赤木さんは地域日本語教室での活動をどのように行っていますか。

B　ケースを読んで考えよう

1　佐々木さんが、「ここは学校ではないし、楽しく普通の会話を楽しんだほうがいいのでは」と言っていますが、あなたもそう思いますか。それはなぜですか。

2　谷村さんは、ただ雑談するだけで外国人参加者は満足するのか疑問に思っていますが、あなたもそう思いますか。それはなぜですか。

3　谷村さんは話せるようになるためには文法や語彙の勉強が必要だと言っていますが、あなたもそう思いますか。それはなぜですか。

C　いろいろな声を聞いて話し合おう

1　タンさんは「もうちょっと教える内容を考えてほしい」と言っていますが、ボランティアがタンさんのためにもっと何かをしたほうがよいと思いますか。それとも、タンさん自身が何かをしたほうがよいと思いますか。

2　レニーさんは「日本語が上手になったら、自分らしく生活できるかな……」と言っていますが、レニーさんはなぜ「自分らしく」ないと思っているのでしょうか。日本語がうまくなることでレニーさんの悩みは解消すると思いますか。

3　佐々木さんは「勉強するより、みんなが対等な関係でただ楽しくおしゃべりするほうがいい」と言っていますが、あなたもそう思いますか。それはなぜですか。

D　ディスカッション

地域の日本語教室では、何を目的にして、どのような活動をするのがよいと思いますか。あなたが教室の運営者だったら、どのような教室にしたいですか。

解説

地域の日本語教室には様々な外国人が集まります。地域日本語教室に来る外国人にはどのような人がいるのでしょうか。また、何を目的にどのような授業や活動が行われているのでしょうか。ここでは、地域の日本語教室の特徴と、活動の在り方の可能性について考えてみましょう。

「生活者としての外国人」とは？

１９８０年代後半以降の急速な国際化の進展や、出入国管理及び難民認定法の改訂による在留資格の整備・拡張に伴い、各地域に定住化する外国人が増えました。それにより、地域のボランティアによる日本語教室も増加しています[1]（→第9章を参照）。

日本語教育学会による『「生活者としての外国人」のための日本語教育に関する報告書[2]』では、日本で生活を送っている外国人を、日本人との接触場面への参加という側面から四つのタイプに分類しています（表1を参照）。ケースのタンさんがタイプ２の「限られた日本人との接触場面にしか参加しない外国人」、レニーさんがタイプ３の「一般日本人との接触場面への参加が求められる外国人」に当た

表1　日本で生活を送る外国人のタイプ[2]

	タイプ	例（在留資格など）
1	日本人との接触場面への参加がほとんどない外国人	短期滞在の観光客、親戚を訪問する家族、研究グループ
2	限られた日本人との接触場面にしか参加しない外国人	出稼ぎ労働者、中国帰国者、留学生、研修生、駐在員
3	一般日本人との接触場面への参加が求められる外国人	日本人と国際結婚した配偶者、「タイプ2」の家族
4	言語ホストとして日本人との接触場面に参加する外国人	帰化した在日朝鮮人、日系人、アイヌ人（法律上は日本人だが、外国人として意識する／されることがある人）

ります。この報告書では、**生活者としての外国人**を「日本社会において、使用言語にかかわらず、日本人との接触が頻繁にあり、さらに自ら接触場面への参加を意識する外国人、またはそう期待される外国人」(p.8) と定義しています。ただ、在留資格によらず、個人の特性や環境などの要因、ライフステージなどによってタイプは変化しうるとも述べられており、「生活者としての外国人」には多様な人が含まれると言えます。

地域日本語教育の意義と目的

では、「生活者としての外国人」を対象とする地域日本語教育の意義や目的は何でしょうか。文化庁は、生活者としての外国人に対する日本語教育の意義を表2のように示しています[1]。

この表を見ると、日本語教育を推進する意義は、①の外国人が生活できるようにするという外国人にとっての利点のみならず、③の生きがいや自己実現という地域住民の利点、②の住みやすい地域づくりや地域の活性化、③の多文化共生社会の実現という地域の利点、④の友好的な国際関係の構築、⑤の我が国の評価や魅力を高めるという日本社会全体の利点を含んでいます。このように、地域の日本語教育は、外国人を支援するためだけでなく、日本社会全体にとって大きな意義を有するものとして考えられています。日本語教育学会による報告書[2]でも、地域日本語教育の枠組みを「個々の活動や制度、それらをつなぐネットワー

表2　日本語教育を推進する意義[1] (p.30)

①外国人が日本で生活していく上で必要となる日本語能力を身に付け、日本語で意思疎通を図り、**生活できるようにする**。これは、「国際人権規約」、「人権差別撤廃条約」等における外国人の人権尊重の趣旨に合致する。
②**住みやすい地域づくりや地域の活性化**につながる。
③**地域住民が**日本語教育に関わることを通じ、**その生きがいや自己実現**につながるとともに、異文化に対する理解が深まり、**多文化共生社会の実現**につながる。
④日本の文化や日本への外国人の理解が深まり、**友好的な国際関係の構築**につながる。
⑤日本語教育は、外国人の受け入れ環境の最も基本的なものであり、開かれた国としての**我が国の評価や魅力を高める**ことにつながる。

クなど、地域社会全体に構築されるための多文化共生社会形成のための日本語教育システム」であるとしています。そこに生活する日本人との関わりも重視し、双方による相互の、また、共同の働きかけが必要であるとしています。

「学校型」の教え方

多文化共生という言葉がよく使われるようになり、活動の形も変化してきました。まず、日本語教室はどのように始まったのかを見てみましょう。

地域の日本語教育が始まった当初は、教え方のモデルがなく、大学や日本語学校で行われていた効率重視の**知識積み上げ式の「学校型」**の日本語教授方法が取り入れられました。1対1の活動であっても、ケースの谷村さんのように教科書を使って教える「学校型」になっている場合もあります。しかし、地域の日本語教室では、外国人参加者が多様で、学習の目的も多様であること、外国人参加者もボランティアもメンバーが一定しないことなどから次のような問題[3]が出てきました。

①継続的な学習が困難
②学習目標が立てにくい
③学習内容が決めにくい
④多様な学習者に対応できる支援者の確保が困難

このような問題の捉え方は、「学校型」教授における学習観が関係しているとも考えられます。

長年、「学習」とは、知識を獲得したり、技能を向上させるという「習得」の観点から捉えられてきました。ケースの谷村さんが「話せるようになるためには文法や語彙の勉強が必要」と言っているように、言語の上達には、文法などの知識の「習得」が必要だと考える人は少なくありません。これは、これまでの学校での外国語学習を受けた経験などにより培われてきた言語学習観だと言えます。

一方、文化人類学者のレイブ（Lave, J.）とウェンガー（Wenger, E.）は学習を「参加」の観点から捉え、学習は状況的に発生し、学習材料は参加している状況に埋め込まれていると考えました[4]。これを**状況的学習**と言います。状況的学習では、「実践共同体への参加の度合いの過程でメンバーとしてアイデンティティを構築していくこと」が学習で、知識を得たり、技能を高めることはその過程で起こる付随的なものであると考えます[4][5]。

言語教育で考えると、教室の中で特定の知識や技能の獲得を目指して「教え」「学ぶ」という従来の学習観ではなく、例えば、生活の行為をトピックとしたり、実際に外国人参加者が抱えることの多い課題をテーマとして、協同的に活動したり、教室の外に出て地域の人と関わりを持ったりするような、文化的実践や社会的実践[6]に参加すること自体を学びと捉える学習観だと考えられます。

文脈や状況と切り離した知識や技能の習得の促進を目指す学校型の学習観から、社会の具体的な状況において他者との関係性の中で自分らしく関わり発言していくことを目指す状況的学習観へと学びの捉え方を転換すると、先に挙げた問題の捉え方も変わってくるのではないでしょうか。

「支援する―支援される」という関係性

「学校型」教授は、もう一つの点で問題視されるようになりました。それは、「支援する―支援される」という関係に固定化されてしまうことです。

ブラジルで文字の読み書きができない貧しい農民を対象に、識字教育を実践したフレイレ（Freire, P.）は、「正しい知識」を、それを持っていない生徒に一方的に伝達しようとする教育を「**銀行型教育**」として否定しました。[7] なぜなら、このような教育では、教師と生徒の関係は、人々を抑圧する側と抑圧される側とに分断して、互いを「非人間化」してしまうと考えたからです。

ボランティアと外国人参加者の場合も、「支援する―支援される」という関係に固定されてしまうことが、抑圧する側と抑圧される側のように役割関係の固定化につながってしまうと考えられます。

一方で、ケースのタンさんが「仕事で日本語ができないと困る」と、レニーさんが「日本語が上手になったら、自分らしく生活できるのかな」と発言しているように、「日本語不足」を問題の要因と考え、[8] その不足を補うために「教えてもらう」ことを期待する外国人参加者は少なくありません。

しかし、それは本当に言語だけの問題なのでしょうか。第二言語環境において課題遂行に問題が生じた場合、そこには人間関係や言語以外の認知的問題が絡んでおり、「言語」だけ文脈から切り離すことは困難です。[9] 言い換えれば、外国人自身が「日本語が不足している自分」というアイデンティティを持っている場合、本当は他に要因があったとしても、問題の要因をすべて「日本語不足」だと捉えてしまうことがあるということです。そして、ボランティア自身も「学習」を「知識を得ること」と捉えている場合、外国人に不足しているものを「与えること」こそ自分の役割だと認識してしまう可能性があります。言語知識を教えることが悪いという意味ではなく、本当に言語の問題かという視点を持つことが大切だということです。

　フレイレは、それぞれの地域で日常を生きる人々の中には、すでに豊かな知識や経験があるとし、教育とは、人々がそれらの知見をもって教師との対話を通じて現実の世界を読み解いていくことであり、そうした対話的な教育を通して貧しい農民が現実世界の問題解決に取り組んでいくものだとしました。

　地域の日本語教室に参加する外国人も、すでに豊かな知識や経験を持つ人たちです。ボランティアも外国人自身もその前提を持つことが大切です。そして、ボランティアもまた、「日本語母語話者」であるという以外にも豊かな知識や経験を持つ人たちです。その前提を、ボランティア自身も外国人も持つことが大切となるでしょう。そのような前提を持つことで、「共に社会をつくる」という関係性を築きやすくなっていくのではないでしょうか。

「対話型」の教室

　１９９０年代後半になると、教えない活動、交流活動といった考え方も登場し、地域日本語教育の活動の在り方に関する議論が多岐にわたるようになりました[2]。その中で、地域日本語教室を「多文化共生」を実現する市民同士の関わりの場、つまり、国籍や民族などの異なる人々が互いの文化的違いを認め合い、対等な関係を築こうとしながら、地域社会の構成員として共に生きていこうとする場であると捉え、**対話型**と呼ばれるような外国人とボランティアの相互理解を促す対話を重視する活動の提案が増えてきました。

　対話型活動では、「教える—教えられる」という上下関係ではなく、水平で対等な関係が重視されます。不足した日本語を伸ばすことを目的とするのではなく、「好きな場所」「子育て」「健康」などの興味の持てる話題を選び、それに沿って楽しくおしゃべりをし、途中で相手の言うことがわからなかったら、双方とも聞き返したり、言い直したり、やさしい語彙や表現で言い換えたりし、両者が協働して意味を構築していくことを目的とします。外国人は自分を語るのに必要な言葉を身に付け、ボランティアは外国人にわかりやすい日本語の話し方や、言葉が十分にできない人に優しく接する態度を身に付けていくという効果をもたらします[10]。

時には、ケースのボランティアの赤木さんのように、外国人参加者が発したわずかな言葉から先読みして、勝手に会話をつなげてわかったつもりになることや、質問の答えをじっくり聞かずに、矢継ぎ早に次の質問をしてしまうこともあるでしょう。あるいは、外国人参加者の語彙や文法の間違いを細かく指摘することに集中してしまうこともあるかもしれません。しかし、それでは相互理解を促す対話となっているとは言えません。では、対話型活動において、どのような関係性がボランティアと外国人参加者の双方にとって望ましいのでしょうか。

対話型活動は、学校型教授のような支援者側が前から手を引く一方向のイメージを持つ関係性（図1の①を参照）を問題視し、両者が水平型な位置で向き合う双方向の関係性（図1の③を参照）となることを目指した活動として広がりました。しかし、関係性の在り方は①か③のどちらかではなく、②のような背中に手を当ててそっと後押ししながら本人の行きたい方向へついていく共方向のイメージの関わり方もあるとし、それも重要な支援の形だとする考え方もあります[11]。②の形も「学習支援＝教えること」ではないと

図1　関係性のイメージの違い[11]

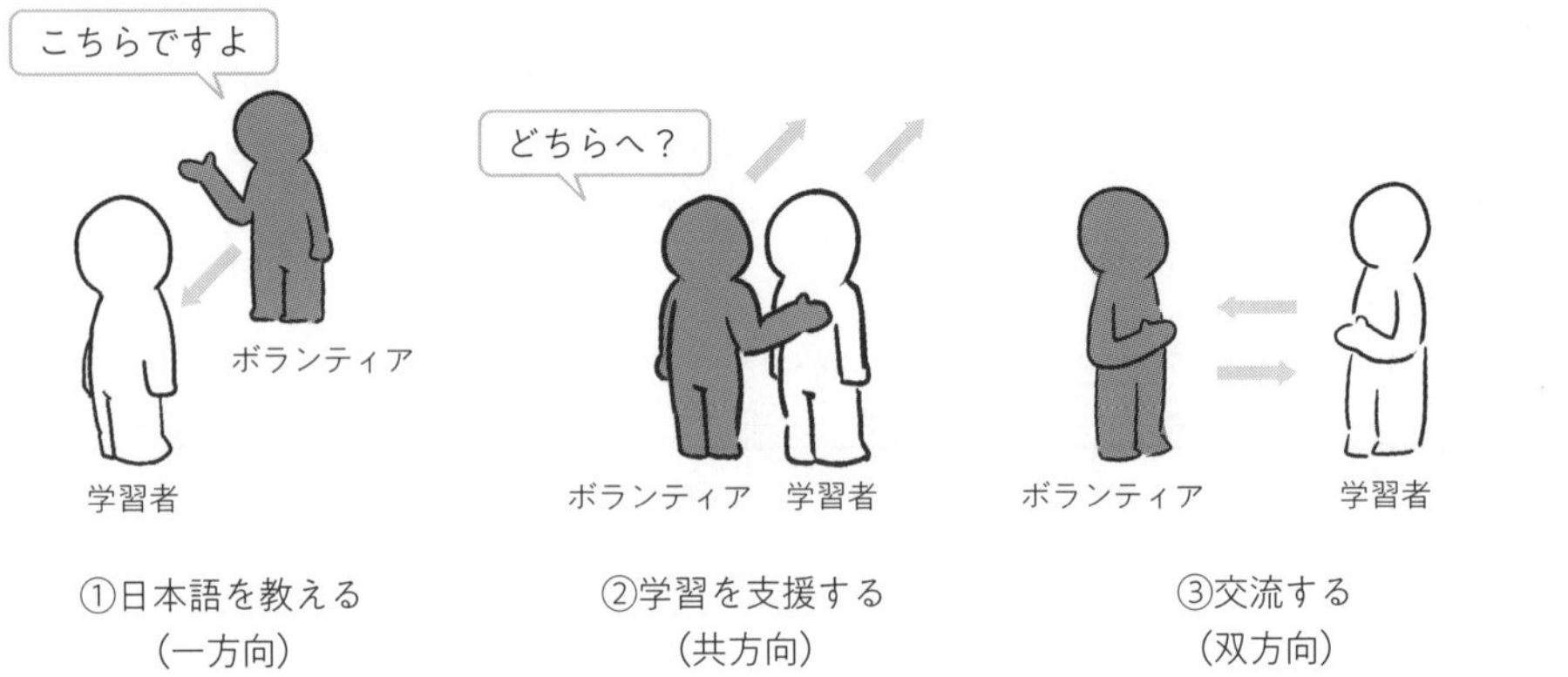

いう前提に成り立つものです。そこでは、外国人のニーズが日本語の上達であっても、それに応えるボランティアの関わり方は必ずしも「教える」という形である必要はなく、むしろ「**聴く**」という姿勢が大切になると言います。そのためには、外国人参加者を一人の「個」として捉え、様々な能力・知識・経験が「ある」という前提で関わることが重要だと述べられています。「聴く」を重視することで、外国人に発言する時間が多く与えられ、話す練習にもつながります。自分の話を聴いてくれた、受け止めてもらえたという経験は、信頼関係の構築につながり、相互理解も深まると考えられます。

さらに言えば、現実社会での母語話者同士の関係性を見てみると、時には教える側になったり、教えられる側になったり、悩みを相談し合ったり、同じ課題に向けて協力し合ったりと、その関係性は流動的です。教室でも関係性が固定されず流動的であることが「対等」と言えるのかもしれません。

地域日本語教室には「居場所」という機能もあると言います。居場所とは「居心地のよい場所」のことです。私たち人間は生きる基盤として、そこにいてよい、存在してよいという安心感を必要としています[12]。ただそこにいることが許される場、信頼関係を築いた人たちとコミュニケーションを楽しめる場では対話が生まれます。さらには、新しいアイデアや、厳しい状況を脱するためのチャンスが生まれるような「創造」の場ともなっていくでしょう。

「社会参加」としての場

地域の日本語教室は、地域への参加、また、社会参加へとつながる場でもあります。

アメリカの環境心理学者のハート（Hart, R.A.）は、参加の段階を表3のような8段階の「はしご」に例えていま

表3　参加のはしご[13]

8	巻き込む参加	参加
7	主体的参加	
6	協働決定参加	
5	意見参加	
4	役割参加	
3	形だけ参加	非参加
2	お飾り参加	
1	操り参加	

す。[13] 最初の3段階は、一見参加しているように見えて、実は「非参加」の状態を指します。「参加」の中にもさらに段階があります。

本章のケースのタンさんは、「とりあえずクラスに来れば何か教えてもらえる」「もうちょっと教える内容を考えてほしい」と受け身で他人任せの態度が表れていました。その場に行き、ただ言われたことをするという状態です。これは、参加はしているけれど、参加の程度が一番低い段階4です。次が、自分でしたいことの意見を出す段階5、何をするかの決定に自分も関わっていく段階6となります。そして、自分自身が企画から実行まで関わる段階7、最後は、教室を出て地域の人たちの世界も巻き込んで共に参加する段階8へと上がっていきます。はしごの上段にいくほど、主体的に関わる程度が大きくなります。つまり、「参加」とは、単にその場にいることではなく、役割を持ち、意思決定に関わっていくこと、さらには、少し面倒くさくても、勇気を出して自分から働きかけていくことだと言えます。

参加のはしごは、上段を目指すべきだと伝えているのではありません。むしろ参加者がどのレベルでも活動できる環境や仕組みを整えていくこと、参加が保障されることの必要性を示しています。

そのためには、本章のケースの谷村さんのように、教える内容をいかに準備するかという視点ではなく、どうすれば外国人参加者が主体的に参加しやすくなるかという視点で考えることが大切になります。主体的に参加するきっかけとして、外国人に対しては、「①相手よりもたくさん話す、②わからないときは遠慮しないで確認したり、繰り返したりする、③話の流れを自分で作る、④考えている時に相手が先に話そうとしたら待ってもらうよう伝える」という助言をすることも意味があるでしょう[11]。

社会参加を促す日本語教育の実践も報告されています。例えば、地域の日本語教育コーディネーターである萬浪絵理は、保健師から外国人の母親たちに対し自分がその国の子育て事情を知らないままに指導や助言をすることに躊躇を感じるという不安を聞いたことをきっかけに企画した2部制のセミナーの実践を報告しています[14]。1部が外国出身の参加者による各人の子育て経験談のスピーチ、2部がグループでの対話です。当日は保健師以外にも保育士、一般住民が参加し、外国人参加者の苦労や気持ちに対する共感、思いもよらぬところで負担がかかっていることに対する気づきが生まれたようです。そして、スピーカーとなった外国人からは、日本語で自分を伝えることに自信がついた、貢献できたなど**エンパワメント**につながったことが窺えるコメントが聞かれたそうです。このような活動は、誰もが本来潜在的に持っている能力や個性を開花させ、その能力や個性を人々の生活や地域社会の発展に生かしていこうとする意欲にもつながっていくでしょう。

外国人が自分自身の言葉で発信するということは、外国人自身の社会参加や自己実現、生きがいにつながると考えられます。このような関わり方は発話力の向上を超えた意義があると考えられます。

地域日本語教育は、日本語学習、交流、国際理解、居場所、社会参加という様々な側面を持ちます。何を重視するか、どのような場にしたいか、今はどの段階を目指すのかなどによって、場の在り方も異なるでしょう。自分が参加したい場、創造していきたい場について考えてみるのはどうでしょうか。

エンパワメント

個人や集団が本来持っている潜在能力を引き出し、湧き出させること。弱い立場に置かれた人々が自分たち自身で生きていく権利を回復していくという意味でも用いられる。

発展活動

①ケースについての議論を踏まえ、解説を読んで新たに気づいたことはありますか。どのようなことを考えましたか。

②あなたの近くの地域の日本語教室でやってみたい活動を考えてみましょう。誰を巻き込み、どう進めるか、当日の自分の役割は何か、どんな効果をもたらすかを考えましょう。

③解説を読んで、大学や日本語学校など他の機関にも当てはまる考え方や活動がありましたか。近くの人と話し合いましょう。

参考文献

[1] 文化審議会国語分科会日本語教育小委員会課題整理に関するワーキンググループ（２０１３）「日本語教育の推進に向けた基本的な考え方の論点の整理について（報告）平成25年2月18日」文化庁 <https://www.bunka.go.jp/seisaku/bunkashingikai/kokugo/hokoku/pdf/suishin_130218.pdf>（２０２１年９月23日閲覧）

[2] 日本語教育学会（２００８）『平成19年度文化庁日本語教育研究委託「外国人に対する実践的な日本語教育の研究開発（「生

活者としての外国人」のための日本語教育事業)」報告書』<http://www.nkg.or.jp/pdf/hokokusho/080424seikatsusha_hokoku.pdf>(2021年5月4日閲覧)
[3] 文化庁(編)(2004)『地域日本語学習支援の充実—共に育む地域社会の構築へ向けて』pp.16–17. 国立印刷局
[4] ジーン=レイブ・エティエンヌ=ウェンガー(佐伯胖訳)(1993)『状況に埋め込まれた学習—正統的周辺参加』産業図書
[5] 窪田光男(2011)「「状況的学習論」再考—教育実践と研究へ新たな可能性」『言語文化』14(1),pp.89–108.
[6] 西口光一(1999)「状況学習論と新しい日本語教育の実践」『日本語教育』10,pp.7–18.
[7] パウロ=フレイレ(小沢有作・楠原彰・柿沼秀雄・伊藤周訳)(1979)『被抑圧者の教育学』亜紀書房
[8] ヤン=ジョンヨン(2012)「地域日本語教育は何を「教育」するのか—国の政策と日本語教育と定住外国人の三者の理想から」『地域政策研究』14(2・3),pp.37–48.
[9] 松井孝浩(2013)「就労時における「日本語の問題」の一般化と実践への応用に対する批判的考察—タイ・バンコクで働く元学生へのインタビュー調査から」『言語文化教育研究』11,pp.352–268.
[10] 西口光一(2006)「在住外国人は日本社会への新メンバーか—地日本語支援活動の在り方の再検討」『多文化社会と留学生交流』10,pp.61–64.
[11] 萬浪絵理(2015)「ボランティア研修の実践からみる日本語教育コーディネーターの役割—「聴くこと」でつなぐ二つのことばの教育」『多言語多文化—実践と研究』7,pp.68–91.
[12] 西あい・湯本浩之(2017)『グローバル時代の「開発」を考える—世界と関わり、共に生きるための7つのヒント』明石書店
[13] ロジャー=ハート(木下勇・田中治彦・南博文訳)(2000)『子どもの参画—コミュニティづくりと身近な環境ケアへの参画のための理論と実際』萌文社
[14] 萬浪絵理(2016)「地域日本語教室で「学習支援」と「相互理解」は両立するか—日本語教育コーディネーターの実践をとおした考察」『言語文化教育研究』14,pp.33–54.

もっと学びたい人のための
文献案内

米勢治子・吉田聖子（2011）『外国人と対話しよう！　にほんごボランティア手帖―すぐに使える活動ネタ集』凡人社

日本語ボランティア教室にはどのような形態があるのか、どのように運営されているのかがイラストとともにわかりやすく示されています。また、相互理解のための対話中心の活動を行う基礎力をつける方法や活動現場で起こる課題が、実例、タスクなどを交えながら示されています。日本語ボランティアに興味のある人、すでに始めている人、ボランティア養成に関わる人にも役立つ一冊です。

西あい・湯本浩之（2017）『グローバル時代の「開発」を考える―世界と関わり、共に生きるための 7 つのヒント』明石書店

多文化共生、社会参加、居場所といったキーワードを通して、世界を少し違った角度から眺めることのできる開発教育の本です。グローバル化が進む世の中で、私たち一人ひとりの暮らしや生き方にとって何が望ましいのか、私たちが望む世界とはどのような姿なのかということを考える手がかりになるでしょう。

山崎亮（2011）『コミュニティデザイン―人がつながるしくみをつくる』学芸出版社

人口減少、高齢化、森林問題など、社会的な課題を解決するために重要なのは、課題に直面している本人たちが力を合わせること。その考えの基につくりだされる「デザインしないデザイン」による住民参加・思考型のまちづくりの実例が多数掲載されています。人が参加する場、参加者が創りあげていく場をデザインするためのヒントが見つかるかもしれません。

Column

地域日本語教育の醍醐味

国際交流協会が実施した日本語クラスに、ベトナム出身のAさんが参加しました。来日5年。日本語はあまり話せませんでした。このクラスでは、「子育て」「防災」といったテーマで自分の経験や気持ちをスピーチしたり、グループで対話活動をしたりしました。町の人も参加し、皆が同じ活動をします。Aさんは、初めは「できない、できない」と緊張していましたが、他の参加者を見て、「すごい！　私も日本語が上手になりたい」と目を輝かせました。数回後には、新たに来た同国の人に活動内容をベトナム語で説明してくれていました。

日本語教師の役割を知っていますか？　『日本語教育人材の養成・研修の在り方について（報告）』[1]によれば、日本語教師とは「日本語学習者に直接日本語を指導する者」ですが、地域日本語教育において、この定義は十分ではありません。

私は日本語教師になって以来教育機関で「日本語学習者に直接日本語を指導」していました。が、突然、それに飽き足りなくなったのです。私の「指導」は、かれらが個性や能力を社会で発揮していくことに、どう役立っているの？　教室という箱では、学習者と社会との接触場面を見る機会がないことに気づきました。

その頃、「地域日本語教育システム図」というものを見ました。そこには「専門家による日本語教育」と並び、「「生活者としての外国人」と「生活者としての日本人」の対話・協働の場」が描かれていました。「これだ!!」。以来、「生活者」のために地域住民との対話・協働を通した日本語学習活動の企画や、支援者研修の設計に携わっています。在住10年でも日本語が全く話せない人。ペラペラでも文字が全く読めない人。日本語学習を必要と感じていない人。日本語教育機関では出会わないような人も地域には多く、課題設定と教育実践が必要です。

国籍や在留資格にかかわらず、すべての人は「生活者」です。地域の日本語学習の場では、生活に役立つ情報を得たり、人とのつながりを得たり。それが日本語学習の目的でもあり、手段でもあります。自信や自己肯定感の獲得も重要です。そのような日本語教育を実践する日本語教師には、留学生対象の日本語教育とは異なる資質・能力が求められます。

地域における日本語教育は、すべての日本語教師にとって知らなければならない分野です。なぜなら、日本語教育推進の目的は「多様な文化を尊重した活力ある共生社会の実現」だからです。地域日本語教育に関わる日本語教師にとって「日本語学習者に直接日本語を指導すること」は期待される役割のごく一部にすぎません。多文化共生の社会づくりのために、コミュニケーションを通してコミュニケーションを学ぶという日本語教育の特性を生かしながら日本語教育の実践ができることは、難しくて楽しい、複雑でおもしろいことです。「これだ!!」と感じたみなさん、お待ちしています。

［萬浪絵理］

参考文献

［1］文化審議会国語分科会（2019）『日本語教育人材の養成・研修の在り方について（報告）改訂版（平成31年3月4日）』文化庁 <https://www.bunka.go.jp/seisaku/bunkashingikai/kokugo/hokoku/pdf/r1393555_03.pdf>（2022年3月1日閲覧）

第8章

あの学生は“不真面目”なのか
留学生の社会的背景を考える

本章を読む前に考えましょう

1. あなたは“留学生”（日本に留学している人、日本から海外に留学している人）にどのようなイメージがありますか。
2. あなたは日本で学ぶ留学生に接したことがありますか。その留学生たちはどのような教育機関（日本語学校、専門学校、大学、大学院等）に所属し、どのような生活を送っていましたか。留学生と接したことがない人は、留学生たちがどのような生活を送っているかを考えてみましょう。
3. 来日する留学生はどのような目的で留学していると思いますか。

日本国内で日本語教師として働く場合、対象となる学習者が日本語学校、専門学校、大学などに在籍する留学生となることが多いと思います。一般的には、在留資格「留学」によって、日本に在留する人を“留学生”と呼びます。しかし、当然ながら、同じ「留学」で在留していても、その内実は様々であり、単純にひと括りにすることはできません。

この章では、多くの日本語教師が接する“留学生”たちがどのような経緯で来日し、どのような生活を送っているか、また、どうしてそのような生活を送っているかといった“留学生”の社会的背景を考えます。

私は高橋梨子です。大学院で第二言語習得について研究しながら、日本語学校で週3回教えています。
今、中級前半のクラスを教えているのですが……ネパールから来たリタさんという学生が少し気になっています。
リタさん
—です！
全然ちがう……
授業中に寝たり、先生の質問に対してとんちんかんな答えをしたり……。とにかく授業に集中していません。日本語もおぼつかないのでクラスメイトからも少し浮いています。
今度、あのお店に行こう！
うん
リタさん、大丈夫ですか？
はい先生、大丈夫です
本当に大丈夫なのだろうか…
リタさんの初級の頃の先生
山田先生！
はーい！

たしか……
初級前半の時は普通でした
でも後半になってから
授業にあまり参加してくれなく
なりましたね……
リタさんねー
なるほど…
気になったら、校長先生に
聞くのもいいよ
後日
校長先生
失礼します
どうぞ!
リタさんのことですよね
状況を説明して
もらえますか
カク
カク
シカ
ジカ
なるほどー
リタさんは夕方から深夜まで
アルバイトしているので、
授業に集中できないのだと思います
学校は学習者の学費で
成り立っているので、
学校として禁止はできないんです
そうなんだ…
私は一体
どうすれば…

ケース 8

高橋梨子

私は今、大学院で第二言語習得について研究しながら、民間の日本語学校で週に3日教えています。今学期は中級前半のクラスを担当しています。正直、準備も大変ですし、毎回の授業後に反省することもたくさんありますが、クラスの雰囲気は悪くないようです。そのクラスの中で、最近ちょっと気になっている学習者がいます。

それは、ネパールから来たリタさんという学習者です。リタさんは、現在日本語学校に在籍して3学期目（1学期は約3カ月）です。日本語がほとんどできない状態で来日したため、初級前半のクラスから受講を開始しました。現在は中級前半のクラスを受講しています。リタさんは授業中、寝ていたり、教師の質問に対してとんちんかんな答えをしたりと、授業に全く集中できていないようです。授業に参加できていないためか、日本語でのやり取りもおぼつかず、結果的にクラスメイトからも少し浮いてしまっているようです。

私はリタさんが心配になり、何度かリタさんに「授業や日本語の勉強に何か問題がないか」ときいてみました。しかし、リタさんは「大丈夫です」と答えるばかりであまり話そうとはしてくれません。

初級の時にリタさんのクラスを担当していた山田先生に聞いてみると、リタさんは、入学当初、初級前半の頃には普通に授業に参加していたそうです。しかし、初級後半になった頃から授業に集中していない様子が徐々に目立つようになってきたとのことでした。

私はリタさんについて、校長先生にも相談しました。校長先生は「リタさんは夕方から深夜まで長時間にわたりアルバイトをしているため、授業に集中できないのだと思う。本人は、勉強はしているから大丈夫と言っていた。学校が学習者の学費で成り立っている以上、学校としてアルバイトを禁止することもできない」とおっしゃいました。

私は日本語を学習するために来日している学習者がアルバイトで疲れて、授業に集中できないのは本末転倒だと思います。しかし、一方で校長先生が言った「学校は学習者の学費で成り立っている」という話も理解できます。それはつまり、学習者がアルバイトで稼いだお金が私の給料になっているということでもあるからです。私はリタさんのような学習者にどのように接すればいいのでしょうか。

いろいろな声を聞いてみよう

もっと豊かになりたいと思って、日本に来ました。在留資格を更新して少しでも長く日本にいるには、学費を払って、毎日授業に出席しなければなりません。だから、深夜までアルバイトをします。でも、授業には出席します。それから、日本に来る時、借金をしたので、それも少しずつ返しています。毎日、アルバイトで疲れて、お金のことばかり考えています。私はなんで日本に来たのかな。

リタさん

山田先生

リタさんは初級後半のクラスになった頃から、授業中に寝ていたり、起きていても、教師の指示が全くわかっていなかったりということが目立ってきました。私はリタさんを励ましたり、時には叱ったりしました。でも、リタさんの態度が改まることはありませんでした。働くために日本に来ているような不真面目な学生は放っておけばいいんじゃないですか。留学生の本分は勉強なんですから。

リタさんの様子に関しては、私も把握しています。ネパールと日本にはまだまだ経済的な格差があり、親が学費や生活費を負担できるという学生はほとんどいません。ネパールから来る学生を受け入れるということは、必ずしも日本語の学習に集中できるわけではない学生を受け入れるということであると、ある程度、割り切らざるを得ません。日本語学校を運営するとはそういうことです。

校長先生

A ケースの内容を確認しよう

1 リタさんはどのような学習者ですか。

2 高橋さんはリタさんの授業参加態度に対し、どのように思っていますか。

3 校長先生はリタさんの授業参加態度について高橋さんにどのように説明しましたか。

B ケースを読んで考えよう

1 高橋さんは「日本語を学習するために来日している学生が、アルバイトで疲れて、授業に集中できないのは本末転倒ではないか」と述べていますが、それについてあなたはどう思いますか。

2 校長先生は「学校が学生の学費で成り立っている以上、学校としてアルバイトを禁止することもできない」と述べていますが、それについてあなたはどう思いますか。

3 高橋さんは、リタさんのような学習者にどのように接すればいいか悩んでいます。あなたが高橋さんにアドバイスをするとしたら、どのようなアドバイスをしますか。

C いろいろな声を聞いて話し合おう

1 リタさんは何のために留学したと思いますか。リタさんが留学した目的についてあなたはどう思いますか。

2 山田先生は「働くために日本に来ているような不真面目な学生は放っておけばいい」と言っています。それに対してあなたはどう思いますか。

3 三人の声を聞いて、あなたはリタさんが「不真面目な学生」だと思いますか。

D ディスカッション

リタさんのような留学生が現れる背景にはどのような文教政策、外国人受け入れ政策、あるいは社会経済の動向（人口動態、労働力など）があると思いますか。

解説

この章のケースで登場した留学生のリタさんは、長時間にわたりアルバイトをせざるを得ない状況に置かれているようです。どうしてリタさんのような留学生が現れるのでしょうか。ここでは、日本における外国人留学生受け入れの歴史を概観した上で、留学生受け入れに関する社会的背景を解説します。

外国人留学生受け入れの歴史（１９８３年～現在）

●「留学生10万人計画」から上海事件まで

戦後の日本における外国人留学生数は、１９８４年６月に当時の中曽根康弘総理大臣の発案に基づき、文部省が**留学生受入れ10万人計画**（以下、「10万人計画」）を策定したことにより、急激に増加しました。「10万人計画」とは、21世紀初頭までに日本への外国人留学生の受け入れ数を当時の留学生数の約10倍に当たる10万人に増やそうという計画です。

この「10万人計画」に呼応して、１９８４年10月に日本語学校などの**日本語教育機関**で学ぶために必要となる**在留資格「就学」**（当時は「法務大臣が特に認めるもの」という在留資格でしたが、１９９０年６月から「就学」となったため、以下「就学」とします）を得るための手続きが簡素化されました。また、それに先立ち１９８３年７月には、留学生・就学生を対象に**資格外活動**として、従来は禁止されていたアルバイトが週20時間程度の範囲内で認められました。このような一連の施策により、日本語学校数、および日本語学校の在籍者数が急増しました。日本語学校数は１９８４年には49校でしたが、１９８８年には３２５校になりました。日本語学校の在籍者数も１９８４年の４１４０名から１９８８年には3万５１０７名へと増加しました。この間、１９８６年には、バングラデシュとパキスタンからの「就学」による入国が増加しました。１９８６年に「就学」で来日した1万２６３７名のうち、約3分の1がバングラデシュとパキスタンからの入国でした。これらの人々は、「就学」で来日しているものの、実際にはその大半が不法就労、不法残留を目的としていました[1]。このよう

在留資格「就学」／「留学」

在留資格「就学」：2009年7月まで主に日本にある日本語学校等の日本語教育機関に在籍する者に付与されていた在留資格。一般に在留資格「就学」で日本に在留する者を「就学生」と呼称した。1982年1月から1990年5月まで、日本語教育機関に在籍する者には、「法務大臣が特に認めるもの」という在留資格が付与されていた。ただし、「就学（生）」は、日本語教育機関への在籍や日本語教育機関に在籍する者を示す用語として、官公庁、およびマスコミなどでも用いられていた。そうした状況に基づき、1990年6月の入管難民法改正の際、「就学」が創設された。2009年8月の入管難民法改正で「就学」が「留学」に一本化されたことにより、廃止された。

在留資格「留学」：主に日本にある大学、短期大学、高等専門学校、高等学校、中学校および小学校に在籍する学生・生徒に付与される在留資格。一般に在留資格「留学」で日本に在留する者を「留学生」と呼称する。2009年8月の入管難民法改正で「留学」と「就学」が「留学」に一本化されたことにより、日本語学校等の日本語教育機関に在籍する者にも「留学」が付与されるようになった。

※「就学生」は「留学生」に比べ、入国審査が厳しい、在留期間が短い、資格外活動として許可されるアルバイトの時間数が短い、対象となる奨学金が少ない等、その処遇に格差があった。

な状況を踏まえ、入国管理局がバングラデシュ、パキスタン出身者に対する在留資格認定の審査を厳格化した結果、バングラデシュ、パキスタンからの「就学」による入国は急減します。代わって急増したのが、中国からの「就学」による入国です。1987年には、「就学」で来日した1万3915名の約半数に当たる7178名を中国出身者が占めるに至りました。[2]

当時、一定数の日本語学校において、定員を無視して入学許可書を乱発する、ニセの身元保証人をでっちあげて作成した身元保証書を販売する（当時、中国出身者が「就学」を申請する際には、日本で生計を営む個人の身元保証人が必要とされていました）、在籍生にアルバイトを斡旋するなど、あからさまな不正行為が横行していました。[3] そのような状況の中、1988年10月に入国管理局が中国からの「就学」希望者に対する審査を厳格化したことにより、**上海事件**が起こります。上海事件とは、1988年11月に日本語学校の入学許可書を受け取ったにもかかわらず、一向にビザが発給されない申請者が、早急にビザを発給することを求めて、上海の日本総領事館を包囲した事件です。上海事件が起こった背景として、日本語学校、「就学」申請者それぞれが抱えていた、次のような事情がありました。

表1　外国人留学生の受け入れに関する年表

年	月	出来事
1982	1	出入国管理及び難民認定法の改正（在留資格「法務大臣が特に認めるもの」の一項目として「就学」を設定）
1983	7	法務省が留学生のアルバイト（週20時間程度）を資格外活動として容認（就学生は目的外活動許可を受ける必要あり）
1983	8	中曽根康弘総理大臣の指示により設けられた二十一世紀への留学生政策懇談会（文部大臣の懇談会）が「21世紀への留学生政策に関する提言」を発表
1984	6	「21世紀への留学生政策に関する提言」にもとづき、文部省が「二十一世紀への留学生政策の展開について」、いわゆる「留学生受入れ10万人計画」を策定
1984	10	入国管理局が日本語教育機関で学ぶために必要となる在留資格（後の「就学」）を得るための手続きを簡素化
1986		バングラデシュ、パキスタン出身者の「就学」急増
1987		バングラデシュ、パキスタン出身者の「就学」急減、中国出身者の「就学」急増
1988	11	上海事件
1988	12	文部省・日本語学校の標準的基準に関する調査研究協力者会議が「日本語教育施設の運営に関する基準」を策定
1989	5	日本語教育振興協会設立
1990	6	出入国管理及び難民認定法の改正（在留資格「就学」創設）
1998	9	法務省が、留学生が資格外活動許可によりアルバイトできる時間を週28時間（長期休業期間は1日8時間以内）に改定
2003		留学生10万人達成
2008	1	福田康夫内閣「留学生30万人計画」を策定
2009	5	内閣府・高度人材受入推進会議が「外国高度人材受入政策の本格展開を（報告書）」を発表
2009	8	出入国管理及び難民認定法の改正（在留資格「留学」と「就学」が「留学」に一本化）
2012	5	入国管理局が高度人材ポイント制を導入
2015		ベトナム、ネパール出身者の「留学」急増
2019		留学生30万人達成

日本語学校———教育機関というより、「就学」による来日を請け負う機関のような学校も多かった。

「就学」申請者——豊かな日本で働くため、あるいは働きながら勉強するため、借金をして、高い入学金、授業料、手数料を払ってでも、日本に行きたいという思惑があった。[2]

●日本語教育振興協会設立から「10万人計画」達成まで

上海事件をきっかけに、１９８８年12月に法務省、外務省により「日本語教育施設の運営に関する設置基準」が設けられました。これを受け、１９８９年5月には、「就学」で入国する学習者を受け入れることのできる日本語学校を「設置基準」に照らして、審査・認定する機関として、**日本語教育振興協会**（**日振協**）が設立されました。

「設置基準」の策定と日振協の設立により、安定的に在留資格「就学」が付与されるようになった結果、１９８９年以降、日本語学校および日本語学校の在籍者数は一貫して増え続けます。しかし、一定数の日本語学校が「教育機関というより、「就学」による来日を請け負う機関」であったこと、また、日本語学校に在籍する人に「豊かな日本で働くため、あるいは働きながら勉強するために、日本に行きたい」という思惑で来日する人が一定数いるという状態は、基本的に変わりませんでした。

「10万人計画」は、２００３年に10万９５０８人の留学生を受け入れ、達成されました。２００３年当時、日本語学校に在籍する者の在留資格は『就学』であったため、留学生としてカウントされていなかったものの、日本語学校は留学生の供給源として機能していました。なぜなら、日本語学校生が卒業後、順次、大学や専門学校に進学し、留学生になっていったからです。しかし、そうやって進学した人々の中には、「豊かな日本で働く、あるいは働きながら勉強する」期間をできるだけ延ばすために進学する人々もいました。一方、地方の私立大学や専門学校の中には、18歳人口の急激な減少に伴い、定員の充足が困難になる学校も出てきました。それらの学校では、定員を充足させるための手段として、積極的に留学生を受け入れるようになりました。つまり、留学生数の増加は、日本にいる期間をできるだけ延ばしたいという留学生と定員割れを防ぎたいという学校の利害が一致した結果であると考えることもできます。[4]

●「留学生30万人計画」から現在まで

２００８年１月に当時の福田康夫総理大臣が施政方針演説で**留学生30万人計画**の策定および実施を表明したことを受け、同年７月に文部科学省により「留学生30万人計画」骨子が策定されました。留学生30万人計画とは、２０２０年を目途に30万人の留学生の受け入れを目指すという計画です。この留学生30万人計画に呼応するように、２００９年８月には、在留資格「就学」と「留学」が「留学」に一本化されました。これにより、日本語学校生も、大学・専門学校に在籍する学生と同様に留学生としてカウントされるようになりました[5]。

留学生30万人計画の策定後、留学生数は一貫して増加し続け（ただし、２０１１年には東日本大震災の影響で一時的に減少しました）、２０１９年には、目標とされていた２０２０年よりも１年早く30万人を達成しました。また、日本への留学生の出身国・地域は、長らく東アジアの中国、韓国、台湾という三つの国・地域が上位を占めていましたが、２０１５年には中国、ベトナム、ネパールが上位３カ国になりました[6]。日本に留学するベトナム、ネパール出身者が増加した背景には、かつての中国出身者と同様、日本との経済的な格差を背景に、働くため、あるいは働きながら勉強するため、借金をして高い入学金、授業料、手数料を払ってでも日本に行きたいという思惑があると考えられます[7]。

外国人留学生受け入れに関する社会的背景

●在留資格「留学」の特殊性

言うまでもなく、留学生とは専ら何らかの教育を受けるために、日本に在留している人々です。そして、日本で教育を受けるための在留資格が「留学」です。しかし、日本の在留資格「留学」は、諸外国の「留学」に相当する在留資格に比べ、就労できる時間数やアルバイトをするために必要となる資格外活動許可を得るための手続きのしやすさなどの点で、留学生の就労に寛容であると言えます[8]。

資格外活動許可を得ることによりアルバイトできる時間は、１９８３年の資格外活動許可基準の制定当初は、週20時間程度とされていました。その後、１９９７年にアジア通貨危機が起こり、アジア各国からの留学生の生活に深刻な影響を与えます。これが一つの契機となり、１９９８年９月には、留学生が資格外活動許可によりアルバイトできる時間が週28時間（長期休業期間は１日８時間以内）に改定されました。週28時間という労働時間は、資格外活動、つまり教育を受けるという本来の目的以外に費やす時間としては、かなり長いと言えます。しかも、留学生の労働時間を管理する公的システムはありませんでした。そのため、資格外活動許可による労働時間の制限は、この改定以前から有名無実化していました。

1990年代後半以降、若年人口の急激な減少に伴い、特に小売業（コンビニ、スーパーなど）、飲食サービス業（居酒屋、ファミレス、ファストフードなど）、製造業（惣菜製造、すし・弁当・調理パン製造等など）、運輸業（仕分け、ピッキング、梱包など）といった業種では、人手不足が顕在化し始めます。そのため、それらの業種では、留学生が労働力として積極的に活用されるようになりました[9]。

●「労働留学生」と「学業留学生」

前述したように、日本の在留資格「留学」は、「留学」でありながら、資格外活動許可により、合法的に労働し、対価を稼ぐことが可能です。このことが日本の外国人留学生に「**労働留学生**」、すなわち労働が主な活動となる留学生と「**学業留学生**」、すなわち学業が主な活動となる留学生という二つの層を生む原因になっていると考えられます。

「労働留学生」には、一般に日本との経済的格差が大きい国から来る留学生（2010年代以前であれば中国、2010年代以降はベトナム、ネパールなど）が多いと考えられます。それらの留学生の中には豊かな日本で労働して、対価を稼ぐことを主な目的とする人もいます（それらの人々は、**偽装留学生**[10]、**出稼ぎ留学生**[11]と呼ばれることもあります）。かれらは、**仲介業者**に言われた「日本に行けば働きながら勉強もできる」という言葉を信じて、来日します。しかし、実際には、アルバイトでお金を稼ぎながら、学校に通い、十分に学習することは容易ではありません。しかも、かれらの多くが来日した時点で借金を背負っています。日本の日本語学校に留学するには、仲介業者に払う手数料、入学金、初年度の授業料、寮費、渡航費などで150万円程度のお金がかかります。一方、ベトナムの平均月収は約3万7000円（2021年）、ネパールの平均月収は約1万7000円（2018年）です[12][13]。150万円は、一般の人がすぐに支払える金額ではありません。そのため、日本への留学にかかる費用は借金により賄われます。つまり、「労働留学生」たちは日本に来る前に背負った借金を返済しつつ、日本での生活や学業に必要な経費を支払わなければなりません。学業に必要な経費の支払いから逃れるため、所在のわからなくなってしまう留学生もいます[7]。

「学業留学生」には、一般に日本との間でそれほど大きな経済的格差のない国・地域出身の留学生（韓国、台湾、2010年代以降の中国などからの留学生）および国費留学生、外国政府派遣留学生が多いと考えられます（ベトナム、ネパールなどの開発途上国内にも、富裕層と貧困層が存在します。そのため、数は少ないものの、開発途上国の富裕層出身者が「学業留学生」となることもあります）。これらの留学生は「労働留学生」と異なり、経済的な心配をする必要がありません。そのため、学業を中心に留学生活を送ることができます。仮に資格外活動許可によりアルバイトをするとしても、学費や生活費を稼ぐためではなく、お小遣いを稼いだり、日本での留学経験をより豊かにしたりするために、学業に支障のない範囲で行われます。また、「学業留学生」は、いわゆる高度人材の予備軍として、大学・大学院などの高等教育修了後の日本での就職を産業界に期待される存在でもあります。

●「労働留学生」受け入れの構図

「労働留学生」は、日本政府、日本の産業界、学校経営者の思惑が絡み合った結果として現れた、日本独自の外国人労働者受け入れの枠組みであると言えます。留学生30万人計画を掲げる日本政府には、留学生数を増やしたいとい

図1 「労働留学生」受け入れの構図

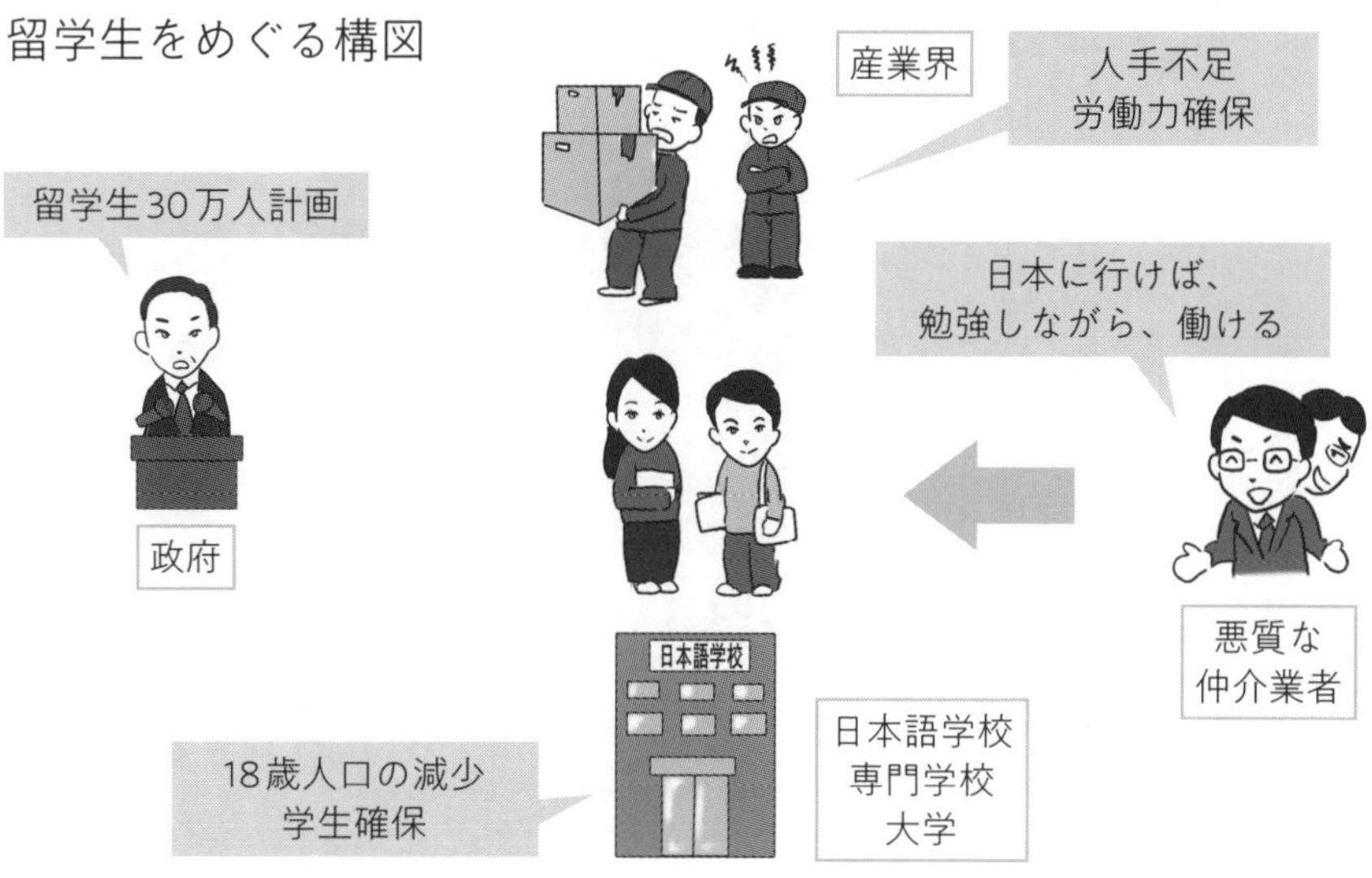

う思惑がありました。産業界には、人手不足を解決するための手段として留学生を活用したいという思惑がありました。学校経営者には、学生を確保し、学校を維持したいという思惑がありました（図1を参照）。これら三者の思惑が合致した結果として、日本では、労働が主な活動となる留学生を受け入れてきました。また、このような外国人受け入れの枠組みは、「日本に行けば、学校に行きながら働ける」といった言葉で若者を勧誘し、借金をさせて日本に送り込むような悪質な仲介業者が、留学希望者と日本語学校を仲介することによって、成り立っています[14]。

図2では、在留資格別の外国人労働者数と割合が示されています[15]。これらのうち、「資格外活動」となっているのが留学生です。日本における外国人労働者の実に5分の1近くが「労働留学生」です。このように「労働留学生」は産業界にとって、すでになくてはならない存在になっています。

日本語教師として知っておくべきこと

● リタさんは〝不真面目〟なのか

本章のケースに登場したリタさんは「労働留学生」の一人です。ここで再びケースの問いに立ち戻ってみましょう。リタさんは、〝不真面目〟なのでしょうか。

リタさんの行動や態度の変化を理解するためには、リタさんのような人がどのような経緯で留学したのかを知ろうとする必要があります。日本に留学するというリタさんの選択は単に本人が留学することを決めて、実行したというだけではなく、その背景に選択を促したり、可能にしたり

図2　在留資格別外国人労働者の割合
(2022年10月末時点)

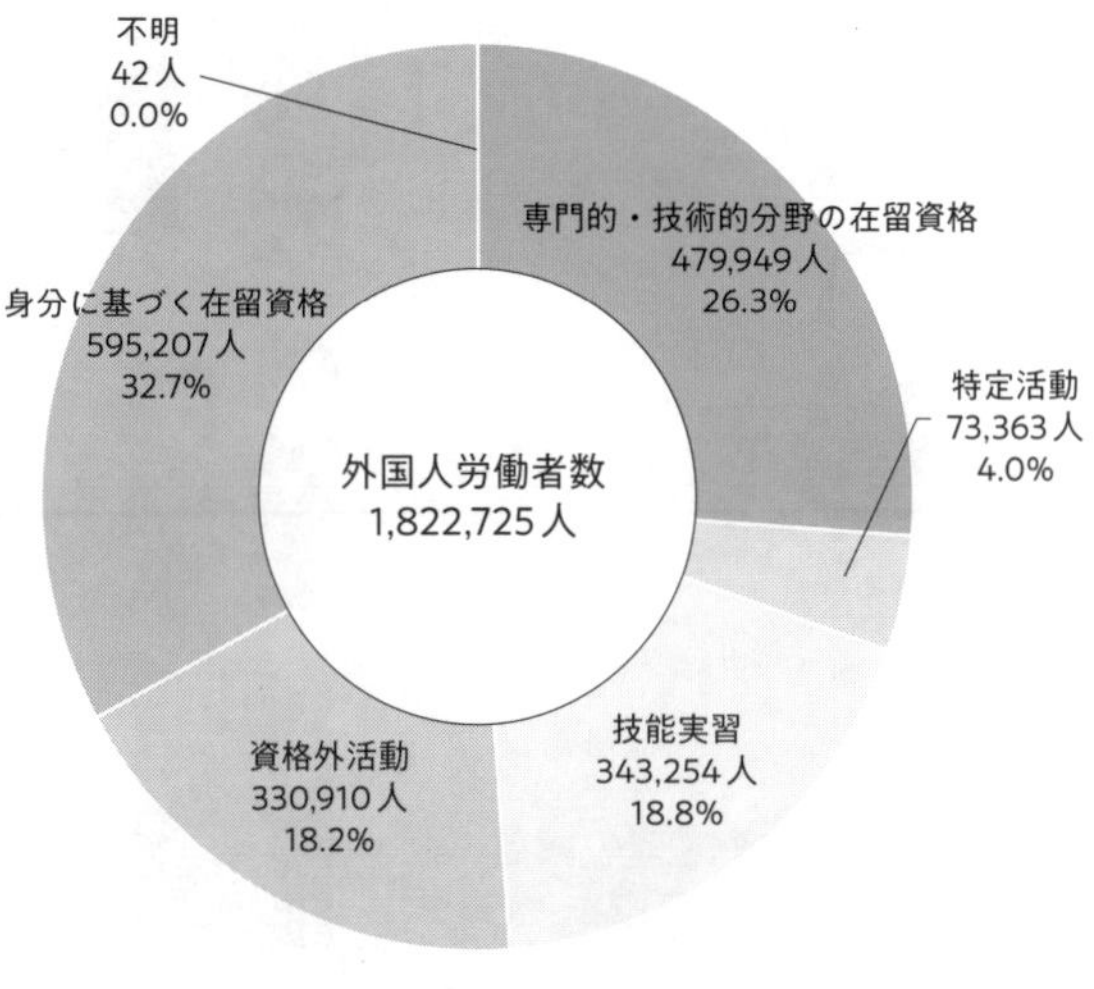

する構図があります。

第1の構図は、ネパールと日本の経済的な格差です。人は、たとえわずかでも豊かになれる可能性があるなら、今いる場所から移動しようとします。そのため、開発途上国から先進国への移動は、現在でも頻繁に起こっています。また、かつては日本においても、より豊かな生活を求めて南米などに移住した人々がいました。リタさんにとって留学は、自身が学業を修めるためというより、自身と自身の家族をより豊かにするための手段の一つであったはずです。

第2の構図は、前述したような日本における「労働留学生」受け入れの構図です。いくらリタさんがより豊かになるために海外への移動を求めたとしても、それを可能にする構図がなければ実現することはできません。例えば、日本において「留学生30万人計画」が策定されていなければ、少子高齢化に伴う人手不足や18歳人口の減少が起こっていなければ、外国人に資格外活動許可によるアルバイトが認められていなければ、「労働留学生」を受け入れる枠組みができることはなく、リタさんが日本に来ることもなかったはずです。「労働留学生」受け入れの構図が成立したからこそ、リタさんは来日し、「毎日、アルバイトで疲れて、お金のことばかり考えています。私はなんで日本に来たのかな」という状態に陥ることになったのです。

自身が活動するフィールドを深く理解すること

私たち日本語教師は前述したような構図自体を変えることはできないかもしれません。なぜなら、どんなに矛盾をはらんだ構図であっても、それがすでに制度化され、運用されている以上、その制度を変更することは容易ではないからです。しかし、自身が接する留学生がどのような経緯で留学したのかを知ろうとすることはできます。そして、一度知ろうとすれば、そこには個人の選択を超えた、留学生たちがそのようにせざるを得なかった背景が見えてきます。それはつまり、自身が日本語教師として活動するフィールドを深く理解するということです。ケースで示した状況において、高橋さんが自身の活動するフィールドを深く理解しようとしなかった場合、高橋さんは、リタさんの問題の原因をリタさん個人の資質に、あるいは校長先生個人の考えに求めようとするかもしれません。また、「日本語を教えることだけが自分の仕事だ」と考えて、このような学校で働き続けること自体が、前述したような悪質な仲介業者を間接的に利することに、引いては「労働留学生」受け入れの構図を維持することに無自覚に加担することになるかもしれません。

貧しい地域から豊かな地域への移動という行為には、様々な思惑や利害が絡みます。留学は、そういった豊かになるための移動の形態の一つでもあります。自分があるフィールドで日本語教育に従事するという行為が、誰のどのような思惑や利害に基づいて成立しているか、さらにそれらの背景にはどのような経済的なシステムや社会制度があるかを知ろうとすることは、無自覚に特定の誰かの思惑や利害に加担しないようにするためにも、重要ではないかと思います。

発展活動

①ケースについての議論を踏まえ、解説を読んで新たに気づいたことはありますか。どんなことを考えましたか。

②いくつかの日本語教育機関（日本語学校、大学別科等）のウェブサイトにアクセスして、入学手続き、学費、コース、在籍生の出身国、進学先等を調べてみましょう。また、調べた結果からどのような在籍生の背景がわかるかを話し合ってみましょう。

③どうすれば、「自身が日本語教師として活動するフィールドを深く理解する」ことができると思いますか。また、フィールドを理解した上で、日本語教師／日本語教育人材としての自身に何ができると思いますか。

参考文献

[１] 岡田英夫（２００８）『日本語教育能力検定試験に合格するための本 世界と日本16』アルク

[２] 岡益巳（１９９４）「中国人就学生問題に関する一考察」『岡山大学経済学会雑誌』25(3), pp. 181–200.

[３] ぐるーぷ赤かぶ（１９８９）『あぶない日本語学校—アジアからの就学生』新泉社

[４] 木村哲也（１９９６）「10万人留学生政策と日本語教育—民間の日本語教育機関と日本語教師との関連を中心に」『留学生教育』1, pp. 85–101.

[５] 法務省 第五次出入国管理政策懇談会（２００９）『報告書 留学生及び就学生の受入れに関する提言』<http://www.moj.go.jp/isa/content/930002523.pdf>（２０２３年４月28日閲覧）

[６] 独立行政法人日本学生支援機構（２０１６）『平成27年度年度外国人留学生在籍状況調査結果』<https://www.studyinjapan.go.jp/ja/_mt/2020/08/date2015z.pdf>（２０２３年４月28日閲覧）

[７] 西日本新聞編（２０２０）『【増補】新 移民時代—外国人労働者と共に生きる世界へ』明石書店

[8] 石井誠（２０１７）「外国人留学生に対する就労許可制度の国際比較」『宇都宮共和大学シティライフ学論叢』18, pp. 174-183.

[9] 岡益巳（２００４）「留学生の資格外活動許可基準の歴史的変遷とその諸問題『留学生教育』9, pp. 19-33.

[10] 出井康弘「「留学生30万人計画」の悲しき実態」新潮社フォーサイト、２０１４年12月２日「「人手不足」と外国人（５）」<https://www.fsight.jp/30975>（２０２３年４月28日閲覧）

[11] 「新　移民時代」取材班「暮らしの隣「移民」１００万人工場バス、アジア系続々」『西日本新聞』２０１６年12月７日「出稼ぎ留学生〈１・上〉」

[12] Department of Population and Labor Statistics (2021). *Report on Labor Force Survey 2021*. General Statistics Office. <https://www.gso.gov.vn/en/data-and-statistics/2023/03/report-on-labour-force-survey-2021/>（２０２３年４月28日閲覧）

[13] Government of Nepal National Planning Commission Central Bureau of Statistics (2018). *Report on the Nepal Labour Force Survey 2017/18*. <https://nepalindata.com/media/resources/items/20/bNLFS-III_Final-Report.pdf>（２０２３年４月28日閲覧）

[14] 清永聡（２０１９）「消える外国人―求められる対策は」（時論公論）」ＮＨＫ <https://www.nhk.or.jp/kaisetsu-blog/100/317582.html>（２０２３年４月28日閲覧）

[15] 厚生労働省職業安定局　外国人雇用対策課（２０２３）『「外国人雇用状況」の届出状況まとめ（令和４年10月末現在）』厚生労働省 <https://www.mhlw.go.jp/stf/newpage_30367.html>（２０２３年４月28日閲覧）

もっと学びたい人のための
文献案内

出井康弘（2016）『ルポ　ニッポン絶望工場』講談社

第2章では、2010年代後半におけるベトナム出身の留学生を対象に解説で紹介した「「労働留学生」受け入れの構図」が当事者への取材にもとづき、さらに詳細に描かれています。本書に描かれている2010年代の状況が引用文献として挙げたぐるーぷ赤かぶ（1989）で描かれている20年以上前の状況と（描かれている対象が中国出身者からベトナム出身者に変わった以外は）ほとんど変わっていないことに愕然とさせられます。

毛受敏浩（2017）『限界国家─人口減少で日本が迫られる最終選択』朝日新聞出版

日本の人口減少対策の一つとして、定住外国人受け入れの推進が主張されています。第7章では正規の外国人受け入れ制度がないことから起こる問題の一つとして、ベトナム、ネパール出身の「労働留学生」（本書では「デカセギ留学生」）が挙げられています。また、第4章では解説でも触れた「学業留学生」が高度人材として日本に定住する可能性に関する言及があります。

芹澤健介（2018）『コンビニ外国人』新潮社

第3章では、東京在住のベトナム、中国、ミャンマー出身の留学生、および沖縄在住のネパール出身の留学生への取材にもとづき、かれらの学業やコンビニでの労働の実態が描かれています。また、第4章では、2010年代後半における日本語学校による不正行為の実態が描かれています。本書で描かれている実態には、上記の出井康弘（2016）と重なる点も多いです。

望月優大（2019）『ふたつの日本─「移民国家」の建前と現実』講談社

1990年以降現在に至るまで、日本政府が一貫して行ってきたサイドドアからの単純労働者の受け入れ（非「就労」目的の在留資格による事実上の外国人労働者の受け入れ）が批判されています。そして、その例として、日系人とその家族、技能実習生、留学生が挙げられています。

Column

構造的な搾取と差別
——ジェンダー、エスニシティ、外国人技能実習制度

日本の外国人技能実習制度は1990年代に導入された。目的は「途上国への技能移転」「国際貢献」である。だが技能実習制度は実質的に労働者受け入れ制度として機能してきた上、様々な課題が生じてきた。特に技能実習生への人権侵害が後を絶たない。私は技能実習制度を通じたアジア諸国から日本への国際移住労働には搾取と差別が構造的に埋め込まれており、その克服なしには技能実習生の権利保護は十分行えないと考える。

ベトナムから日本への移住労働では商業的な側面（移住労働者の送り出し／受け入れを営利目的で行う仲介会社等）が移住インフラストラクチャー[1]の形成・維持・拡大に重要な役割を果たす。ベトナムから日本への技能実習生としての移住労働において制度的に仲介会社の利用が必要となる。そして技能実習希望者は仲介会社に多額の手数料等を支払うため債務労働者が構造的に生み出される。また日本では技能実習生は職場移転や家族帯同が認められないなど諸権利が制度的に著しく制限される。ベトナム人技能実習生というエスニック集団は制度的に諸権利がはく奪される上、債務の存在ゆえ、職場を「やめる自由」さえ失う。

さらに技能実習生の状況を深く分析するにはジェンダーの視点が欠かせない。例えばコロナ禍以降、支援者のもとには女性技能実習生から「会社に妊娠の事実を言えないし、帰国もできない」との相談が寄せられた。技能実習生は労働法規が適用されるため産前産後休業などの対象となる。だが現実には妊娠を理由に会社をやめさせられる例が後を絶たない。また

コロナ禍により航空会社が飛行機の運航を停止したことで、帰国できない上、安全な妊娠・出産から排除される女性たちが出てきた。女性技能実習生の性・生殖の権利がはく奪されている状況が浮かび上がる。

また、ドゥーデン・ヴェールホーフは資本主義システムが拡張する中、自由な賃労働が減り、移民労働者、債務労働、奴隷労働などが含まれる女性化された不自由な労働が拡大すると指摘する。[2] この議論を敷衍すれば、技能実習生とは移住インフラストラクチャー[1]によりグローバル・サウスの農村からグローバル・ノースの不安定な女性化された労働部門へと配置される存在である。男性技能実習生もホスト社会の「一人前の男性」が手にできるほどの処遇にはありつけず、女性化された二級労働者として扱われる。

技能実習生は国境をこえて移動するバイタリティーある主体だったはずだが、エスニシティ、ジェンダーが関わりつつ移住の構造に埋め込まれた構造的搾取・差別により力が奪われてきた。だが労働組合に駆け込み、企業と団体交渉をするなど権利回復に取り組む技能実習生も存在する。必要なことは構造的搾取・差別を把握した上で、技能実習生の主体性を取り戻すために連帯することである。

［巣内尚子］

参考文献

［1］Xiang, B., & Lindquist, J. (2014). Migration infrastructure. *International Migration Review, 48* (S1), pp.122-148.
［2］B・ドゥーデン・C・V・ヴェールホーフ（丸山真人訳）（1986）『家事労働と資本主義』岩波書店

第9章

誰のための地域日本語教室？

多文化共生の場としての地域日本語教室を考える

本章を読む前に考えましょう

1. 地域日本語教室と日本語学校とではどのような違いがあると思いますか。
2. 地域日本語教室にはどのような人がどのような目的で参加していると思いますか。また、地域日本語教室は多文化共生とどのような関係があると思いますか。
3. 一緒に活動している仲間の言動が気になるとき、どのように対処しますか。

外国人住民を対象とする日本語教育において、地域日本語教室や日本語ボランティアは非常に重要な役割を担っています。これらの地域日本語教室や日本語ボランティアは、突然発生したわけではなく、主に日本の外国人受け入れ政策の変化とともに発生し、変容してきました。

この章では、地域日本語教室に参加する、あるボランティアの行動を題材に、少子高齢化、社会的孤立、多文化共生社会などの観点から改めて地域日本語教室／日本語ボランティアの役割を考えます。

伊藤一馬です。

大学2年生で、日本語教員養成課程を受けています。今、ある地域日本語教室で日本語ボランティアとして活動しています。

この地域日本語教室の理念は多文化共生で毎日テーマに沿ってグループで話します。

しかし、一人、困っている人がいます。

浜口さん。某大手商事会社を定年退職したあと、地域に貢献したいとボランティアを始めました。

浜口さんは学習者が話している時に自分の話をしたり、
私は…

あー、私はねー
私のような若いボランティアには気軽に命令します。

あそこ、掃除して！

ぼ、ぼくですか？

学習者の人いわく……。
話をできないのは少し嫌ですが、教えてもらっていますのであと浜口さんは年上ですから私は話を聞きます
他のボランティアの人も……
私はちょっと浜口さんの高圧的な態度が苦手で……
教室主催者の曽根さん
すみません……実は浜口さんのことで……
カクカクシカジカ
これは何とかしたい
言ってくれて、ありがとう別のボランティア教室に行ってもらった方がいいという気持ちもわかりますが……
浜口さんなりにボランティアとして参加する意図や動機もあるのでね
逆にたしなめられてしまいました。私はどうしたらいいのでしょう。

ケース 9

伊藤一馬

私は日本文学を専攻する大学2年生です。現在、大学で日本語教員養成課程を受講しています。養成課程の授業を通して地域日本語教室の存在を知り、日本語ボランティアをやってみたいと思いました。そこで、地元の国際交流協会に相談したところ、ある地域日本語教室を紹介され、日本語ボランティアとして活動することになりました。

この教室は多文化共生を理念として、毎週土曜日の午後に公民館の会議室で開かれています。毎回、「住むところ」「好きなこと」などのテーマに沿ってグループで話します。一つのグループに最低一人はボランティアが入るようにします。

この教室に浜口さんという男性のボランティアがいます。浜口さんは、某大手商事会社を定年退職した後、地域に貢献したいという動機で日本語ボランティアを始めたそうです。何回か教室に参加するうちに、私はこの浜口さんの行動と大学の授業からイメージしていたボランティア像との間でギャップを感じるようになりました。

浜口さんは、グループ活動の際、学習者が話している最中に会話の主導権を奪い、自分の話を始めます。浜口さんのグループでは浜口さんばかりが延々と話すため、学習者は相槌を打つばかりでほとんど話せません。また、浜口さんは、大企業の管理職だったせいか、私のような若いボランティアに「飲み物持ってきて」「ここ片付けといて」と気軽に命令します。さらに自分は一ボランティアであるにもかかわらず、「企業ではこんなやり方はしない」などと教室の運営にあれこれ口を出したりもします。

学習者は、浜口さんのグループになった時、自分のことを話せないことに不満を持っているようです。しかし、自身が支援される側であることに加え、浜口さんが年輩者であるためか、浜口さんのグループになった時は、日本語を聴く練習の時間と割り切っています。また、他のボランティアたちも彼の高圧的な態度に不満を持っているようです。

ある時、私は思い切って、教室の主催者の曽根さんに「浜口さんのような人が教室に参加することで教室全体の雰囲気が悪くなる。浜口さんには参加態度を改めるか、別のボランティア教室に行ってもらったほうがいいのでは?」と話してみました。すると、「確かに好ましい態度ではないが、浜口さんなりにボランティアとして参加する意図や動機もあるだろうし……」とたしなめられてしまいました。私はどうすればいいのでしょうか。

いろいろな声を聞いてみよう

私は企業で長く国際的な業務に携わってきました。だから、その経験を生かして日本の素晴らしさを外国人に伝えたいと思って、この教室に参加しました。会社を定年退職した後は、人と関わる機会が少なくなって時間を持て余すようになりました。でも教室に参加するようになってからは生活にもハリが出てきたような気がします。最近では教室の運営にも関心を持つようになりました。

浜口さん

ライさん
（教室の学習者）

浜口さんのグループに当たったときは、自分が日本語で話すことはあきらめて、「今日は日本語を聴く練習の日」と考えるようにしています。浜口さんは高齢なので、話し相手がいないんじゃないかな。浜口さんは話すことができる、私は生の日本語を聴くことができるので、お互いにメリットがあります。ただそうなると、どちらがボランティアかよくわからなくなってしまいますが（笑）。

浜口さんの参加態度については、もちろんわかっています。でも、浜口さんのような世代の男性がなかなか自分の行動を変えられないということも理解できます。それに、地域に貢献したいという善意で日本語ボランティアを始めた人に対して、「もう来ないでください」とは言えません。なにより特定の人を教室から排除することは、この教室の理念である多文化共生に反すると思います。

曽根さん
（教室の主催者）

A　ケースの内容を確認しよう

1　浜口さんはどのように教室に参加していますか。

2　伊藤さんは浜口さんの参加態度をどのように思っていますか。

3　教室主催者の曽根さんは浜口さんの参加態度をどのように思っていますか。

B　ケースを読んで考えよう

1　浜口さんはどうしてこのような参加態度なのだと思いますか。

2　他のボランティアが浜口さんの参加態度に不満を持ちながらも、特に何もしていないことについて、どう思いますか。

3　教室主催者の浜口さんに対する対処は適切だと思いますか。

C　いろいろな声を聞いて話し合おう

1　浜口さんは定年退職後、どのような生活を送っていると思いますか。

2　学習者が「浜口さんはご高齢なので、話し相手がいないんじゃないか」と述べています。この推測について、あなたはどう思いますか。

3　教室主催者が「特定の人を教室から排除することは、この教室の理念である多文化共生に反する」と述べています。このような「多文化共生」の捉え方についてあなたはどう思いますか。

D　ディスカッション

高齢者の日本語ボランティアにとって、地域日本語教室に参加することはどのような意味があると思いますか。また、地域日本語教室は、少子高齢社会において、どのような役割を担っていると思いますか。

解説

本章のケースで登場した日本語ボランティアの浜口さんを単に「困った人」と片付けてもいいのでしょうか。おそらく浜口さんには問題行動を取るに至る社会的背景があるはずです。ここでは、少子高齢化、社会的孤立、多文化共生社会などの観点から浜口さんの行動の背景を考えます。

地域日本語教室／日本語ボランティアとは

地域日本語教室とは、当該の地域に在住する外国人住民の日本語学習を支援する機関です。日本語ボランティアとは、一般に地域日本語教室で外国人住民を対象に無償で日本語学習支援を行っている人を指します。文化庁が毎年行っている日本語教育実態調査によれば、２０２１年11月時点で全国に１２９１の地域日本語教室があります。教室の設置団体は、地方公共団体、教育委員会、国際交流協会、その他（特定非営利活動法人、社団法人・財団法人、任意団体）と様々です。１２９１教室の４割にあたる５１２教室が「その他」、つまり行政が直接的に関わらない形態で運営されています（図１を参照）。

図１　地域日本語教室機関・施設数の内訳

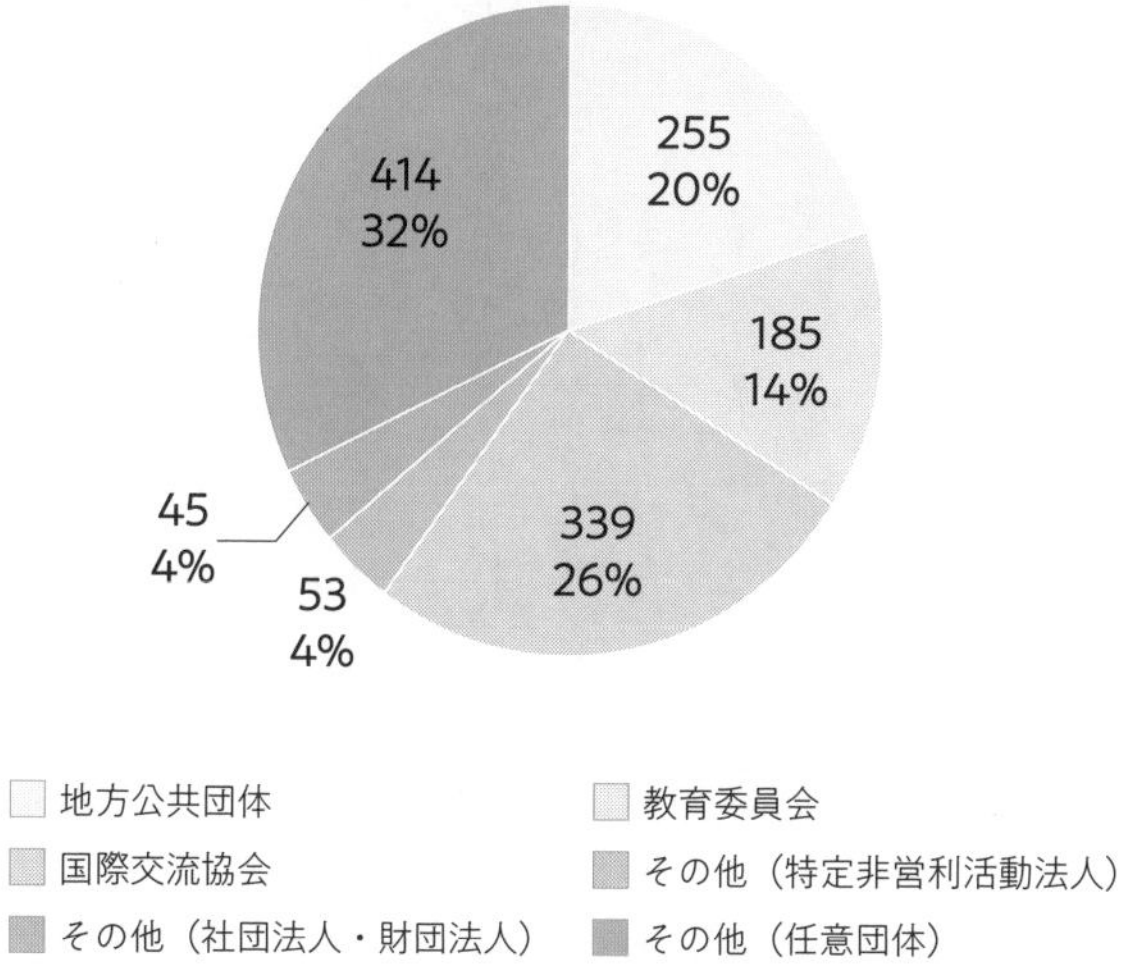

※文化庁国語課（2022）をもとに筆者が作成

また、全国の地域日本語教室で日本語学習指導に携わる指導者のうち、83%をボランティアが占めています（図2を参照）。つまり、現状では、地域日本語教室のほとんどが日本語ボランティアによって運営されています。さらに、同調査によれば、日本語教師のうち、約48%が「ボランティアによる者」となっています。これらの「ボランティアによる者」の大半が地域日本語教室で日本語学習支援に携わる日本語ボランティアであると考えられます。[1]

図2　地域日本語教室で日本語学習指導に携わる指導者の内訳

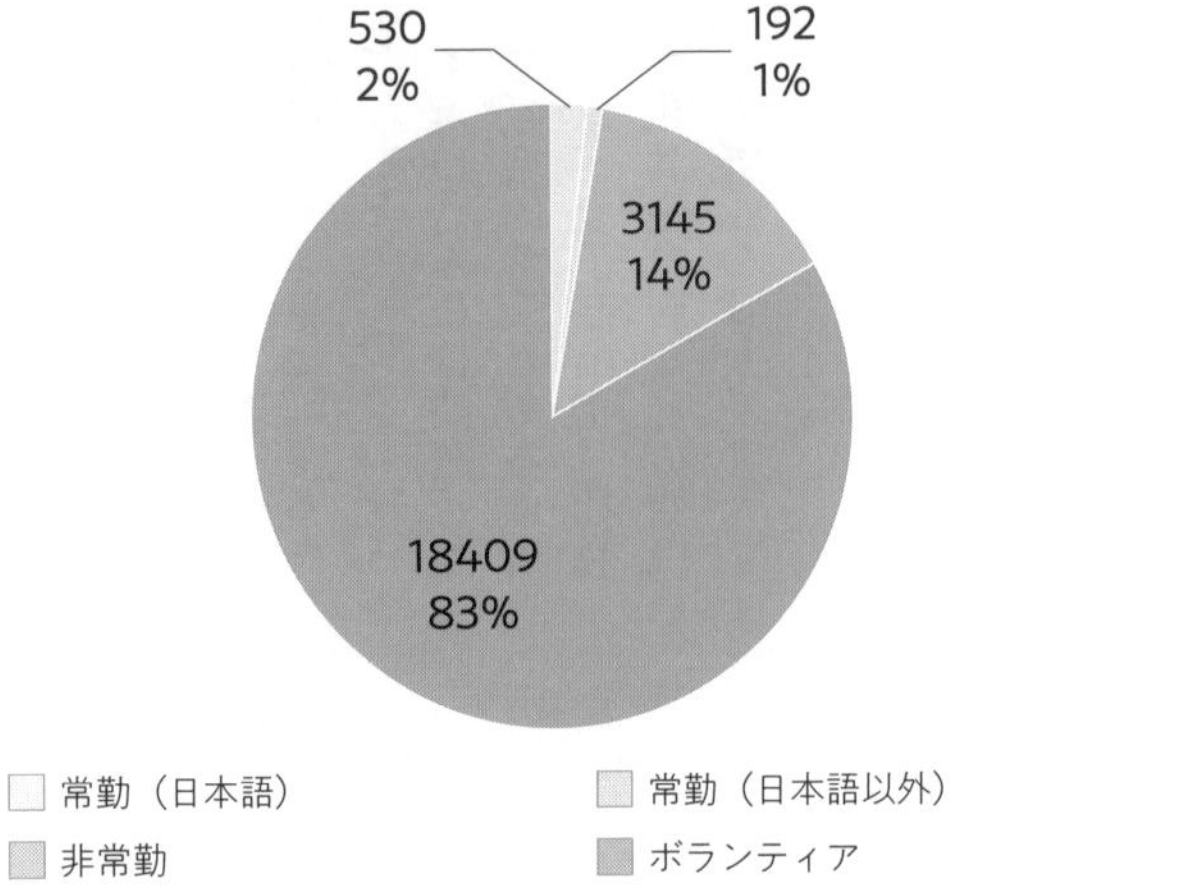

※文化庁国語課（2022）をもとに筆者が作成

地域日本語教室が設立された経緯

地域日本語教室は、1970年代後半にいわゆる**オールドカマー**（第二次世界大戦以前から日本に在住し、生活してきた朝鮮半島、中国大陸、台湾出身者とその子孫）を対象とする識字教育としてスタートしました。

1980年代後半以降、いわゆる**ニューカマー**（1980年代以降に来日し、長期滞在する外国人）が急増しました。具体的には、インドシナ難民、中国帰国者とその家族、日本語学校生、日本人の配偶者、日系人、外国人労働者（不法就労により非熟練労働や接客業に従事する外国人）などです。また、1990年には「出入国管理及び難民認定法」が改正され、3世までの日系人とその配偶者や子女を対象とする**在留資格「定住者」**が創設されました。「定住者」は、バブル景気に沸く日本の労働力不足を補うという背景の下に創設されたため、他の在留資格と異なり、就労の制限がありません。そのため、高収入が得られる仕事を求めて、南米から来日する日系人労働者が急増しました。さらに、1993年には、外国人研修・技能実習制度が創設され、中国や東南アジア諸国から**技能実習生**として来日する人たちが現れました。

こうしたニューカマーの日本語学習を支援するため、様々な地域で住民有志による地域日本語教室が開設されました。近年では、少子高齢化の進行に伴う労働力不足への対応として、海外からの非熟練労働者の受け入れが推進される（具体的には、在留資格「特定技能」の創設など）という状況の下、地域日本教室の役割はますます重要になってきています。本来であれば、これらのニューカマーに対する日本語教育は、政府が責任をもって、その機会を保障するべきです。しかし、日本政府は、現在まで一貫して、移民は受け入れないという方針を採っています。そのため、民間の有志によって設立された地域日本語教室が約40年にわたり、外国人住民を対象とする日本語教育の受け皿となっています。[2]

高齢者によって担われるボランティア

日本語ボランティアには高齢者が多いと言われます。例えば、東京日本語ボランティアネットワークが2017年に東京都内の地域日本語教室197団体（245教室）を対象に行った調査によれば、日本語ボランティア3404人のうち、60代が1366人、70代以上が808人と60代以上が全体の6割以上を占めています。逆に20代、30代の若手は全体の1割程度にすぎません。こうした「ボランティアの高齢化」は、東京日本語ボランティアネットワークが毎年行っている総会や情報・意見交換会でも課題として挙げられています。[3]

ボランティアの高齢化の背景として、日本社会の少子高齢化（2022年11月現在、日本の人口の約29%が65歳以上の高齢者）が挙げられます。[4]

少子高齢化は労働力不足や高齢者に対する介護負担の増大など、日本社会に様々な負の影響を及ぼします。それらの負の影響の一つに高齢者の**社会的孤立**（social isolation）があります。社会的孤立とは、「家族やコミュニティとほとんど接触がない」ということです。[5] 社会的孤立は、「社会的」という言葉からもわかるように、客観的な状態を指すものとされ、主観的状態を指す「孤独」（loneliness）とは異なる概念です。こうした「社会的孤立」への対処として、医療分野において、従来から行われてきた医学・薬学的アプローチとは異なるアプローチである**社会的処方**

(social prescribing) が注目されています。「社会的処方」とは、患者の非医療的ニーズに目を向け、地域における多様な活動や文化サークルなどとマッチングさせることにより、患者が自律的に生きていけるように支援するとともに、ケアの持続性を高める仕組みです[5]。

上述したような「ボランティアの高齢化」は、日本語ボランティアが高齢者の「社会的孤立」に対する「社会的処方」として機能している現れとも捉えられます。例えば、東京日本語ボランティアネットワークによる報告書[3]では、日本語ボランティア活動を始めたきっかけとして、次のような記述が紹介されています。

・会社を定年退職しボランティア活動をしたいと思った。
・仕事を退職した後も国際交流に関与したい。
・定年退職により自由な時間ができたから。 (p.31)

また「学習者と接してどんなことを感じていますか」という質問に対し、次のような記述が紹介されています。

・学習者が真面目に休まず来てくれるおかげで自分の励みになっている。
・学習のみならず日本・中国・世界の情勢・文化など幅広い話ができて楽しくやっています。
・政治、宗教の介入のない日本語学習という教育の場で様々な母語を持った生徒さんたちと一緒に勉強することに喜びを感じている。
・異文化と接し双方の違和感を理解へとつながられた時、喜びを感じる。
・日本語教育の難しさを再認識するとともに日本語について私自身が教わることも多い。 (p.34)

特に高度成長期とそれに続く安定成長期（1950年代後半から1990年代前半）を会社員として過ごした高齢男性は、仕事に関わる活動が社会活動（家庭外での対人活動）の大半を占める傾向がありました。そのような高齢男性は、定年退職と同時に、社会活動の機会を失いがちです。例えば、東京都健康長寿医療センター研究所により長期的に行われている「長寿社会における中高年者の暮らし方の調査」

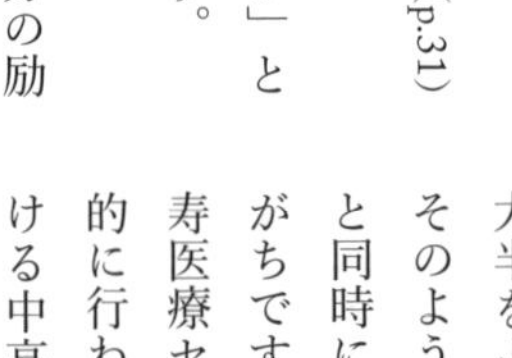

の分析から、高度成長期に主要な労働力であった男性高齢者は、それ以前の男性高齢者や女性高齢者に比べ、加齢とともに社会的ネットワーク（親友数、近隣数、対面接触頻度、所属グループ数、グループ参加頻度）が弱体化する傾向があることがわかっています[6]。

自身の社会的ネットワークの弱体化を実感した男性高齢者は失われた社会活動の機会を回復すべく、様々な活動に参加しようとします。その一つに日本語ボランティア活動への参加があると考えられます。

ボランティア活動においては、「各人はその能力に応じて貢献し、各人はその必要に応じて与えられる」という自発性と相互性が重視されます[7]。一方、会社員としての活動においては、営利を追求するという目的のもと、上下関係に基づく服従性と拘束性が重視されます。そのため、本来、ボランティア活動は、会社員としての活動に慣れ親しんだ高齢男性にはなじみにくい活動であるはずです。にもかかわらず、高齢男性が日本語ボランティア活動に参加しようとする背景には、ボランティアをする人が抱きがちな、上から目線で「かわいそうな人たちに対して何かをやっている」という意識があると考えられます。そして、このような意識は、上下関係に基づく服従性と拘束性との親和性が高いのです。それゆえ、会社員、特に管理職としての活動に慣れ親しんだ高齢男性は、ケースで記述した浜口さんのように、ボランティア活動の現場で特に違和感を抱くことなく、次のような問題行動を起こしてしまうと考えられます。

・学習者に配慮することなく、自分の話ばかりする。
・他のボランティアに配慮することなく、指示や命令をする。
・主催者に配慮することなく、教室の運営に口出しする。

確かに浜口さんの行動は、日本語ボランティアとして適切とは言い難いかもしれません。しかし、浜口さんの立場から考えると、長年の経験により染み付いた行動を変えることは困難を伴うものでしょう。また、もし、問題行動を理由に浜口さんが教室から排除されてしまうとしたら、多文化共生を理念とする教室であるにもかかわらず、特定のカテゴリーに属する人物の排除を容認することにつながるおそれもあります。そこで、今一度、地域日本語教室の理念に立ち戻ることにより、浜口さんのような人への対応を考える必要があります。

多文化共生と地域日本語教室

2020年9月、総務省は2006年に策定された**地域における多文化共生推進プラン**を改訂しました。この改訂の背景には、外国人住民の増加・多国籍化、在留資格「特定技能」の創設、多様性・包摂性のある社会実現の動き、デジタル化の進展、気象災害の激甚化といった社会経済情勢の変化があります。改訂された「プラン」では、地域において多文化共生施策を推進する意義として、多様性と包摂性のある社会の実現による「新たな日常」の構築が挙げられています。また、その具体的な施策の一つとして、「日本語教育の推進」が挙げられています[8]。

多様性と包摂性のある社会において、包摂される対象は外国人住民とは限りません。浜口さんのような「社会的孤立」状態に置かれている（または「社会的孤立」状態に置かれる可能性のある）高齢者もまた包摂される対象になりえます。外国人住民も、高齢者も、「社会的孤立」状態に置かれている、包摂される対象であると考えれば、地域日本語教室は、日本人住民が一方的に外国人住民を支援する場ではなく、「社会的孤立」を抱える人たちが自分たちにとって快適な居場所を協働的に構築する場であると捉えられます。

近年、日本語教育研究においても、居場所は地域日本語教室が担う最も基本的な機能であるという認識のもと、居場所に関し、次のような主張が見られるようになりました。『多文化共生の地域日本語教室をめざして[9]』という本から引用します。

> 地域日本語教室に参加する学習者も支援者も、「自分はここにいてもいいのだ」「周りの人は自分を受け入れてくれる」「（日本語ができなくても）ありのままの自分でいられる」と感じられれば、教室に参加することが楽しくなるでしょう。継続的に参加することによって人間関係が育まれ、居場所感はさらに高まると考えられます。（p.7）

私たちは「単に受け入れられる場所」ではなく、「同じ地域に暮らす市民として互いに自己表現ができ、社会参加を目指す活動が行われる場所」を居場所と呼びたいと思います。地域日本語教室が、多文化共生社会の実践を目指し、外国人、日本人を問わず参加者同士が対等な関係の中でそれぞれの経験や価値観を語り合う場となれば、新たな文化を生み出すダイナミックな

関係づくりが可能になるのではないでしょうか。（p.8）

また、このような「居場所」としての地域日本語教室で行われる教育実践として、居場所づくりに向けた参加型学習が提案されています。参加型学習とは、「学習者の社会参加、問題解決への参加をねらいとする学習であり、またその参加を可能にするための多様な方法・手法によって特徴づけられる学習」です[10]（→第7章を参照）。さらに、地域日本語教室の未来像として、学習の当事者として、外国人住民だけではなく、地域住民全員を想定した地域での生涯学習の一つの場としての「地域多言語・多文化教室」が提案されています[11]。

社会的孤立を抱える浜口さんにとっても、地域日本語教室は大切な居場所であるはずです。まずは浜口さんに地域日本語教室が自分の居場所であると同時に、学習者、ボランティアみんなにとっての居場所でもあることを理解してもらう必要があります。それは誰かが浜口さんに説明したからといって、理解されるわけではないのかもしれません。上述のように「外国人、日本人を問わず参加者同士が対等な関係の中でそれぞれの経験や価値観を語り合う」ことを通し、体験的に理解されていくものだと思われます。そして、理解を積み重ねることにより、浜口さんの行動も少しずつ変わっていくのかもしれません。浜口さんの行動が変わることは、多文化共生社会の実現という大きな観点から見れば、ほんの小さなことでしょう。しかし、そうやって参加者（学習者、ボランティア）一人ひとりが、地域日本語教室が存在する意味や価値を理解し、自分の行動を少しずつ変えていくことが「誰ひとり取り残さない」社会の実現へと近づく唯一の道ではないでしょうか。

発展活動

①ケースについての議論を踏まえ、解説を読んで新たに気づいたことはありますか。どのようなことを考えましたか。

②あなたが地域日本語教室にボランティアとして参加するとしたら、何を意識して、どのように参加したいかを周りの人と話し合ってみましょう。

③あなたがいいと思う社会像の実現に向け、日本語教師／日本語教育人材として自身に何ができると思いますか。

参考文献

[1] 文化庁国語課（2022）『令和3年度　日本語教育実態調査報告書　国内の日本語教育の概要』<https://www.bunka.go.jp/tokei_hakusho_shuppan/tokeichosa/nihongokyoiku_jittai/r03/93753802.html>（2023年4月25日閲覧）

[2] 岡田英夫（2008）『日本語教育能力検定試験に合格するための世界と日本16』アルク

[3] 東京日本語ボランティアネットワーク（2018）『調査報告書―日本語ボランティア活動実態調査』<https://www.tnvn.jp/wp-content/uploads/2023/08/report_2018.pdf>（2023年4月25日閲覧）

[4] 総務省統計局（2023）『人口推計―2023年（令和5年）4月報』<https://www.stat.go.jp/data/jinsui/pdf/202304.pdf>（2023年4月25日閲覧）

[5] 西智弘（2020）『社会的処方―孤立という病を地域のつながりで治す方法』学芸出版社

[6] 小林江里香・LIANG, Jersey（2011）「高齢者の社会的ネットワークにおける加齢変化とコホート差―全国高齢者縦断調査データのマルチレベル分析」『社会学評論』62(3), pp.356–374.

[7] 猪瀬浩平（2020）『ボランティアってなんだっけ？』岩波書店

[8] 総務省自治行政局国際室（2020）『地域における多文化共生推進プラン（改訂）』<https://www.soumu.go.jp/menu_news/s-news/01gyosei05_02000138.html>（2023年4月25日閲覧）

[9] 伊東佑郎・河北祐子・新居みどり・宮崎妙子・山西優二・山辺真理子（2018）「地域日本語教室の居場所づくりとは―多文化共生施策の観点から」CINGA地域日本語実践研究会（編）『多文化共生の地域日本語教室をめざして―居場所づくりと参加型学習教材』pp.3–16　松柏社

[10] 河北祐子・宮崎妙子・山西優二・山辺真理子（2018）「地域日本語教室の居場所のための教材と実践」CINGA地域日本語実践研究会（編）『多文化共生の地域日本語教室をめざして―居場所づくりと参加型学習教材』pp.70–168.　松柏社

[11] 山西優二（2018）「おわりに」CINGA地域日本語実践研究会（編）『多文化共生の地域日本語教室をめざして―居場所づくりと参加型学習教材』pp.169–170.　松柏社

もっと学びたい人のための
文献案内

御舘久里恵・仙田武司・中河和子・吉田聖子・米勢治子（2010）『にほんごボランティア手帖―外国人と対話しよう！』凡人社
どのような地域日本語教室があるか、教室において日本語ボランティア活動がどのように行われているか、日本語ボランティア活動の中でどのような問題が起こるかなどに関し、コンパクトにまとめられています。これを読めば、日本語ボランティア活動に関し、イメージすることができます。

探求しよう「日本語教室」
https://www-cc.gakushuin.ac.jp/~20100010/
このホームページでは、日本語ボランティアのための『研修用マンガ教材　日本語教室をのぞいてみると』が公開されています。この教材では、実際の地域日本語教室で遭遇するかもしれないケースがマンガによって示されています。そのため、読者は各ケースを具体的にイメージしながら、どのように対応すればいいか考えることができます。

内海成治・中村安秀（編）（2014）『新ボランティア学のすすめ―支援する／されるフィールドで何を学ぶか』昭和堂
ボランティア研究に関わる概念や課題がまとめられています。また、ボランティア実践に関する記述、分析もあります。その中に「外国人とボランティア」という章が設けられていることからも、外国人に対する支援がボランティアの重要なフィールドの一つであることがわかります。

猪瀬浩平（2020）『ボランティアってなんだっけ？』岩波書店
「自発性」「無償性」「公共性」を切り口に「そもそも私たちはなぜ、なんのためにボランティアをするのか」という本質的な問いに関する筆者の思索が書かれています。こちらで描かれている筆者の経験と思索を参考に、ボランティアという営みの奥行きと面白さを考えることができます。

Column

私が出会った素晴らしい人たち

これから地域の日本語教室で活動を始めようと考えている人の中には、この章を読んで不安になった人もいるかもしれません。浜口さんのようなボランティアさんと出会うということは全くないとは言えませんが、素晴らしい方々と出会うチャンスもたくさんあるということもぜひ覚えておいてください。私は以前、多くの日本語ボランティアグループが活動する施設の責任者をしていたことがあり、そこでたくさんの素晴らしいボランティアさんたちと出会うことができました。その時の経験を一つだけ紹介したいと思います。

平日の昼間に活動しているある日本語ボランティアグループさんに、生まれたばかりの赤ちゃんを抱っこした女性が参加を希望していました。そのグループさんは、市販の教科書を定め、きちんと教える活動をしていたので、私はその女性が赤ちゃんと一緒に参加するのは難しいのかなと思いました。とにかく、彼女が日本語学習を希望していること、施設で託児を行うことは現状では難しいことをそのグループさんのリーダーに伝えました。すると、そのリーダーの方は通訳を介して赤ちゃんを抱っこしている女性にこんな声をかけました。

「昼間はずっと赤ちゃんと家にいるんでしょ、そんなことしてると煮詰まっちゃうから、赤ちゃん連れて出ていらっしゃいよ。それに、赤ちゃんが大きくなったら働きに出るんでしょ、そしたら日本語が勉強できるのは今しかないわよ。とにかく出ていらっしゃい。」

こんなふうに声をかけられると、赤ちゃんを抱く女性の顔がぱっと明るくなりました。それから、この女性は毎週赤ちゃんを連れてこのグループで日本語を学ぶことになりました。彼女が日本語を勉強している間、他のボランティアさんや参加者がお母さんの隣で赤ちゃんを膝の上に乗せたり、時には先生役のボランティアさんが赤ちゃんを抱っこしながら活動を進めたりしていました。普段は寡黙な男性ボランティアさんもこの赤ちゃんの世話を喜んでするようになり、その赤ちゃんはこのグループのアイドルになっていきました。

「孫は遠くに住んでいて、なかなか抱っこする機会がないから、この子が来てくれてうれしい」とあるボランティアさんは言っていましたし、「私も一人で子育てしてたから、わかるのよ。ほっとけないでしょ」とまた別のボランティアさんは言っていました。

「子どもは地域で育てる」とは、よく耳にする言葉ですが、この状況こそがまさにそれなのだと思いました。赤ちゃんの育ちを見守りながら地域の日本語教室の活動が展開され、笑顔の輪が広がっていく。そこには性別も年齢も経験も関係がないのかもしれません。

地域の日本語教室はこんな素晴らしい人たちに出会える場です。少々の不安もあるかもしれませんが、ぜひ思い切って飛び込んでみてください。

［松井孝浩］

第 10 章

学習者を増やせと言われるけれど……
言語教育と経済の関係を考える

本章を読む前に考えましょう

1. スーパーで買い物をする時、あなたは買い物をするスーパーをどのような基準で選んでいますか。
2. では、学校を選ぶ時はどうでしょうか。高校や大学、塾、予備校、語学学校などを選ぶ時にどのようなことを考えて選びましたか／選んでいますか。1.のスーパーを選ぶ時と似ている点はありますか。
3. 「お客様（＝学習者様）は神様です」――教育の現場に、このような考え方が当てはまると思いますか。

この章で扱う「言語教育の商品化」とは、言語教育や言語学習が経済的な行為と結びつき、価値を持つようになることを指しています。日本語教育機関もプログラムや教材、試験、教師などを「販売」するサービス業のような性質を持ち合わせてはいないでしょうか。例えば、教師自身を商品としてブランディングする学校もあれば、他の学校と価格競争をして学習者を確保しようとする学校もあります。また、顧客である学習者の声を「お客様」の声のように扱い、学習者の希望を満たそうとする学校もあるでしょう。この章では、経済との関係から日本語教育を考えます。

私は中村紘生です。香港にある日本語学校で日本語を教えています。
○○日本語センター
あいうえお
はい、ひらがなはこれで終わりです！明日は、カタカナです
中村先生！
明日から新しく三人クラスに入ります
あ、三人はひらがなからなのでお願いしますね
三人にはひらがなを授業外で個別に教えることで対応しました。
てと
しかし…
い形用詞《けいようし》

??

?

あれ？？ はじめて見る顔……

あれ？このクラスですか？

先生、この人は今日がはじめてです
えー!?

このようなことがまた何度かありました…

そのため、経営者のウォン先生に相談することにしました。

いつも新しい学習者は、ひらがなもカタカナもまだ勉強していなくて、一緒に授業を進めることは難しいです クラスに新しく入れることをやめていただけませんか
気持ちはとてもわかります でも、クラスの人数を増やさないと学校の経営が成り立たないんですよ…… 中村先生は今まで上手くやってきているので今までと同じようにがんばってください！

学校の経営が大切なのはわかりますが、教室にいるだけでは学習者の日本語の学びにはつながっていないのではないでしょうか。どうしたらいいでしょうか。

ケース 10

中村紘生

私は香港にある日本語学校で日本語を教えています。この学校では、教育の質を高めることよりも、学習者を確保して利益を上げることに目が向いているようで、悩んでしまうことがよくあります。

例えば、初級の授業を担当していた時、こんなことがありました。ひらがなが終わった頃に、三人の新しい学習者がクラスに入ってきました。その時は、仕方がないなと受け入れて、その三人に授業外で個別にひらがなを教えることで何とか対応しました。でも、2週間経ってカタカナを終えたあたりで、また三人、新しい学習者が入ってきました。そして、動詞を学習したあたりで二人、形容詞を学習したあたりで二人……。新しく入ってきた学習者は、ひらがなもカタカナもまだ勉強していない、日本語を初めて学ぶ人たちばかりでした。困った私は、学校の経営者のウォン先生に相談しました。すると、「一クラスの人数を増やさないと、経営が成り立たないから、がんばって！」と言われてしまいました。

また、学校では、学習者が次のレベルに進むには、進級テストに合格しなければなりません。しかし、私のクラスを受講していたクララさんは、進級テストに合格できませんでした。再試験を受けたのですが、それにも合格することができなかったので、私は同じレベルのコースを再履修するよう伝えました。すると、クララさんは、「友達のアンさんと一緒に授業を取りたい。それができなければ、アンさんと一緒に学校をやめる」と学校に伝えたことから、経営者のウォン先生も「クララさんを次のレベルのコースに進めてやってもらえませんか」と私にお願いしてきました。私は「次のレベルに行っても、ついてこられないですよ」とウォン先生に伝えたのですが、「二人も学校をやめられてしまったら困る」と言われ、しぶしぶクララさんを進級させることにしました。しかし、次のレベルのコースで、クララさんは明らかに授業についていくことができていませんでした。その後、クララさんはそのコースを最後まで続けましたが、結局は試験に合格できず、アンさんと一緒に学校をやめてしまいました。

学習者の数が減ると、その分学校の収入が減ってしまい、経営に影響するのはわかっています。でも、ただ教室にいるだけでは、学習者の日本語の学びにはつながらないのではないでしょうか。

いろいろな声を聞いてみよう

お金を払ってくれる学習者に学校のやっていることが受け入れられないと意味がないんですよ。うちには「趣味」としてとりあえず日本語を勉強したいという学習者が多いので、別にそこまで日本語が話せるようにならなくてもいいんですよね。でも、「文化イベントの開催」とかなら積極的にやりますよ。そういったことをすれば他の教育機関と差別化が図れて、学習者が集まりそうですから……。

ウォン先生（学校経営者）

クララさん

この学校は、いろんな文化イベントもやってくれているので、日本に行ったことがない私には、日本への興味をかき立てられて、とても好きです。でも、試験が難しくて合格できなかったので、今は日本語の勉強そのものをやめようと思っています。日本を旅行してもあまり困らないぐらいの日本語力は身に付いたと思いますし……。

日系企業で働いていると、日本語能力試験に合格していても、全然日本語が話せないなと思うことがあります。今はお金に余裕も出てきたので、もっとクラスの人数が少なくて、会話の練習ができる別の学校に通おうかなと思っています。

メイさん（クララさん・アンさんのクラスメイト）

ピーターさん（クララさん・アンさんのクラスメイト）

私は日系企業で働きたいと考えていて、まずは日本語能力試験に合格することが大事です。だから、会話の練習よりも試験対策の授業がいいと思っています。そうすると別に人数の多い講義形式の授業でも、試験に受かるための文法さえ教えてもらえれば大丈夫ですね。

A　ケースの内容を確認しよう

1　中村さんは学期の途中で新しい学習者が入ってくることがなぜ嫌なのでしょうか。

2　中村さんは新しい学習者が入ってきた時にどのように対応しましたか。

3　学校経営者のウォン先生はなぜ新しい学習者を学期の途中で入れたり、進級テストに合格していない学習者を次のレベルに進級させたりするのでしょうか。

B　ケースを読んで考えよう

1　ウォン先生が学期の途中で新しい学習者を入れたり、進級テストに合格していない学習者を次のレベルに進級させたりすることについてあなたはどう思いますか。

2　学期の途中で新しい学習者が入ってきた時、授業を担当する教師としての中村さんの対応は適切だったと思いますか。

3　クララさんを次のレベルに進級させることに中村さんは違和感を覚えています。もしあなたが中村さんの同僚で、中村さんから相談を受けたとしたら、どのようにアドバイスをしますか。

C　いろいろな声を聞いて話し合おう

1　学校経営者のウォン先生は、「他の教育機関と差別化が図れて、学習者が集まりそうだ」から、文化イベントをしたいと述べていました。このように差別化を図ることについてどう思いますか。他にどのようにして他の教育機関と差別化が図れると思いますか。

2　メイさんは「別の学校に通おうと思っています」と述べていますが、それについてどう思いますか。

3　ピーターさんが「会話の練習よりも試験対策の授業がいい」と思っていることについてどう思いますか。試験対策の授業がよいと思っている学習者に対しては、どのように日本語を教えればよいと思いますか。

D　ディスカッション

あなたは学校や教師が「お客様（＝学習者様）は神様です」のように、顧客である学習者の希望を最優先して、教育プログラムをつくるべきだと思いますか。なぜそう思いますか。

解説

みなさんは買い物をするスーパーを選ぶ時、どのようなことを考えて選んでいますか。「有名なチェーン店だから」「値段が安いから」「好きなブランドの商品が置いてあるから」など、いろいろなことを考えて選んでいるのではないでしょうか。では、みなさんが外国語を学ぶ時はどうでしょうか。「有名な学校だから」「授業料が安いから」「ネイティブの先生がいるから」など、スーパーと同じようなことを考えて学校やプログラムを選んでいませんか。

教育にお金の話を持ち込むべきではない?

「教師は聖職であり、教育をビジネスとして捉えるべきではない」と考える人もいるようです。しかし、学習者は教育サービスを購入する消費者でもあり、経済的行為と教育との関係を無視することはできないでしょう。ここでは、経済と教育の関係について「新自由主義」の観点から捉え、本章のケースについて考えたいと思います。

新自由主義って?

「聖域なき構造改革」「官から民へ」——2000年代、このような言葉が世間を騒がせました。これらの言葉の背景には、**新自由主義**という経済の考え方があります。新自由主義では、「市場にできることは市場に任せる」という市場の自由な競争原理を基本とする考え方の下に、

①経済に関する規制緩和
②商業と産業の自由化
③国営企業の民営化

という三つの原理に基づいて、政策が実行されます。[1] 例えば、日本国内では、当時の首相だった小泉純一郎が掲げた「聖域なき構造改革」というスローガンのもと、道路公団や郵政事業が民営化されたり、免許制だったタクシー事業が許可制となったりする規

制緩和が行われました。民営化や規制緩和が行われると、競争が促進され、商品の価格やサービスの料金が下がったり、サービスが向上するというメリットがあると考えられています。

新自由主義が教育に与える影響

新自由主義の流れは、世界中の教育改革にも影響を与えています。例えば、新自由主義的教育改革の一つに、児童・生徒が進学する学校を複数の学校の中から選択できる学校選択制があります。学校選択制のもとでは、子どもや保護者は自分たちで学校を選ぶことができます。そして、学校も「選ばれる」学校になるよう、特色のある学校作りを積極的に行ったり、「開かれた学校」を目指して学校の情報を積極的に開示したりするようになります。このように見ると、学校選択制は「よい」教育改革だと捉えることができます。

しかし、学校選択制には問題もあります。例えば、イギリスでは学校選択制が導入されたことにより、学校間の成績格差が顕著となり、有名校の入試倍率がさらに上がってしまいました。その結果、幼少期から塾などに通える裕福な家庭の子どもたちは有名校に通える半面、経済的理由などで塾に通えず成績が振るわない子どもたちは進学を希望しない学校へと追いやられる結果となってしまいました。また、都市部では学校の選択肢がたくさんある一方で、地方では選択肢が少ないという問題もあります[2]。つまり、学校選択制は、人々の間の格差を助長していたのです。

また、新自由主義的な教育改革では、市場原理が導入された結果、学校や教師に成果を求める傾向が高まっています。例えば、アメリカでは、2002年に制定された「落ちこぼれ防止法」のもと、州内統一テストにおいてすべての児童・生徒をある一定のレベルにまで到達させることが目指されました。そして、目標に達しなかった学校にはペナルティを与えるという方法が取られました。例えば、「要改善校」と認定された学校に通う児童・生徒は他の学校へ転校することが認められま

す。そして、3年続けて「要改善校」と認定された場合は、学校に対する補助金が打ち切られ、教員を入れ替えたり、民間運営の公立学校である「チャータースクール」として再開校することで、教育改革が促されました[3]。

新自由主義的競争原理がもたらす言語教育の活性化

では、新自由主義の考えは、言語教育や言語学習にどのような影響を与えているのでしょうか。「いろいろな声を聞いてみよう」のピーターさんは「日系企業で働きたいと考えていて、まずは日本語能力試験に合格することが大事です」と話しており、試験で測られる客観的な評価が重要であると考えていることが窺えます。

新自由主義が進展した結果、市場原理が雇用にも影響を与えるようになりました。高度成長期には可能であった終身雇用制度の維持が難しくなり、企業はより安価な非正規雇用の割合を増やしています。このような状況では、人々は職を得たり、雇用され続けたりするために、自身のスキル

新自由主義と日本国内の教育改革、そしてそれがもたらす教育格差

新自由主義的教育改革は日本国内でも取り入れられてきました。1990年代後半からは、日本国内でも学校選択制を導入する市町村が出てきています。また、ゆとり教育による学力低下を理由に、2007年から全国学力・学習状況調査が実施されてきました。欧米のようなペナルティはありませんが、都道府県別の学力順位が公表され、地方自治体や学校はその結果に一喜一憂している側面もあります。また、一部の地方自治体の長が市町村別の成績や成績上位の学校長名を公表することもありました。

しかしながら、試験の結果がよいのは、「学校や先生ががんばって指導しているからだ」と考えるのではなく、保護者の学歴や年収などの家庭環境による学力差、「教育格差」があるからだと主張する人もいます[4]。教育社会学者の舞田敏彦が、東京大学生の親の世帯年収と同世代の世帯年収を比較したところ、東京大学生の親の54.8%が950万円以上だったのに対し、同世代の親は22.0%にすぎませんでした。舞田は、こういった高収入の家庭には塾に通ったりすることができる経済的な資本があるだけではなく、親の影響で子どもの頃から文学を読んだり、オペラやクラシックなどの音楽や美術を鑑賞したりすることができる文化的な資本がすでにあり、それが子どもの進学にも影響を与えていると述べています[5]。

や知識を向上させなければならず、言語コミュニケーションスキルも**人的資本**の一つとして捉えられるようになっているのです。そして、TOEICなどと同様に、日本語能力試験のような検定試験が学習の成果を客観的に評価できるものとして見られ、その結果が就職においても重視されるようになりました。

　このように言語を個人の人的資本を増大させるための「道具」と捉える**道具主義的な言語学習観**は、グローバル言語として普及している英語において顕著に表れています。英語が使える人材育成をもくろむ財界の要請から小学校への英語教育の導入が進められたり、[6]産業界の要請から大学において英語でコミュニケーションが取れる人材の育成が図られるようになったり[7]しており、英語教育の市場に注目が集まっています。その中で、言語教育サービスを提供する企業間の競争は激化しており、単に語学を教えるだけのスクールビジネスは撤退を余儀なくされている現状があります。各教育機関は独自性を打ち出していく必要性が求められているのです。例えば、オンライン英会話市場では、単に英会話の授業を提供するだけではなく、授業外のカウンセリングを行ったり、独自のオンラインシステムを構築して、より「高品質」なオンラインの授業を提供したり、オンライン英会話のレッスンと留学を組み合わせて売り出したりするなどして、サービスに付加価値を付けることで、顧客の獲得が目指されています。[8]本章のケースにおいて学校経営者のウォン先生が「他の教育機関と差別化」を図りたいと述べていたように、学校も新たな一手を繰り出す必要性に迫られているのです。

　このように教育現場に競争原理が持ち込まれ、教育機関が他の教育機関と差別化を図ろうとすることで、学校や教師は学習者が求めていることにさらに気を配るようになります。そしてその結果、学習者のニーズに合致した教材や授業が生み出され、学習者はたくさんある教育サービスから自分に合ったものを選ぶことができるようにもなるでしょう。例えば、本章のケースのクララさんは、これまで日本に行ったことはありませんでしたが、日本語学校が他の

人的資本

教育や訓練、経験などを通して個人が増やすことができる知識や能力、スキルのこと。人的資本を増大させることで、労働生産性や労働者個人の賃金を上げることができると考えられている。

教育機関と差別化を図るために行っている文化イベントを通して日本への興味や関心を高めることができ、自分の希望を満たしてくれるサービスに満足していました。しかし一方で、同じ授業を取るメイさんは「もっとクラスの人数が少なくて、会話の練習ができる別の学校に通おうかなと思って」いると述べ、その日本語学校とは別の、自分の希望に合った教育サービスを提供する教育機関を探そうとしていました。このように、消費者がスーパーを選ぶような現象が、外国語学習の場でも起こっているのです。

新自由主義が言語教育にもたらす弊害

このように見ていくと、新自由主義によって得られる恩恵が多々あるようにも感じられます。しかし、新自由主義には弊害もあり、私たちはその弊害に目を向ける必要もあるでしょう。

●目に見える学習成果が必要

まず一つ目の弊害は、すでに述べたように、新自由主義的な競争原理のもと、学習の成果が求められる傾向が高まっていることです。しかし、言語学習の成果とは、目に見えにくいものであり、テストによって測定可能な言語形式の知識が最優先される傾向が高まっています。そして、その結果、教師は学習者のテストの点数を向上させるためのテクニックの教授を一義的な目的とした実践を行うようになってしまうこともあります[9]。

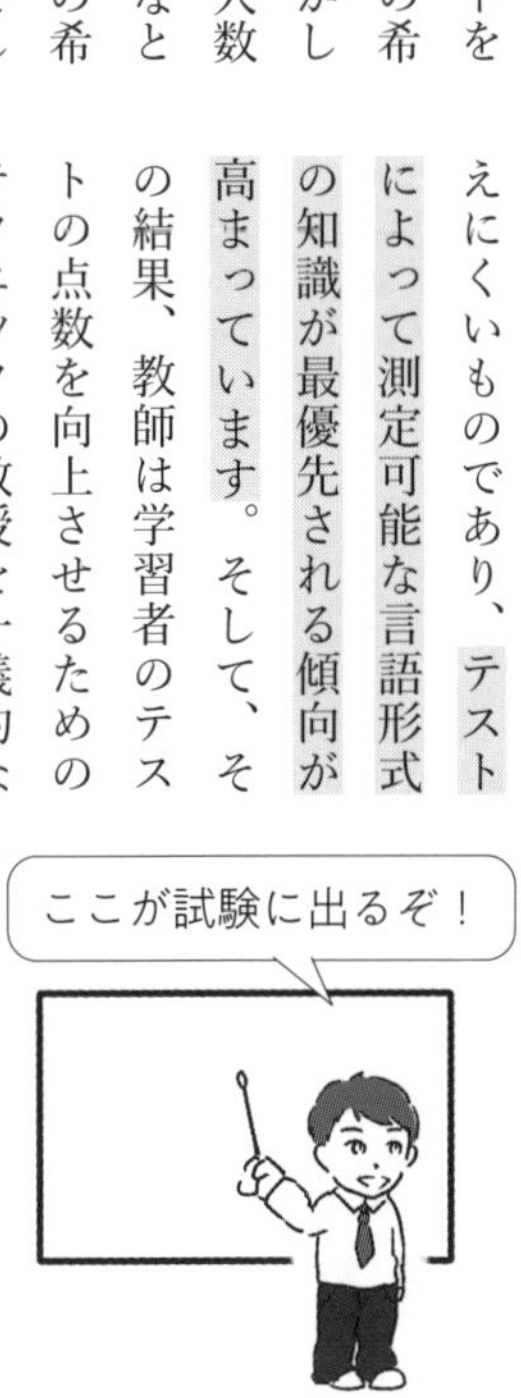

「いろいろな声を聞いてみよう」でメイさんが、「日本語能力試験に合格していても、全然日本語が話せないなと思うことがある」と述べていたように、試験対策に特化した授業では、必ずしも学習者のコミュニケーション能力を高めることはできないでしょう。

●経済界の利益を重視

そして、学習の成果が重視されるがあまりに、学習者が言語を学んだ先にある企業の声が過度に反映されることもあるでしょう。２０１８年にベトナムの日本語教育機関で働く教師を対象に行われたインタビュー調査では、技能実習生の送り出し機関の中には、学習者が何を学びたいのかという学習者のウォンツやニーズ、どのような学習者を育てたいのかという教育機関の目標ではなく、送り出し先の企業が求めるものをもとにカリキュラムが作られていることが明らかになりました。そして、企業が求めるものは、日本の会社でうまくやっていくための「しつけ」に関するものが多く、学習者が授業に遅刻したり忘れ物をしたりした場合は、罰金や腕立て伏せなどのペナルティを与えることを望んでいました。そして、違和感を抱きつつも、その方針にしぶしぶ従う教師もいることが報告されています。[10]

外国人技能実習制度

外国人技能実習生が、日本国内の企業で技術や知識を身に付け、帰国後自国の発展に寄与することを目的に、1993年より導入された制度。送り出し機関は海外の現地で技能実習生を募集し、日本への送り出し前の日本語教育を含むトレーニング、日本送り出し後のサポート、帰国後のフォローアップなどを行う。

●学習者の満足度がすべて

教育哲学者のビースタ（Biesta, G.）は、市民が消費者化しており、教育においても消費者の個人的な満足感を高めることが最優先されていると指摘しています。[11] 言語教育も同様に、学習者が求めるものが最優先されている現状があるのではないでしょうか。香港でのインタビュー調査では、ある日本語母語話者教師が非常勤講師である自らの雇用を守るために、学習者の満足度を高めることを最優先し、自身の考えとは裏腹に、ステレオタイプ的な文化紹介を行っていたことが報告されています。[12] また、英語教育では、英語という言語や文化、白人へのアコガレが消費の対象となり、白人やネイティブ話者が消費者の満足度を高めるための価値のある存在と見なされて商品化されてしまうことが問題視されています。[13][14] しかし、白人教師やネイティブ話者に商品的な価値を見いだす日本の英会話学校では、英語を学ぶことで「白人男性との（恋愛的な）関係」をつくりだせると誇張した宣伝を通して学習者

英会話学校の広告では、白人男性教師が女性に教えるイメージのものがよく用いられる

の獲得が目指されたりしています。[15]

●教師が「モノ」として捉えられる

本章のケースの中村さんも学習者の要求が過度に重視される職場において、中村さん自身の教育実践に対するオーナーシップがないがしろにされ、自身がやりたいこと、信じることが実現できずに悩んでいました。教育学者の佐々木賢は『商品化された教育』の中で、「商品化された教師は競争市場で安く買い叩かれ、勤務条件が劣化する」(p.12) と主張しています。[2] 言語教育の現場でも、教師たちが「安く買い叩かれ」ている様子が窺えます。例えば、日本の英会話学校で働く教師へのインタビュー調査から、教師たちは複数の校舎間を移動しなければならず、さらに学校から交通費が出ないことで、学校が自分たちを大事にしていないのではないかと思うようになり、仕事に対するモチベーションが下がっていたことが報告されています。[16] また、かれらは、研修なども十分ではなく、昇進や昇給などの機会もないため、将来のキャリアパスを描きにくいと考えていました。そして、日本国内で英会話を自宅で教える外国籍の女性教師に対して行ったアンケート調査でも、調査協力者の一人が英会話学校に勤務しない理由として、十分な対価が支払われず、学校に「使い捨て可能な商品」として扱われることへの違和感を挙げていました。[17]

私たちは教育の商業化に対してどう向き合うのか

このように、教育が経済的な行為と結びつくことにより、自身の待遇に不満を抱く教師もいるでしょう。しかしながら、教育が商業化していくことで、教師が自身の得意分野を磨き、付加価値を付け、売り込んでいって金銭的なリターンが得られるようになる可能性もあり、一概に悪いと言い切ることは難しいでしょう。教育が商業化される中では、教師自身も単に既存の枠組みの中で与えられた仕事をこなすのではなく、能動的に新たな「商品」を生み出していく存在になる必要があるのかもしれません。

発展活動

①ケースについての議論を踏まえ、解説を読んで新たに気づいたことはありますか。どのようなことを考えましたか。

②学習者の満足度を高めるために、教師ができることをリストアップしてください。その中で、自分には

できないと思うこと、したくないなと思うことに○を付けてください。できない／したくないことについて、なぜそう思うのか考えてください。

③あなたが知っている教育機関の宣伝方法や学校の運営方法で「いいと思ったもの」、「これはやりすぎでは？　と思ったもの」をそれぞれリストアップしてください。そのリストについてなぜそう思うのかを考えてください。

④解説は最後に「能動的に新たな「商品」を生み出していく存在になっていく必要がある」と結ばれていますが、言語教育サービスを提供する学校、オンライン授業の提供者、出版社、試験実施団体が出している広告を調べ、どのように「商品」として言語学習を売り出そうとしているのかを考えてみてください。あなたはその広告の方法についてどう思いましたか。

参考文献

［1］坂井素思・岩永雅也（２０１１）『格差社会と新自由主義』放送大学教育振興会

［2］佐々木賢（２００９）『商品化された教育—先生も生徒も困っている』青土社

［3］鈴木大裕（２０１６）『崩壊するアメリカの公教育—日本への警告』岩波書店

［4］松岡亮二（２０１９）『教育格差—階層・地域・学歴』ちくま書房

［5］舞田敏彦（２０１６）「「東大生の親」は我が子だけに富を〝密輸〟する」『President Online』<https://president.jp/articles/-/17938?page=2>（２０２１年８月２日閲覧）

［6］江利川春雄（２０１９）「英語教育の「市場化」に未来はあるか？」『現代思想』47(7), pp. 124-135.

［7］吉田文（２０１２）「２０００年代の高等教育政策における産業界と行政府のポリティックス—新自由主義・グローバリゼーション・少子化」『日本労働研究雑誌』629, pp. 55-66.

［8］矢野経済研究所（２０１９）『２０１９語学ビジネス徹底調査レポート（概要版）』

［9］McNamara, T. (2011). Managing learning: Authority and language assessment. *Language Teaching 44*, pp.500-515.

［10］瀬尾匡輝（２０２３）「言語教育サービスの商品化—教育以外の業務を主要な事業とする会社が設置した日本語学校で働く教師の経験から」『茨城大学全学教育機構論集　グローバル教育研究』6, pp.79-88.

［11］ガート＝ビースタ（藤井啓之・玉木博章訳）（２０１６）『よい教育とはなにか—倫理・政治・民主主義』白澤社

［12］瀬尾匡輝・瀬尾悠希子・米本和弘（２０１５）「日本語教師はどのように教育の商品化を経験しているのか」『言語文化教育

研究』13, pp. 83–96.

[13] Piller, I. & Takahashi, K. (2006). A passion for English: Desire and the language market. In A. Pavlenko (Ed.), *Bilingual Minds: Emotional Experience, Expression, and Representation* (pp.59–83). Clevedon: Multilingual Matters.

[14] Kubota, R. (2011). Learning a foreign language as leisure and consumption: Enjoyment, desire, and the business of eikaiwa. *International Journal of Bilingual Education and Bilingualism, 14*, pp.473–488.

[15] Bailey, K. (2006). Marketing the *eikaiwa* wonderland: Ideology, *akogare*, and gender alterity in English conversation school advertising in Japan. *Environment and Planning D: Society and Space, 24*, pp.105–130.

[16] Taylor, J. (2017). Teacher demotivation in a national eikaiwa chain in Japan. In P. Clements, A. Krause, & H. Brown (Eds.), *Transformation in Language Education* (pp.62–67). Tokyo: JALT.

[17] Nagatomo, D. H. (2012). The advantages and disadvantages faced by housewife English teachers in the cottage industry *Eikaiwa* business. *The Language Teacher, 37*, pp.3–7.

もっと学びたい人のための
文献案内

佐々木賢（2009）『商品化された教育―先生も生徒も困っている』青土社
鈴木大裕（2016）『崩壊するアメリカの公教育―日本への警告』岩波書店
それぞれイギリスやアメリカの事例をもとに、教育が「商品化」、「商業化」していくことの問題点を指摘しています。主に初等・中等教育などの公教育について述べられていますが、新自由主義的な教育改革について理解することができます。

関根眞一（2015）『教師はサービス業です―学校が変わる「苦情対応術」』中央公論
齋藤浩（2020）『教師という接客業』草思社
日本国内の公教育の現場での教育のサービス業化について述べられています。新自由主義に重きが置かれたものではありませんが、日本国内の教育産業のサービス業化について理解できます。

久保田竜子（2015）『グローバル化社会と言語教育―クリティカルな視点から』くろしお出版
言語教育学者の久保田竜子が著した英語論文を日本語に訳した本です。第4章「言語道具主義への問い―英語・新自由主義・日本における言語テスト」、第5章「余暇活動と消費としての外国語学習―楽しみ・願望・ビジネス英会話を考える」で、新自由主義的な観点から日本国内の英語教育について議論がされています。

言語教育の「商品化」と「消費」を考えるシンポジウム運営委員会（編）『言語教育の「商品化」と「消費」を考えるシンポジウム報告集』Amazon Kindle
2016年7月に香港大学で行われた「言語教育の「商品化」と「消費」を考えるシンポジウム」（つながろうねっと・言語文化教育研究学会・香港大学日本研究学科日本語プログラム共催）の成果をまとめた報告集です。久保田竜子、神吉宇一の基調講演と対談、シンポジウムの発表者による21本の論文・報告が掲載されています。

Column

フィリピン系オンライン英会話産業における講師の商品化*

日本ではここ15年ほど前から、Skypeなどの無料通話ソフトを活用したオンライン英会話が人気を博すようになりました。オンライン英会話の顕著な特徴として、プロバイダーの多くがフィリピン在住講師を雇用している点、それに伴い、かなり格安の料金で授業が受けられる点が挙げられます。このような動向は、「英会話講師＝白人ネイティブ・スピーカー」という前提が問い直されつつあることを示唆する一方で、新たな問題も引き起こしています。

その一例がフィリピン在住講師の商品化です。各プロバイダーが運営するウェブサイト上には講師紹介のページがあり、受講者はそこで講師を選択し、予約する仕組みになっています。そのページでは講師が写真付きでリスト化されており、講師歴・大学での専攻・日本語能力の有無などに加え、一見授業とは関係がないように思われる性別・年齢・趣味といった事柄にまつわる情報も付記されています。特筆すべきは、受講者へのアンケート結果をもとに、各講師の授業評価を☆の数で数値化しているプロバイダーが複数存在している点です。オンラインショッピングサイトで見られるこのような情報提供の在り方からは、顧客である受講者の満足度を重視し、かれらのニーズに応えようとするプロバイダー側の姿勢が窺えます。また、魅力的な写真の使用が受講者獲得につながりやすいという現実に自覚的な講師自身も、自らが商品化されるプロセスに関与せざるを得ません。なお、フィリピン在住講師の

＊ここでは言説的な意味を重視し、「講師の商品化」としましたが、商品には常に労働が伴うと考えるマルクス主義者[1]は、商品化されるのは人や言語ではなく、授業であると主張していることを付記しておきます。

商品化は、女性講師の過度なジェンダー化という問題も生んでいます。従来の英会話学校とは異なり、オンライン英会話の世界ではフィリピン人女性講師が日本人男性受講者によって、可愛らしく、理想化された存在としてしばしば語られているのです。[2]

この問題にはフィリピン人女性と日本人男性との長きにわたる情緒的・身体的つながりが関係しています。さらには、オンライン英会話そのものが両国の政治的・経済的文脈に深く埋め込まれていると言えます。つまり、フィリピン政府がフィリピン人海外労働者の増加や国内でのコールセンター産業の奨励という政策の下、自国民の英語力の商品化を促したこと、それとほぼ同時期に、日本では新自由主義的発想から英語教育職を労働力の安い国へと委託する気運が高まったことなどがオンライン英会話産業の興隆を支えたと考えられるのです。

［田嶋 美砂子］

参考文献

［1］Simpson, W., & O'Regan, J. P. (2018). Fetishism and the language commodity: A materialist critique. *Language Sciences, 70*, pp.155–166.

［2］Tajima, M. (2018). Gendered constructions of Filipina teachers in Japan's Skype English conversation industry. *Journal of Sociolinguistics, 22*(1), pp.100–117.

第11章

いったい誰に相談すればいいの？
日本語教師の同僚性を考える

本章を読む前に考えましょう

1. 家に一人でいるのと、友達と出かけたり遊んだりするのとどちらが好きですか。それはなぜですか。
2. 体育祭や文化祭や部活など、他の人と協力して何かをした経験について話してください。
3. 周りの人とよい人間関係を築くために、何か工夫していることはありますか。

人は誰でも社会とつながって生きていますが、日々周りの人とどのように関わっているでしょうか。

日本語教師になって、どこかの組織に属した時、周りの人とどのような関係を築くことができるでしょうか。また、どのような関係が望ましいのでしょうか。

この章では「同僚性」「協働」をキーワードとして、これらについて考えてみましょう。

私は昨年日本にある日本語学校で働き始めました。そこで同僚の先生方との関係で困っています。
先生～質問してもいいですか？
はい、どれですか？
文法チェック
この問題昨日の先生が作った問題かなんでここが減点なんだろう
ごめんなさいここは小山先生に確認しますね
このようなことが何度かあったので、お互いが作ったプリントを共有することを先生たちに提案してみました。
クラスは三人の先生で受け持っており、一人の先生は共有してくれたのですが、もう一人の先生はなかなか共有をしてくれません。
今日も小山先生は共有してくれない
いいですよがんばりましょう

小山先生には、何度か共有をお願いした結果一回だけプリントを共有してくださったのですが、その後は一度も共有をしてくれないままでした。
小山先生
何度もすみません。
プリントの共有はして
いただけそうでしょうか。
ご検討のほど
よろしくお願いいたします。
学生への対応のためと、私自身の勉強のために同じレベルの他のクラスを担当している先生方にも教材の共有をしてもらえないかお願いしてみました。
ということで私ももっと勉強させてもらいたいので教材を共有しませんか
う－－－ん
ごめんね、以前他の人が作ったのをそのままコピーして使って後で学生からの質問に答えられなかったって文句を言う先生がいて……

ケース 11

成田春奈

私は去年の春に大学を卒業し、日本語学校で非常勤講師として働き始めました。授業をすることには少しずつ慣れてきたのですが、最近同僚の先生方との関係で悩んでいます。同じクラスを担当している小山先生、渡辺先生と私は、三人とも非常勤講師で、担当の曜日が異なり学校で実際にお会いすることがありません。

悩んでいることの一つ目は、教材の共有についてです。この学校の初級クラスでは、毎回クラスで使用する文法の練習問題のプリントをそれぞれ担当の教師が作成することになっています。練習問題作成の参考にしたいし、同じクラスを担当している小山先生が作った問題について学習者から質問が来ることもあったので、プリントの共有を提案しました。渡辺先生は毎回プリントのコピーを引き継ぎノートにはさんでおいてくださるのですが、小山先生は共有してくれません。何度かお願いしたところ、やっと一回だけプリントを引き継ぎノートにはさんでくれました。でも、その後は一度もプリントを共有してくれませんでした。同じレベルのクラスが他にも二つあるので、そのクラスを担当されている先生方にも声をかけたのですが、「自分が作ったのをそのままコピーして使われるかもしれないから嫌だ」と言われてしまいました。

もう一つの悩みは、自分の授業のやり方に自信が持てないことです。それで渡辺先生に授業を見学させてほしいとお願いしたら、「私の授業なんて、参考にならないから、ベテランの小山先生にお願いして」と言われました。それなら、私の授業を見てくださいと頼んだところ、それも断られました。そこで小山先生にもお願いしたのですが、学校に来る曜日が違うので、授業見学は無理だと言われました。

仕方なく、主任の安田先生に、教師同士がお互いの授業を見学できるようにしてほしいと相談しました。安田先生は以前、授業見学を積極的にし合いましょうと先生方に呼びかけたそうですが、非常勤の先生方から「他の先生が授業に入ると緊張していい授業ができないし、学習者も気になって授業に集中できない」と反対されたそうです。また、上から強制すると、先生方の自主性が育たないと考えているそうです。結局、安田先生が私の授業を見てくれることになりました。

同じ学校で働く先生方と親しくなり、授業を見学し合ったり、教え方や教材について相談し合えるようになるには、どうしたらいいのでしょうか。

いろいろな声を聞いてみよう

成田先生には協力してあげたいのだけど……。実は、以前勤めていた学校で、私の授業を見学した先生からひどいダメ出しをされてショックを受けたこともあって、人に授業を見られるのが嫌なんです。それに、ベテランの小山先生を差し置いて私が成田先生の授業を見るわけにもいきません。小山先生が不快に思うかもしれないし。三人でこれからもうまくやっていきたいです。

渡辺先生

成田先生は最近いろいろと要求が多くて困っています。非常勤講師の立場で授業見学し合うとか言い出すし。だいたい非常勤講師なんだから、先生によって出校日が違うし、無理でしょ？　それに私が新人の頃は他の先生からのサポートなんか全くありませんでした。自分なりに努力して工夫して今の授業のやり方になったのだから、成田先生も自分でもっとがんばらなきゃ。

小山先生

今、特に大きな問題もなくうまくいっているので、波風立てたくないです。教材共有や授業見学も以前やろうとしたのですが、ベテランの先生から反対されました。以前勤めていた学校で上から強制的に押し付けて、先生たちのやる気が下がるという経験をしました。先生方の自主性を尊重したいし、でもお互いに協力できるといいと思うし、主任としてどう働きかければいいか、正直悩んでいます。

安田先生（主任）

A　ケースの内容を確認しよう

1　成田さんはなぜ教材を共有したいと思ったのでしょうか。

2　渡辺先生、小山先生は授業見学をし合うことについて賛成ですか、反対ですか。また、それはなぜですか。

3　主任の安田先生は成田さんの依頼について、どのように対応しましたか。

B　ケースを読んで考えよう

1　成田さんの渡辺先生、小山先生への働きかけは適切だったと思いますか。

2　渡辺先生、小山先生、成田さんはよい関係を築いていると言えるでしょうか。そう思うのは、なぜですか。

3　主任の安田先生は、過去に職場の先生たちにどのような働きかけをしましたか。今はどうですか。また、それはなぜだと思いますか。

C　いろいろな声を聞いて話し合おう

1　渡辺先生は、小山先生と成田さんといい関係を築くために、どうしたいと思っていますか。また、どのようなことができると思いますか。

2　小山先生は初任の成田さんに対してどのようなことを要求していますか。それは適切だと思いますか。

3　主任の安田先生は、学校内の先生同士の関係は、どのような関係がいいと考えているのでしょうか。また、それはなぜだと思いますか。

D　ディスカッション

成田さんは、この職場でいい人間関係を築くために、今後どのようなことができそうですか。あなたが成田さんだったら、何をしますか。また、それはなぜですか。

解説

どのような職場でも一人で仕事のすべてを完結している人は少ないのではないでしょうか。ほとんどの人は他の人と何らかの関わりを持ちながら働いていると思います。日本語の先生はどうやって同僚との関係を築き、協働しているのでしょうか。

人間は誰しも一人で生きていくことはできません。何らかの形で他者との関わりを持ちながら生活しています。フリーランスとして在宅で仕事をしている場合でも、取引関係者や顧客などが存在しなければ、そもそも仕事は成り立ちません。働く上で関わる人たちといかにいい関係がつくれるかは、仕事の質の向上にもつながるのではないでしょうか。ここでは「同僚性」「協働」というキーワードをヒントに、本章のケースについて考えたいと思います。

日本語学校の現場は？

多くの日本語学校では一クラスを複数の教師で担当するチームティーチングが取り入れられています。通常、担任の先生がいて、それ以外に一人から二人の先生がそのクラスを教えることが多いです。担任という役割を非常勤講師が担うこともよくあることです。本章では、小山先生、渡辺先生と成田さんの三人で一つのクラスを担当していました。チームティーチングで大切なのは、同じクラスを担当する教師間のコミュニケーションです。この三人はコミュニケーションを取る方法として引き継ぎノートを使っていました。引き継ぎノートには、多くの場合、その日に何をどのように教えたか、どこまで教えたか、学習者の様子（例えば、学習項目の理解度、学習への意欲、体調など）はどうだったかなどが書かれます。ノートでの引き継ぎの他にもEメールやLINE、Moodleやmanaba*などのようにインターネット上に報告を上げるなどの方法を採用している学校もあります。また、時には電話でのやり取りも行われています。一つの学校ですべてのクラスの引き継ぎが同じ方法で行われている場合と、それぞれのクラスに引き継ぎ方法が任されている場合があります。

＊ Moodle／manaba：日本の多くの教育機関に採用されているクラウド型の教育支援サービスのこと

チームティーチングは協働？

チームティーチングという言葉から、一緒に、力を合わせて、協力してというイメージを持つ人が多いのではないでしょうか。同じクラスを担当する先生たちが引き継ぎをすることで、教師間でコミュニケーションが取れ、「無自覚的に教師の協働がなされてきた[1]」と言えるかもしれません。しかし、本ケースの三人の先生のやり取りを読むと、チームと呼べるような関係ではなさそうです。なぜこのようなことになるのでしょうか。

文化庁の令和元年度の調査[2]によると、日本語教師約2万5千人のうち、常勤の講師は14・3％、非常勤で働く者は32・4％、残りはボランティアという結果でした。本ケースの小山先生、渡辺先生、成田さんも非常勤講師として働いており、それぞれ学校に来る曜日が異なるため、対面でのコミュニケーションはほとんど取れていない可能性が高いと思われます。「非常勤で働く教師は「フリーランス」であり、気軽に聞いてはいけないと考える一方で、忙しさの中で、他の教師と関係性がもてないまま、無難に割り当てをこなすという日本語教育観をもつようになっていた[3]」ことも指摘されています。フリーランスという意識で働くことで、わからないことがあっても他の人に気軽に聞いてはいけないという意識を生み、さらに無意識に業務のすべてを自己完結することを目指してしまうのかもしれません。したがって、次の時間を担当する教師に迷惑がかからないように自分の担当する箇所を無難に終わらせることを最優先し、さらに次の教師の担当部分には手を付けないという暗黙の了解があるように思われます。

日本型同僚性の実際とは？

次に、日本語教育から離れて小・中学校の教員に目を向けてみましょう。日本と中国とイギリスで「教員の意識に関する国際比較調査」が行われました[4]。この調査は3カ国の小・中学校の教員に質問紙調査を行い、教師文化の特徴を明らかにしようとしたものです。この中の同僚性に関する8項目の結果を得点化し比較したところ、日本が最も低く、イギリスが最も高いという結果が得られました。同僚性に関する質問項目の例を以下に四つ挙げます[5]。

1　同僚と学校を離れてもインフォーマルに付き合う
2　同僚と教育観や教育方針について語り合う

3　同僚の授業を見たり、同僚があなたの授業を見たりする
4　他の教師の学級経営には口を挟まない

四つの結果は、三つの国でいずれも異なるものとなりました。1については、イギリス・中国の教員の約半数が「当てはまる」と答えたのに対し、日本の教員で「当てはまる」と答えたのは1割強にとどまりました。

次に、2と3の結果を具体的に見てみましょう（表1を参照）。この二つの結果を見ると、日本の教師はイギリス・中国に比べ、同僚と語り合ったり、授業の見学をし合ったりすることにやや消極的だということがわかります。この結果をこのまま成田さんが働く学校に当てはめることはできません。ですが、ケースからは同僚と教育観や教育方針について語り合ったり、お互いの授業を見合ったりする環境にはないことがわかります。

質問4の「学級経営に口を挟まない」では、中国は約8割が「当てはまる」と答えていますが、一方で「授業を見合う」という質問には約9割が「当てはまる」と回答しています。日本は、「他の教師の学級経営に口を挟まない」に約半数が「当てはまる」「やや当てはまる」と答えてお

表1　2と3の結果（教員の意識に関する国際比較調査）

表1-1　2　同僚と教育観や教育方針について語り合う

	英国	中国	日本
当てはまる	55.5	47.2	15.8
やや当てはまる	38.7	45.3	61.5
あまり当てはまらない	4.3	4.4	17.9
当てはまらない	1.1	1.1	2.8
N. A.	0.4	1.9	2.0

表1-2　3　同僚の授業を見たり、同僚があなたの授業を見たりする

	英国	中国	日本
当てはまる	32.5	51.4	16.3
やや当てはまる	42.0	39.1	45.8
あまり当てはまらない	19.3	6.7	29.2
当てはまらない	5.9	0.8	6.0
N. A.	0.4	1.9	2.7

り、学級運営についても意見交換があまり行われていないことがわかります。

同僚性って本当に必要？

本章のケースでは、渡辺先生、小山先生は今の状態に困っているのでしょうか。成田さんが一人で困っているだけなのでしょうか。同じ学校で同じクラスを担当する教師の間に「同僚」という意識がどのぐらいあるのでしょうか。そもそも同僚性とはいったい何なのでしょうか。

同僚性という言葉は、概念として不明確で文脈により様々に使われています[6]。同僚性と似た言葉に「協働」という言葉があります。ここで、協働と同僚性という言葉について整理してみましょう。**協働**はその言葉通り協力して働くことの価値を含んだ概念です。協働するためには、同僚同士がお互いのことを考え、調整し合うことが必要です。本章ではこの状態を同僚性と捉えます[7]。

同僚性には、通常三つの機能が期待されます[5]。一つ目は、教育活動を効果的にすることです。例えば、問題に直面したとき、同僚と相談したりアドバイスをし合ったりして協力して取り組む、その取り組みを支える機能です。二つ目は、教師の実践力の向上です。同僚同士の日々のやり取りから授業を改善したり、違う方法を取り入れたりすることで、教師の成長が期待できます。忙しい中、特別な勉強の機会を持たずに同僚同士で学べるのです。そして三つ目は、癒しの機能です。日々の悩みを同僚と共有することで、悩みすぎたり、バーンアウトすることが避けられます。本章のケースの小山先生は、同僚性の二つ目の機能である実践力を向上させる機会を失っていると考えられます。経験が長い教師は、新人の先生を指導することで、それまで全く意識していなかった自身の癖やビリーフに気づくこともあるでしょう。ベテランの教師も経験の浅い教師から学ぶことがたくさんあります。また、渡辺先生はかつて授業見学をした人から厳しいコメントをもらったという経験をしています。そういったことを同僚に理解し共感してもらうことで癒しの効果が得られることもあります。同じクラスを受け持つ教師同士が、悩みを共有したり、解決策を共に考えるという機会を持つことで、自信を失ったり孤独を感じたりすることも避けられるでしょう。

また、日本語教育の現場では、時代の変化やＩＣＴ(Information and Communication Technology)技術の発達により教育方法・学習方法が変化しています。学習に使用できるアプリの開発が進み、自動翻訳の精度も益々あがっています。ＡＩの進化により、テーマを入力するだけでＡＩが一瞬でレポートを書き上げる時代になりました。

学習者についても、その背景が多様化してきています。外国にルーツを持つ児童・生徒も増え、日本語を学ぶ目的も多種多様になっています。このような変化の激しい状況に対応するためには、教師個人の力では限界があり、今後ますます教師の同僚性が必要になると予想されます。

同僚性を育むためには？

同僚性の重要性は先に述べたとおりですが、日本語学校において非常勤講師の立場で働く者同士は、なかなか対面で会う機会がありません。本章のケースでも三人の先生は引き継ぎノートだけのやり取りしかできていませんでした。このような状況では同僚という関係を築くことは難しいと考えられます。

この状況は、リモートワークを推進する企業の状況と似ています。それぞれが自宅で仕事をする働き方では、どのように同僚性を育んでいるのでしょうか。

グループウェア開発会社のサイボウズはリモートワークが広がった新型コロナウィルスの感染拡大以前からリモートワークを積極的に進めてきました。サイボウズ社長の青野慶久は社内のコミュニケーションのために月水金のお昼に「オンライン・ランチ会」を開催し、入社したばかりでまだ一度も出社していない社員とも話したりしています。また、そのランチ会の様子を社員全員にライブ公開し、情報の格差が出ないように配慮しています。青野社長が大切にしているのは情報格差が出ないことの他に、権力格差のないフラットな関係性、そして雑談です。[8]

教育の現場においても、協働文化をつくるために鍵となる二つの概念が挙げられています。相補性と情報冗長性です。[9] **相補性**とは、人間関係を示す概念で、職場での立場や年齢などを超えて平等な関係をつくろうと努力したり、そのために謙虚であることで、**情報冗長性**とは、個人の間での情報のやり取りにおいて一見無駄と見られることも共有することです。従来、情報は必要な立場の人に効率よく伝わることが重要視されていましたが、余剰の情報をやり取りすることで、異なる視点からの有意義な課題が指摘されることもあります。この相補性と情報冗長性が確保される利点について、以下の三つが挙げられています。

1　多様な在り方が肯定され存在すること

2　集団における普段の活性化が期待できること

3　個人が全体としてまるごと受け入れられること

3のまるごと受け入れられるとは、それぞれの人の関わり方も様々であることが認められるということです。

このように、同僚関係に立場や情報の格差がなく、余剰のやり取りが行われることで、職場全体の質の向上が期待できます。

日本語教育における協働の実践

ここでは実際に日本語教育の現場で行われている協働の例を見ていきます。まず一つ目の例は、「教室外学習用WEB教材の作成と配信」プロジェクトです[1]。これは有志で立ち上げたプロジェクトで、２０１６年の11月から12月の約2週間で教材作成から配信まで行われました。学習者からは高い評価を受け、担当した三名は大きな達成感が得られたそうです。このようなプロジェクトをすぐに行うことは難しいですが、同じ興味関心を持つ人を職場で探すことも同僚性を育む第一歩になりそうです。

次は、読解授業を考えるための勉強会を実施した例です[10]。この勉強会は「読解授業の進め方や疑問について、他の教師と何も共有しないまま、授業を進めていてよいのか」という疑問をきっかけに生まれました。会は15回開かれ、それぞれ読解に対する考えを出し合い、進め方や活動内容が話し合われました。この勉強会は参加した教師のさらなる成長のきっかけになったそうです。

また、少人数の勉強会はオンラインでも多数行われています。同じクラスを担当する教師や同じレベルを担当する教師、同じ読解・聴解といった科目を担当する有志が集まり、定期的または不定期に勉強会が行われています。そこでは日々の授業の悩みなどが共有され、情報の共有や新たな知識を得るだけでなく、癒しの場にもなっているようです。

組織としての同僚性

今見てきた例はいずれも職場の有志が集まり生まれた取り組みでした。

では、一つの組織として同僚性のある教師のチームをつくるために、本章のケースに登場した主任の安田先生はどのような働きかけができるのでしょうか。

学校における同僚性について研究しているハーグリーブ

ス（Hargreaves, A.）は、同僚性には二つの形態があると指摘し、一つを「協働」、もう一つを「仕組まれた同僚性」と呼んでいます[11]。前者の「協働」には、五つの特徴があります[9]。

①教師それぞれに自発性がある
②共に一緒に働くうちに生じるもので、強制や義務ではない
③改善や発展を志向している
④やり取りが時間や場所を限定せずに行われる
⑤結果は必ずしも成果として現れないし、簡単に予期できるものではない

これに対し、後者の「仕組まれた同僚性」は管理者の関心から生まれたもので、強制や義務を伴うものです。このようなトップダウンの強制的な協働は形としては一見協働に見えますが、実は関わる人たちのやる気を失わせ、創造的な活動を妨げることになりかねません。つまり、安田先生が以前の職場で経験したような上からの押し付けでは、本来の協働は生まれないということです。しかしながら、教師それぞれの自主性に任せていては、同僚性という文化がそもそもない職場においては、協働が生まれる可能性は低いと考えざるを得ません。本章のケースでは、成田さんが周りに働きかけていますが、残念ながらそこで協働は生まれていません。

一方で、2015年の中央教育審議会答申では、「チームとしての学校」において、校長のリーダーシップの重要性が指摘されています[12]。学校教育における協働性の研究では、校長の役割として以下の4点を挙げています[13]。

①学校の進む方向性のみを示し、学校の目標を創り出す過程から全員が参加する体制を整える
②ミドルリーダー*を育てる
③協働性を構築しつつあることを教員に伝える
④実践の成果について教育が相互に目を向ける機会を設ける

本ケースの安田先生は、教師の自主性を尊重した協働を理想としているようです。ならば、組織としての理念や方針を周囲に伝え、教師同士の関係性構築のために働きかけることも必要なのではないでしょうか。

例えば、従来の授業見学でよく行われていた「評価と助言」を「専門家としての学び合い」[14]にシフトすることができれば、授業見学に対して否定的な見方をする教師が減るかも

＊ミドルリーダー：リーダーである校長と一般教員の中間に位置する存在。

しれません。本ケースの渡辺先生のように、自身の授業について評価され、それがトラウマのようになるのではなく、未来志向のフィードバックを互いにし合うことができれば、そこに協働が生まれるのではないでしょうか。そのような組織としての全体の文化をつくることは、リーダーの役割であると共にそこに関わる一人ひとりの役割なのかもしれません。

発展活動

①ケースについての議論を踏まえ、解説を読んで新たに気づいたことはありますか。どのようなことを考えましたか。

②あなたが一緒に教えるクラスの先生が、同僚性は必要ないと考える人だった場合、あなたはどのように対応しますか。周囲の人にも意見を聞いてみてください。

③あなたの周りにいる（家族、友人、先輩など）組織に属して働いている人に、職場での同僚性を育むために、どのような工夫をしているか、聞いてみましょう。さらに、その工夫は効果があったのか、なかったのかについても聞いてください。

参考文献

［1］渋谷博子・伊達宏子・清水由貴子（２０１８）「教師の協働を振り返る教師の語りとその分析―ＳＣＡＴを用いて」『東京外語大学留学生日本語教育センター論集』44, pp.65-66.
［2］文化庁（２０２０）『令和元年度国内の日本語教育の概要』https://www.bunka.go.jp/tokei_hakusho_shuppan/tokeichosa/nihongokyoiku_jittai/r01/pdf/92394101_01.pdf（２０２０年10月30日閲覧）
［3］牛窪隆太（２０１５）「日本語教育における「教師の成長」の批判的再検討―自己成長論から逸脱の場としての「同僚性」構築へ」『言語文化教育研究』13, pp. 13-25.
［4］藤田英典・名越清家・油布佐和子・紅林伸幸・山田真紀・中澤渉（２００３）「教職の専門性と教師文化に関する研究―日本・中国・イギリスの3か国比較」『日本教育社会学会大会発表要旨録』55, pp. 224-229.
［5］紅林伸幸（２００７）「協働の同僚性としての《チーム》―学校臨床社会学から」『教育学研究』74, pp. 174-188.
［6］石田真理子（２０１１）「教育リーダーシップにおける「同僚性」の理論とその実践的意義」『東北大学大学院教育学研究科研究年報』60, pp. 419-436.
［7］後藤壮史（２０１６）「学校現場における同僚性の構成概念についての検討―教員間の関係性に着目して」『学校教育実践研究』8, pp. 19-28.
［8］BUISINESS INSIDER「ニューノーマルの時代」<https://www.businessinsider.jp/post-212285>（２０２０年10月30日閲覧）
［9］油布佐和子（１９９９）「教師集団の解体と再編―教師の「協

働」を考える」油布佐和子（編）『教師の現在・教職の未来―あすの教師像を模索する』pp.52–70. 教育出版

[10] 牛窪隆太・梅津聖子・江原美恵子・古賀和恵・山本実佳（２０１２）「規定カリキュラム内における実践研究と教師の同僚性」『２０１２年度ＷＥＢ版日本語教育実践研究フォーラム報告』pp. 1–10. <http://www.nkg.or.jp/pdf/jissenhokoku/2012_SB_ushikubo.pdf>（２０２２年1月24日閲覧）

[11] アンディ＝ハーグリーブス（西躰容子訳）（２０００）「21世紀に向けてのティーチングの社会学―教室・同僚・コミュニティの社会変化」藤田英典・志水宏吉（編）『変動社会のなかの教育・知識・権力―問題としての教育改革・教師・学校文化』pp. 262–599. 新曜社

[12] 文部科学省中央教育審議会（２０１５）「チームとしての学校の在り方と今後の改善方策について」<https://www.mext.go.jp/b_menu/shingi/chukyo/chukyo0/toushin/__icsFiles/afieldfile/2016/02/05/1365657_00.pdf>（２０２２年1月19日閲覧）

[13] 西川潔（２０１８）「協働性を基盤とした学校組織における教員の主体的真内の育成を目指した実践研究―校長のリーダーシップの視点を踏まえて」『総合福祉科学研究』9, pp. 9–19.

[14] 佐藤学（２０１７）『専門家として教師を育てる―教師教育改革のグランドデザイン』岩波書店

もっと学びたい人のための
文献案内

牛窪隆太（2021）「「同僚性」から生み出される新たな日本語教師性へ」『教師の主体性と日本語教育』（pp.215–285）ココ出版
この本では、これまでの日本語教育における「教師の成長」を批判的に検討しています。第5章では、実際の勉強会での現場教師のやり取りの記録を通して、教師の「同僚性」の在り方、教師がつながることの意義について論じています。

青野慶久（2020）『「わがまま」がチームを強くする』朝日新聞出版
著者が社長を務めるサイボウズ株式会社では、コロナ以前から多様な働き方を導入し、テレワークにおける同僚性を育むためにおもしろい取り組みをしています。これらの取り組みは日本語教育の現場にも参考になります。多様な視点から組織・同僚性について考えたい方におすすめです。

津田昌宏（2013）「教職の専門職性としての同僚性」『東京大学大学院教育学研究科教育行政論叢』33, pp.179–193.
この論文では、1970年代後半ら新しい専門職性が形成されてくる背景と、それを特徴づけている同僚性の特徴について書かれています。ハーグリーブスの協働と同僚性について詳細に述べられていると同時に、ハーグリーブスへの批判、その反論もまとめられています。

宇田川元一（2019）『他者と働く「わかりあえなさ」から始める組織論』ニュースピックス
筆者は、組織とは「関係性」であり、組織の中で関係性を作ったり変えていくためには「対話」が必要だと言います。本書にある「対話の実践」は、同僚性を築きたい人の参考になるでしょう。

Column

組織の同僚性とは

私も成田先生と同様、A日本語学校（仮名）の非常勤講師として、日本語教師としてのキャリアをスタートさせました。当時、A日本語学校では、進学予備教育として、大学・専門学校受験のための試験対策に重点が置かれていました。決められた教科書に沿って授業が進められていればよいという方針でしたので、同じ教員室で隣のデスクに座っていても、教師は各々自分の授業に専念するという個人営業状態でした。従って、教師間のやりとりは、授業の進捗状況の確認と問題学生についての相談しか行われていませんでした。

その後、その日本語学校で常勤講師になり、後に、主任になった私は、どうすれば教師らの個人営業状態から脱却することができるかを模索しました。そのうちの一つが、同僚の先生と一緒にデザインした「卒業制作」という実践です。[1] 試験対策を頼りにせず、「私たちの日本語学校で行う日本語教育の意義は何か」という問いに基づきデザインし、「卒業制作」に収斂していくようにコースカリキュラム全体を見直しました。すると、「卒業制作」では最終的に「卒業制作発表」を行うのですが、教師全員がわらわらと、どんなものかと発表を見学に来るようになりました。そして、①発表を見学する、②次年度に「卒業制作」の実践を担当する、③担当教師らは実践の打合わせ会を定期的に行う、という①から③のサイクルが確立されていきました。打合せ会は、前年度の発表を見て、実践の目標や方法を確認し「卒業制作」をなぜするのか」を共に考えるところからスタートします。そして、実践を行い、共にふりかえるというサイクルを繰り返します。「卒業制作」の目標や方法も、デザイン当初のものがそのまま引き継がれるのではなく、毎年、その年度に実践する教師ら、見学した教師ら、学習者とのやり取りの中で更新されます。打合せ会の中では、「日本語教授経験の中で大切だと思っていることは何か」「ことばを使う活動とはどういうことか」「私はこういうことをめざしたいが、〇〇先生はどうか」と互いに問い合い、それに応えるべく個々の教師の言語教育理念が語られます。そして最終的には、「じゃあ私たちは「卒業制作」にどのような意義を見いだし、何をめざしていくのか」という個々の言語教育理念をすり合わせる作業が行われます。こうした作業は時に痛みや葛藤を伴います。しかし、打合せ会でのやり取りを通し、私はこういう言語教育理念を持つ人だ、隣の〇〇先生はこういう言語教育理念を持つ人だ、と自身と同僚を理解していきました。それまでは、自身の言語教育理念について考えたことがありませんでしたし、毎日顔を突き合わせていても、何年もチームティーチングを行っていても、隣のデスクに座っている〇〇先生がどんな言語教育理念を持つ人かもわかりませんでした。そのような関係性が、実践「卒業制作」を行う一連のプロセスの中で少しずつ、しかし、着実に変わっていきました。

　組織の中で私は何をめざすかを同僚と共に考える。共に考える中でお互いにどんな人かがわかってくる。そのうえで、こういう私とそういうあなたが共に何をめざすかを考える。このようなプロセスを継続できるような同僚間の関係性、それが私にとっての組織の同僚性です。

［小畑美奈恵］

参考文献

［1］小畑美奈恵（2020）「日本語教師の学びや成長と日本語教育実践共同体構築との関わり」『早稲田日本語教育学』26, pp.68–88.

第12章

私が我慢すればいいの？

非母語話者教師との協働を考える

本章を読む前に考えましょう

1. あなたが中学生や高校生の時、外国語の授業に母語話者教師（ネイティブスピーカー）がいましたか。その母語話者教師と非母語話者教師（自国の教師）では役割が違いましたか。
2. 母語話者教師（ネイティブスピーカー）は授業中や授業外において、何をすることが期待されていると思いますか。
3. 同じ国の人同士で働く時と、外国人と働く時で協働の難しさは異なると思いますか。

「日本語教師」といっても、国内か海外か、どこの機関か、どんな立場で誰と一緒に働くのかによって、環境は大きく異なります。海外で、その国で生まれ育った非母語話者日本語教師と一緒に働く時には、どのような難しさがあるのでしょうか。また、非母語話者教師は日本語の母語話者教師に何を期待するのでしょうか。海外でお互いが気持ちよく働くためには、どのように考え、行動するのがよいのかについて考えてみましょう。

私は、岡本葵です。

2年間、日本の日本語学校で働き、今はタイの高校で日本語を教えています。

〜ています
生徒たちはとても明るく、楽しい日々です。

授業は、教師歴20年のシリラット先生とチームティーチングをしています。

授業はおもしろく、とても勉強になります。また、先生は困ったことも助けてくれとても頼りになります。

「こんにちは」『こんにちは』「いいお天気ですね」

今日の漢字は本です
私の役割は会話の音読や漢字の書き方の指導で、事前に準備します。でも、ときどきロボットと変わらないように感じることがあります。

そこで、何度か自分が考えた授業案を見せ、ようやくやらせてもらいました。

その授業は生徒たちにも好評でした。

ある休みの日
聞いてくださいよ！
同じくタイで働いている日本語教師の森さん
タイ人は全然情報を共有してくれないし、会議もしてくれない
みんなよく遅刻するし、タイ人は不真面目ですよ！
でもなぁ……
気持ちはわかるけど……そりゃ、タイ語も英語もできないから情報は遅れるだろうし……遅刻もみんなあんまり気にしてないもんなぁ……
日本人が気にしすぎ……？
自分がここで働くって決めたんだし……現地のやり方に従ったほうが衝突も起きないし、いいんじゃないかな……ちょっとは我慢したほうがいいと思うけどどうかな……

ケース 12

岡本葵

私は国内の日本語学校で2年ほど教えた後、公的機関の1年間の海外派遣プログラムに応募して、今はタイの高校で教えています。初めての海外生活で戸惑うこともありますが、毎日が新鮮で楽しいです。高校生に教えるのも初めてでしたが、生徒たちは明るく、こちらまで元気になります。授業は教授歴20年のタイ人のシリラット先生とチームティーチングをしています。シリラット先生の授業はおもしろくて、とても勉強になります。私は外国語があまりできないので、緊張して他の先生とはあまり話せませんが、生活で困ったことがあるとシリラット先生が助けてくれ、助かっています。

授業案はシリラット先生が考え、授業の10分前に何をするかを簡単に教えてくれます。私の役割はだいたい決まっていて、導入の会話スキットや教科書の音読、漢字の書き方指導などです。シリラット先生の教え方はおもしろいのですが、私の役割はロボットと変わらないと感じることがあります。そこで、シリラット先生に何度か自分が考えた授業案を見せ、先日ようやくやらせてもらえました。その授業は生徒たちにも好評でした。

ある休日、同じくタイで働く日本語教師の森さんと話していたら、「タイ人は情報を共有してくれないし、会議もしたがらなくて困る」と相談を受けました。他にも、「先生も生徒も授業によく遅刻してきて不真面目だ」と怒っていました。確かに私の学校でも事前の連絡なしに急に休講になることや、急にイベントが入ることがあります。最初の頃は自分が嫌われているからなのかと悩みました。でも今は、英語もタイ語もできない私が情報を得にくいのは仕方がないとあきらめています。遅刻については、生徒が遅れてもタイ人の先生はあまり怒らないし、先生が遅れても生徒はあまり気にしていないようです。今は、タイではそれが普通なのだと思い、気にならなくなりました。反対に、日本人が時間を気にしすぎているように感じます。日本人もタイ人みたいに余裕をもって過ごしたらいいのに……。

自分がここで働くことを選んだわけだし、自分のやり方を押し付けるのではなく、そこのやり方に従うほうが衝突も起きないし、いいと思います。森さんはちょっと神経質だなと思います……。海外で教えるなら、ちょっと嫌だなと思うことがあっても、それは我慢してその国のやり方に合わせるのが、一番いいと思います。みなさんはどう思いますか。

いろいろな声を聞いてみよう

岡本さんは急な予定変更があっても対応してくれて助かっています。ただ、最近、日本語学校の時はこうだった、もっとこうしたほうがよいと言われ、私の教え方を否定されているように感じます。それと、他の先生とあまり話さないので、印象がよくないようです。タイ語を話す努力をして、もっといろんな先生たちとコミュニケーションを取ったり、タイのことを知ろうとしてほしいですね。

シリラット先生

森先生

学校の情報があまり回ってきません。同僚の先生に情報共有のため定例会議を提案しましたが断られました。岡本さんは我慢しているけど、社会人としての態度や授業のやり方など、自分が大切にしていることまで我慢しないほうがいいと思います。この先日本人と仕事をする可能性があるタイ人の先生も生徒も、日本のやり方を知っておくといいと思います。わかってくれる人がいなくてつらいです。

私は英語を10年教えた後、日本語教員養成コースを1年受け、今は英語と日本語を教えています。日本語はまだあまり自信がありません。森先生との会議は日本語なので大変です。また、一人で教える時より準備に時間がかかります。森先生は授業では日本のやり方を押し付けてくるし、生徒には多くを期待しすぎだと思います。でも、私の経験が浅いからそう思うのかな……。

タンサニー先生
(森先生の同僚)

A ケースの内容を確認しよう

1 岡本さんは日本語教師としてどのような経験を積んできましたか。

2 岡本さんはシリラット先生のことをどのように思っていますか。

3 岡本さんはタイに来たばかりの頃から考え方が変わりましたか。どのように変わりましたか。

B ケースを読んで考えよう

1 岡本さんは、国内で教えることと海外で教えることに何か違いを感じていると思いますか。

2 森さんの「タイ人は情報を共有してくれないし、会議もしたがらなくて困る」「先生も生徒も授業によく遅刻してきて不真面目だ」という意見に対し、岡本さんは否定的ですが、あなたはどう思いますか。また、岡本さんは森さんが神経質だと言っていますが、あなたもそれが問題だと思いますか。

3 岡本さんは「海外で教えるなら、ちょっと嫌だなと思うことがあっても、それは我慢してその国のやり方に合わせるのが、一番いいと思います」と言っていますが、あなたはこの意見に賛成ですか。反対ですか。どうしてそう思いますか。

C いろいろな声を聞いて話し合おう

1 シリラット先生は、岡本さんに他の先生ともコミュニケーションを取ろうとしてほしいと思っていますが、日本語担当以外の先生たちとも関係を築くことは大切だと思いますか。どうしてそう思いますか。

2 自分がシリラット先生やタンサニー先生のようなタイ人教師の立場だったら、日本語の母語話者教師には何を期待しますか。また、気を付けてほしいと思うことはありますか。

3 森さんは「わかってくれる人がいなくてつらいです」と言っていますが、新しい環境や習慣の異なる場所でストレスがたまったり、人間関係に悩んだりした場合、あなたならどうしますか。

D ディスカッション

海外で母語話者と非母語話者が言語教師として協働する時、どのようなことが難しいと思いますか。どうすればお互いが気持ちよく働けるようになると思いますか。

解説

海外で働くということは、教師自身が異文化体験をするということでもありますね。みなさんは自分と相手の「当たり前」が違うなと感じたことがありませんか。相互理解のために、相手の立場になって考えることは重要ですが、自分が見えている世界には限界があります。そこからすれ違いが生まれてしまうこともあるようです。ここでは、母語話者と非母語話者教師の協働におけるすれ違いの要因や互いが気持ちよく働くにはどうすればよいかを考えてみましょう。

文化には優劣がある？

本ケースに登場する友人の日本語教師の森さんは、「情報は共有すべき」「授業に遅刻するのは悪いこと」という価値観を持っており、タイの文化を「不真面目だ」と否定的に捉えていました。このような考え方を**自文化中心主義**と言います。多くの場合、自分の文化が他よりも優れていると思う傾向も付随します。しかし、本当に森さんの文化的価値観のほうが優れていると言えるのでしょうか。文化的価値観はこれまで自分が受けてきた学校教育や社会経験からつくりあげられたものかもしれず、違う環境で別の経験を積んでいたら、違う価値観を持っていた可能性があります。反対に、文化間の差異には優劣が付けられないとする考え方を**文化相対主義**と言います。これは異文化理解接触をする人々が目指すべき態度としてしばしば取り上げられますが、この自文化中心主義と文化相対主義の二つの概念は、対立するものというよりは個人の中でもその時の状況や背景、相手などに応じて

自文化中心主義と文化相対主義 [1]

自文化中心主義：自分の属する文化の価値観に基づいて他の文化を判断、評価する考え方。

文化相対主義：世界中の文化はそれぞれに存在価値が内在しているために文化間の差異には優劣が付けられないとする考え方。

異なったり、異文化適応のプロセスの中で変容していくものだと言えます。

海外の非母語話者教師ってどんな人？

非母語話者教師はどのように日本語教師になるのでしょうか。その方法は国や地域、所属機関によって様々です。大学で日本語や日本語教育を専攻して教員免許を取得する人、すでに日本語運用力があり（観光ガイドや通訳、日本留学経験者など）、後から教員免許を取る人もいます。さらに、本章のケースのタンサニー先生のように、英語や数学など他科目の教師が数カ月の日本語教員養成研修に参加して日本語を教え始めることもあります。この場合、日本語が全くできない状態から始め、日本語と教授法を数カ月という短期間で学ぶ場合もあります。

教師の仕事は授業だけではありません。授業以外の仕事として、現地語での書類作成、担任業務や委員会、クラブ活動、教員会議などもあります。タンサニー先生のように、もともと違う科目の教師だった場合、日本語と平行して他科目を教えることもあります。他にも、非常勤講師として学校を掛け持ちしている教師や、観光ガイドや通訳といった他の仕事と兼業している教師もいます。

機関やそこでの立場によって、母語話者教師も同じような業務を担当する場合もありますが、短期間の派遣の場合は、授業に関することのみが担当となることが多いです。そのような立場で仕事をしていると、協働相手も同じように授業に関する仕事だけをしているように見えてしまうこともあるでしょう。しかし、そこで、協働相手がどういう立場なのか、どういう仕事をしているのかということを想像することができれば、相手の態度や行動に対する捉え方も変わってくるのではないでしょうか。

表1　国内と海外、学習者・教師が多いのは？

	学習者	教師
国内	約12万人	約3万9千人[2]
海外	約379万人	約7万4千人[3]

（2021年度）

海外では、全教師のうち約8割が非母語話者教師です。

海外で望まれる日本語教師の資質

海外で活躍する日本人日本語教師に望まれる資質についてインタビュー調査を行った平畑奈美の研究[4]では、その望まれる資質として**「教育能力」「人間性」「社会的視点」**を挙げています（図1）。「教育能力」には、日本語教師としての専門的な知識や技能や応用力が含まれます。「人間性」には、現地で良好な人間関係を構築する「対人能力」や、異文化環境で心身共に健康に生きていく「自律能力」、教師・人間としての良心と誠実さといった「人格的素養」などが含まれます。「社会的視点」には、世界の中の現地と、世界の中の日本という両方の立場から日本語教育の背景を理解できる「国際感覚・分析力」などが挙げられています。

本ケースのシリラット先生が「他の先生たちともコミュニケーションを取ろうとしてくれないかしら」と思ったり、タンサニー先生が「森先生のやり方がタイ人生徒に合っていない」と思ったように、海外の日本語教育現場では教え方の技術や専門性だけではなく、人間性や社会的視点も求められるようです。

図1　資質のコアカテゴリーとサブカテゴリー[4]

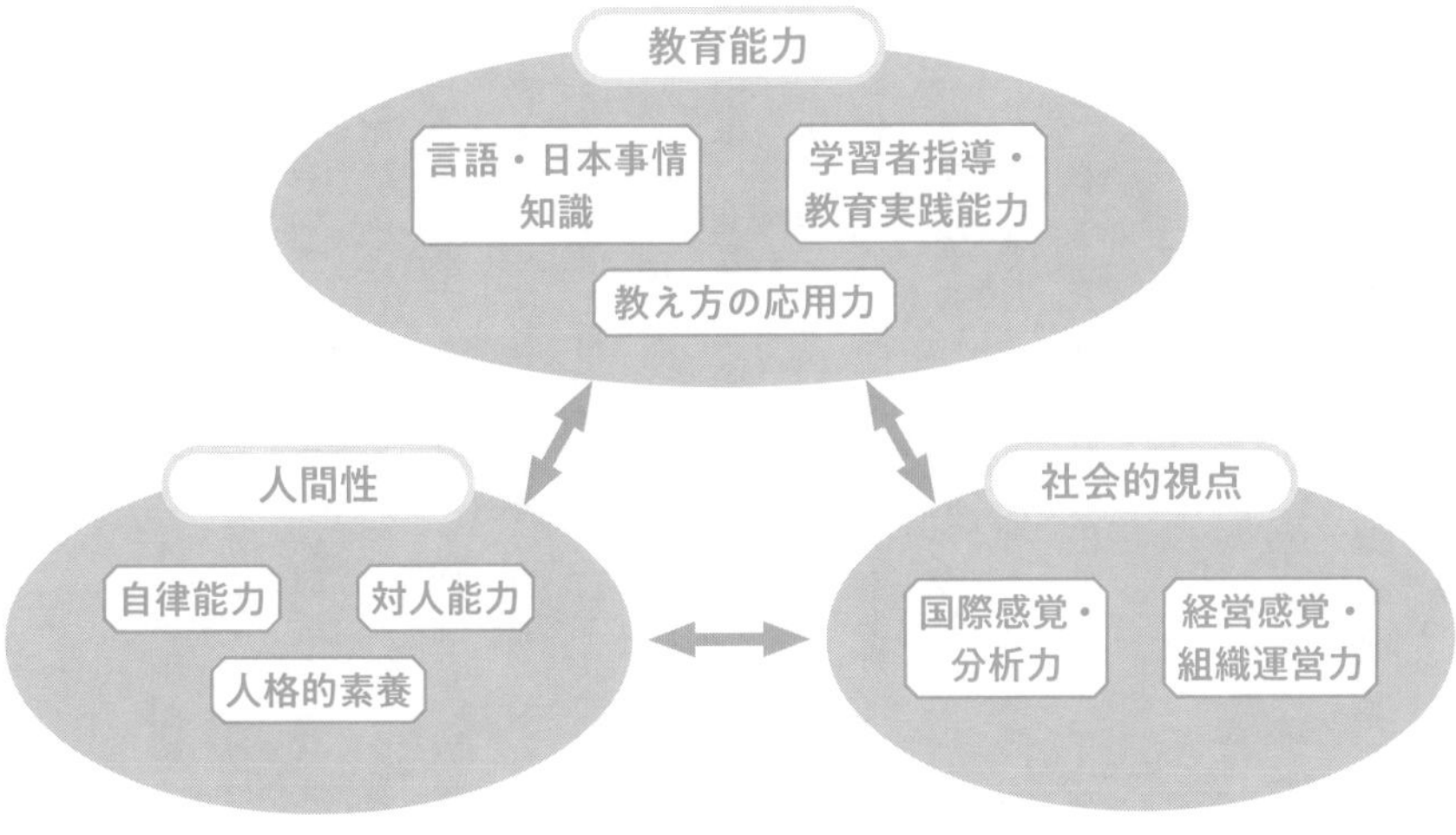

母語話者教師の権威性

母語話者教師であるというだけで、本人が意図していなくても権威性を帯びる可能性があります。本人は一個人という感覚でいても、周りから見れば、「日本人」「母語話者」「提供者」という目で見られることがあります。[4]日本人が少ない地域では特にその傾向があるでしょう。日本人教師はその母語話者性によって、非母語話者に対する絶対的な「正しさ」、すなわち優位性を保障されることになります。それは学習者にとっては魅力となりえますが、非母語話者教師にとっては圧迫と感じられる場合があります。「いろいろな声を聞いてみよう」では、シリラット先生が岡本さんから授業の提案を受け、自分のやり方を否定されたと感じていました。また、日本人教師が給与などを日本の派遣機関から受け取り、現地側から利益を受けない場合、日本人教師が常に恩恵を与える側、現地側は常に与えられる側という構図ができてしまいます。この場合、一方的に与える側という提供者性を帯び、日本人教師の優位性はさらに高まることになります。海外で働く時には、これらの権威性を帯びる可能性があることを自覚しておく必要があるでしょう。[5]

協働現場における適応プロセス

海外で働き始めると文化や習慣、目に見えない価値観の違いから不安やストレスを感じることがあります。それは文化融合のプロセスにおいては避けられない経験とも言えますが、人は新しい環境になじんでいく過程で、自分自身も変わっていくことがあります。非母語話者教師との協働にしても、滞在年数を経る中で協働に困難を感じなくなることもあります。タイ人教師と日本人教師の日本語教育協働現場における課題を分析した池谷清美たちの研究[6]では、日本人教師が協働現場で変容し、適応していく過程を五つのステージで表しています（表2を参照）。

これらのステージは、順に段階を追うこともあれば、ある段階を行ったり来たりしたり、ある段階を飛ばして次のステージに行くこともあるでしょう。ただ、こうした段階があることを認識しておくことは、自分の行動や考え、感情を客観的に見るヒントとなるでしょう。

新たな地ですべてが初めからうまくいくほうがまれです。うまくいき始めたと思ってもまた衝突が起こることもあります。試行錯誤を繰り返しながら、人は次第にその地に慣れていくのが普通です。適応プロセスは新しい場に入った人に焦

表2 日本語教師の協働現場における適応プロセス

段階・ステージ	内容	例
0 協働前	日本式の仕事観や指導観を持つ協働を始める前	「情報はこまめに共有」「予定は早めに伝える」といった日本式の考え方を持っている
1 出会い	協働を始め、非母語話者教師の仕事観や指導観と出会う段階	「日本人は会話の担当ですから、会話の授業をしてください」のように、言われたままに仕事を始める
2 葛藤	協働現場で様々な困難や制約を体験する段階	「非母語話者教師に従っているだけでいいのか」と疑問を持ち始める
3 適応	協働の仕方を工夫するようになる段階	「提案ではなく相談を」「情報が来なければ自分で確認」というようにコミュニケーション方法を工夫する
4 提言	協働体験を通して落ち着いてきた段階	無理に我慢したり、相手に合わせたり、あきらめたりするのではなく、うまくいくやり方を考えるようになる

点が当てられていますが、それを受け入れる周りの人々や文化・環境にも影響が与えられ変化が生じます。つまり、互いに影響し合いながら関係をつくりあげているのです。

社会構成主義の立場から協働について考える

新たに関係を築こうとする時に、社会構成主義的な考え方で協働の関係性を築くことを推奨する立場があります[7]。**社会構成主義**では、個人の認識や理解は他者との相互作用によって社会的に構成されると考えます。対話においては、「唯一のベストな方法」を突き止めることではなく、お互いに「コラボレーション（連携）」して私たちの未来を「創造」していけるような関係性を築くことが大切だと考えます[8]。

本章の筆者は、海外の非母語話者教師を対象としたある研修で、「日本人母語話者教師とチームティーチングをした時、もし学習者の前で自分の日本語の間違いを指摘されたらどう思うか」と尋ねてみたことがあります。学習者の前で言われたくないという答えを予想していましたが、実際にはそれだけでなく、「小声で教えてほ

しい」「間違っているという合図を決めておき、その合図をしてほしい」、さらには、「あえて学習者の前で指摘してほしい。そうすれば学習者も間違いを恐れず話しやすくなる」という意見まで上がりました。同じ国の教師たちでしたが、個人の考え方や普段の学習者との関係性によって心地よいと感じるものが異なることを改めて感じました。

「この国の人だったらこの対応がよい」「こういう性格だったらこの対応がよい」といった正解はありません。一般的に言われていることに捉われすぎると、お互いが心地よいと感じる協働の在り方を見つけるのが困難になってしまいます。「唯一のベストな方法」を突き止めようとすると、自分の正しさを主張したり、相手のことを思って我慢したりしてしまいかねません。協働の中で「あれ?」と違和感を抱いた時こそ、「じゃあ、自分たちの場合はどうしようか」と対話を始め、自分たちなりの協働の在り方を創出していくことが心地よい関係性を築く第一歩となるでしょう。

ケースにおいて、岡本さんとシリラット先生は授業の内容や進め方についてはは話をしているようでしたが、お互いの仕事観や指導観、役割分担の仕方、問題が起こったときの対処方法といった二人の協働の在り方については話していないようでした。授業の内容や進め方ばかりではなく、互いの協働の在り方についても目を向けてみるとよいのではないでしょうか。協働相手との対話は、フォーマルな会議の場面でなくても、おしゃべりや世間話の延長でもできることです。むしろ、雑談として話す方が伝わりやすいかもしれません。協働の在り方に目を向け、それを声に出して確認し合うことで、お互いが心地よいと思える仕事の在り方を一緒につくりあげていけるのではないかと思います。

「あれ、どうしたらいいんだろう……」と思うことがあったら、具体的な場面を挙げて、こういう時はどうするのが好みか、私たちの場合はどう行動していこうかということをおしゃべりしてみてはどうでしょうか。

それでもやっぱりストレスを感じるときは……

相手の立場に立って考えようとしたり、協働する相手と話そうと試みたけれど、やはり自分と合わない、ストレスがたまるということもあります。関係が親密になる過程でそうしたストレスが生じることもあるでしょう。それが一過性のものだとしても、ストレスを抱えているときはつらいものです。それでは、

そうしたストレスはどのように緩和されるのでしょうか。

一人でできるストレス解消もありますが、対人関係でのストレスを別の対人関係で緩和するという方法もあります。心身両面の健康に対してポジティブに働く対人関係は、**ソーシャルサポート**と呼ばれます[9]。ストレスを感じそうな出来事が起こっても、その時に誰かに頼ることができる、つまりソーシャルサポートを受けることができると思えば、その出来事を重大なことではないと評価できると言われています。

ソーシャルサポートには、表3の「道具的サポート」と「情緒的サポート」の二つがあります。

表3　ソーシャルサポートの種類

	道具的サポート	情緒的サポート
サポート内容	仕事やストレスを感じている相手との関係について情報提供やアドバイスをする	落ち込んでいる人を励ます
効果的な相談相手	その仕事をよく知っている人（似た経験のある先輩、派遣機関のコーディネーターなど）	仲のよい友達、恋人など

実際にその出来事が起こった後にも、頼れる相手にストレスを解消するための資源を与えてもらったり、自分でストレスを解消できるように情報を提供してもらう**道具的サポート**や、ストレスを感じている人の傷ついた気持ちを癒したり、低下した自尊心を高揚させたりして、その人が自ら積極的に問題解決を行えるように後押しする**情緒的サポート**を受けることで、ストレスが緩和できます。

一人ですべてを解決しようとせず、自分が対人関係でストレスを感じたときのソーシャルサポートを事前に想定しておいてはどうでしょうか。ソーシャルサポートがあると思うことで心に余裕が生まれます。そうした心の余裕が協働相手と創造的な関係を築くことに役立つこともあるでしょう。

発展活動

①ケースについての議論を踏まえ、解説を読んで新たに気づいたことはありますか。どのようなことを考えましたか。

②もし、あなたが海外で働くことになった場合、「道具的サポート」「情緒的サポート」の相談相手として誰が思い浮かびますか。

③もし半年後に海外で働くことになったら、どんな準

備をしますか。準備することのリストを作ってみましょう。

参考文献

[1] 石井敏・久米昭元・長谷川典子・桜木俊行・石黒武人（２０１３）『はじめて学ぶ異文化コミュニケーション―多文化共生と平和構築に向けて』有斐閣

[2] 文化庁国語課（２０２１）『令和３年度国内の日本語教育の概要』文化庁 <https://www.bunka.go.jp/tokei_hakusho_shuppan/tokeichosa/nihongokyoiku_jittai/r03/pdf/93791201_01.pdf>（２０２３年4月21日閲覧）

[3] 国際交流基金（２０２３）『海外の日本語教育の現状 ２０２１年度　海外日本語教育調査より』国際交流基金 <https://www.jpf.go.jp/j/project/japanese/survey/result/dl/survey2021/all.pdf>（２０２３年4月21日閲覧）

[4] 平畑奈美（２００７）「海外で活動する日本人日本語教師に望まれる資質―グラウンデッド・セオリーによる分析から」『早稲田大学日本語教育研究』10, pp.31–44.

[5] 文化審議会国語分科会（２０１９）『日本語教育人材の養成・研修の在り方について（報告）改訂版（平成31年３月４日）』文化庁 <https://www.bunka.go.jp/seisaku/bunkashingikai/kokugo/hokoku/pdf/r1393555_03.pdf>（２０２０年8月31日閲覧）

[6] 池谷清美・中山英治・片桐準二・カノックワン＝ラオハブラナキット片桐（２００９）「タイ人教師と日本人教師の日本語教育協働現場における課題―修正版グラウンデッド・セオリー・アプローチによる仮設モデルから」２００９年豪州日本研究大会・日本語教育国際研究大会配布資料

[7] 中山英治・池谷清美・片桐準二・カノックワン＝ラオハブラナキット片桐（2012）「海外の日本人教師が経験する//出会い//と//葛藤//のステージの考察―タイの大学における日本語教育協働現場を対象にして」『日タイ言語文化研究』1, pp.146–162.

[8] ケネス＝J＝ガーゲン・メアリー＝ガーゲン（伊藤守訳）（２０１８）『現実はいつも対話から生まれる―社会構成主義入門』ディスカヴァー・トゥエンティワン

[9] 無藤隆・森敏明・池上知子・福丸由佳（２００９）『よくわかる心理学』ミネルヴァ書房

もっと学びたい人のための
文献案内

石井敏・久米昭元・長谷川典子・桜木俊行・石黒武人（2013）『はじめて学ぶ異文化コミュニケーション―多文化共生と平和構築に向けて』有斐閣

自分以外の他者との関わり方についての知識と考え方がわかりやすく解説されており、異文化コミュニケーションの基本的な知識を学べます。具体的な事例や、継続して学習できるよう推薦図書も挙げられている読みやすい入門書です。

門脇薫（2015）『海外における日本語非母語話者教師と母語話者教師の協働に関する基礎研究』研究成果報告書 <https://researchmap.jp/kadowaki-kaoru/others>（2023年4月21日閲覧）

海外の日本語教育における非母語話者教師と母語話者教師の教師間協働に関する文献調査や、韓国やタイの高校における日本語非母語話者教師と母語話者教師による教師間協働の実態調査について報告されています。教師間協働の現状や課題、これまでどのような研究がなされてきたのかを知る手がかりになります。

ケネス＝J＝ガーゲン・メアリー＝ガーゲン（伊藤守訳）（2018）『現実はいつも対話から生まれる―社会構成主義入門』ディスカヴァー・トゥエンティワン

社会構成主義について、難しい専門的なことばではなく、わかりやすいことばで書かれた入門書です。「私たちが世界を創造している」という基本的な考え方が、いろいろな角度から具体例とともに説明されています。また、対立への社会構成主義的な対処、社会構成主義の立場から考える教育実践や研究手法についても説明されています。

Column

日本語母語話者と非母語話者が働くこと

私はフィリピン人の非母語話者日本語教師として、フィリピンの企業や機関で15年間日本語を教えてきました。日本語母語話者教師と共に働いた時、①働くパートナー、②学習パートナー、③コーチまたはメンターという三つの関わり方をし、それぞれでメリットを感じていました。①働くパートナーとしては、例えば、教案の作成、生徒の質問への回答、実体験による語りや例、生徒の成果物の確認など教室の内外で助けを得ました。②学習パートナーとしては、グループワークやディスカッションでの生徒の発話や行動、私のクラスの管理についてフィードバックをもらいました。そして、「三人寄れば文殊の知恵」という諺のように、一人では難しいことも、協力し合って授業の計画や改善ができました。③コーチやメンターとしては、日本語力を伸ばす方法を教えてもらいました。パートナーの中には私よりも経験豊富な方々もおり、メンターのように、私に研究論文の執筆、学会での発表など、様々な役割と責任を与えてくれ、様々なキャリアの選択肢を紹介してくれました。

母語話者と働く時に課題と感じることもあります。要約すると、それは「文化の違い」です。一つは生活習慣です。違う国から来ているので、ある人の常識は、他の人にとっては不自然なことかもしれません。そのため、簡単な挨拶でも誤解を招くことがあります。海外に行く時は、少なくとも赴任国のコミュニケーションの基本的なルールや関係構築に関する文化を学ぶことが非常に重要です。もちろん、受け入れる側も学ぶことが大切です。もう一つは職場文化です。プロジェクト遂行のために多くの人と協力する医師やエンジニアとは異なり、ほとんどの教師は授業の準備やクラス管理、また研究さえも一人で実行しています。そのため、母語話者との協働を望まない人もいます。仕事のパートナーを持つことに慣れていないからです。業務が増えたと不満に感じる人もいます。このような場合、母語話者がパートナーの文化や背景に好奇心を示すと、コミュニケーションが生まれます。自分から会話を始めたり、授業やプロジェクトのアイデアを提案するのは関係構築のためのよい戦略です。

現在、私はフィリピノ語の母語話者教師として日本で働いています。以前と逆の立場を体験しています。過去の経験をふりかえり、今では「母語話者」としての自分の役割や目的を常にふりかえり、同僚との効果的なコラボレーションを心がけています。その中で、結局のところ、母語話者か非母語話者かではなく、互いへの好奇心を持つ、コミュニケーションを取る、互いの長所と短所をサポートするということがすべてだと気づきました。これらすべてができれば、同僚として良好な関係を築くだけでなく、永続的な友情も得られると思います。

課題はあるかもしれませんが、それでも日本語母語話者と共に仕事をするメリットはそれを上回ります。ヘレン・ケラーの言葉にも「私たちが一人でできることはほとんどない。私たちが一緒にできることはたくさんある」とあるように、非母語話者と母語話者も、互いに助け合い、パートナーシップの可能性を活用したほうがよいと思っています。

［パルマヒル・フロリンダ・アンパロ］

第13章

最近マンネリ化しているかも……
教師の学びを考える

本章を読む前に考えましょう

1. 趣味や仕事など、今レベルアップしたいと思っていることはありますか。
2. スポーツや楽器、語学などをレベルアップしたい時、どのような工夫をしてきましたか。またどのような工夫ができると思いますか。
3. 日々のルーティーン化された作業（例えば、家事や勉強や部活など）について、そのやり方を工夫したり変えたりした経験について話してください。

教師は仕事を始めると教室ではすべての責任を負うことになります。それは新人教師もベテラン教師も同じです。養成講座を修了したり、日本語教育能力検定試験に合格したりして仕事を始めた教師は、その後それまでに学んだ知識を十分に活用して授業をしているのでしょうか。また長く働いている場合、その知識はアップデートされているのでしょうか。この章では、日本語教師としてどのように学び、成長し続けることができるのかを考えます。

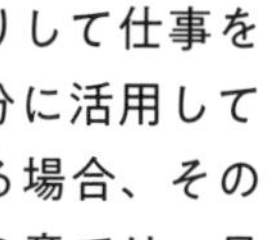

私は長澤美里です。
大学卒業後、日本語学校で非常勤講師として
働きはじめて3年目です。
毎日とても楽しく、職場の人たちとの
関係もよく、充実しています。
先日、高校時代の友人たちと食事していたとき
実は来年から、海外で日本語を教えることになったんだ！
すごー
友人の沖村さん
（日本語教師）
私は研修とか他校の授業見学が多くて大変
そのたびにレポート出さないといけないし
友人の藤田さん
（小学校教諭）
み…みんなすごい……
私は研修とかもないし、
去年、授業見学とか提案したけど、うまくいかず……
そのままにしていたなー
それに、毎日の授業もふりかえらずそのままにしていたなー

翌日
主任！
スキルアップのために どういうことをされていますか
土日に日本語教育の講座とか ワークショップに参加してます あとは他校の先生とも 情報交換していますよ！
しかし、他の先生に きいたところ……
専任9年目の金子先生
うーん…… ただでさえ進路指導に生活指導 新しい学生のための書類作成などで 時間なんてないですよね
日々の授業を しっかりやるのがベストかも 私は、学生からの授業の評価も よいので 今のやり方がいいかなと 受講料をはらって休みの日を つぶすのは嫌じゃないですか
たしかに土日も 授業の準備で いっぱいだし…… 講座やワークショップに 参加するなら、 お金もかかるし…… これから長く 日本語教師として働くには どうしたらいいんだろう

ケース 13

長澤美里

私は大学卒業後、日本語学校で非常勤講師として働き始め、3年目になります。今年から二つの学校を掛け持ちしていて、忙しい毎日を送っています。いろいろな国の学習者と関わるのはとても楽しく刺激的で、この仕事をずっと続けていきたいと思っています。また、職場の人間関係もよく、休み時間には他の先生方と雑談をしたりし、楽しく仕事をしています。ですが、先日高校時代の友人たちと食事をした時、友人たちの話を聞いて「私、このままでいいのかな?」と不安を感じるようになったのです。

友人の一人は私と同じ日本語教師なのですが、試験を受けて、なんと来年から海外で日本語を教えるそうです。卒業後も外国語を学んだり、ＩＣＴ技術を身に付けたり、日本語教育以外にもいろいろなことを学んできたそうです。

もう一人は小学校の先生をしているのですが、頻繁に研修があったり、他校に授業見学に行ったり、またそのたびにレポートを提出しなければいけなかったりと、大変だと話していました。

私が勤務する二つの学校では、半年に一回ミーティングがあります。ですが、次の学期の連絡と、同じクラスを担当する先生たちとのスケジュールの打ち合わしかしません。去年は、授業見学をお願いしたり、教材の共有の提案をしましたが、うまくいかず、その後、特に自分から学校や周りの先生へ働きかけることはしませんでした。毎日の授業の準備で精いっぱいで、日々の授業でうまくいかなかったことも、そのままになっていました。

翌日、職場の専任の先生方に、日本語教師としてスキルアップするためにしていることがあるか聞いてみました。教務主任の杉浦先生は、土日に日本語教育関係の講座やワークショップに参加したり、他校の専任の先生方と情報交換会をしているそうです。また、専任になって9年目の金子先生は、日常業務をこなすだけで時間がないから、日々の授業をしっかりやることが一番大切だと言っていました。学生からの授業の評価も高く、今のやり方がベストだと感じているそうです。高い受講料や交通費を払って休みの日をつぶすことにも抵抗があるようでした。

確かに、土日も授業準備があり、趣味も持てない忙しさですし、講座等に参加するとお金もかかります。でも、このままでいいのか、不安です。これから長く日本語教師として働くためには、どうすればいいのでしょうか。

いろいろな声を聞いてみよう

子どもたちの指導だけでなく、研修を受けなきゃいけなかったり、授業研究といって、他校に授業を見に行ってレポートを提出したりと、忙しいです。ダメ出しばかりもらったり……。正直、研修は無理やりやらされている気がして、仕事に生かせているのかわかりません。

藤田さん（友人の小学校の先生）

沖村さん（友人の日本語教師）

海外で働きたくて日本語教師になりました。だから、外国語も勉強したり、何か特技があったほうがいいかなと思ってICTのスキルアップのための講座に通ったりしました。やりたいことをやるためには、努力が必要だと思います。これからも目標を持ってがんばりたいです。

教師自身も学び続ける姿勢を忘れちゃいけないと思うんです。学習者のためにも、よりよいものを提供するのが自分の仕事だと思います。教務主任の立場なので、日々学んでいる姿勢を示すことで他の先生方にもいい影響を与えるのではないかと思っています。変化の激しい時代ですから、情報も更新して必要なものを身に付けるべきだと思います。

杉浦先生（教務主任）

金子先生

今の忙しさでは全く余裕がないです。金銭面でも交通費や受講料を払って休みの日に勉強に行くのは無理です。実は私、学習者から人気があるし、授業がわかりやすいって言われています。毎日の授業をしっかりやるだけで十分だと思います。

A　ケースの内容を確認しよう

1　長澤さんは今の仕事についてどう思っていますか。

2　教務主任の杉浦先生は、日本語教師としてどのようにスキルアップをしていますか。

3　金子先生はスキルアップするために研修などを受けることについて、どのように考えていますか。

B　ケースを読んで考えよう

1　高校の友人二人は、今の仕事に対する姿勢が長澤さんとは異なるようです。なぜそうなったと思いますか。

2　長澤さんは去年自分から学校や周りの先生にいろいろな提案していましたが、その後しなくなったのは、なぜだと思いますか。

3　杉浦先生、金子先生は、今の自分の仕事に関するスキルについてそれぞれどのように考えていると思いますか。

C　いろいろな声を聞いて話し合おう

1　小学校の先生をしている藤田さんは、今の研修についてどのように感じていますか。またなぜそう感じるのでしょうか。

2　杉浦先生は、長澤さんのロールモデルになると思いますか。また杉浦先生の立場で長澤さんにどのようなことができると思いますか。

3　金子先生の日本語教師の仕事に対する考え方に共感するところはありますか。またそれはなぜですか。

D　ディスカッション

あなたが長澤さんだったら、今後どのようなことができそうですか。三つ考え、優先順位を付けてください。また、そう考えた理由も話してください。

解説

学校での学びを終え、社会に出てから、人々はどのように成長をするのでしょうか。成長するために、どこでどのように学び続けているのでしょうか。その仕事のプロフェッショナルと言えるように学び続けるためにはどうすればいいのでしょうか。ここでは、広く社会人の成長からスタートし、教師、さらに日本語教師としてどのように成長していくことができるのか考えましょう。

成長のプロセス

まず、いくつかの熟達化プロセスを紹介します。これらのプロセスを見ることで、自身の現在地点が可視化でき、その先をイメージしやすくなります。最初に10年モデル、次にドレフィモデルの5段階、最後に教師の成長プロセスについて説明します。

●熟達化のプロセス①——10年モデル

スポーツや音楽や絵画といった分野で世界的に活躍するには、最低でも10年かかると言われています[1]。この10年では、ただ練習すればいいというわけではなく、よく考えられた練習をしなければなりません。このよく考えられた練習の条件には次の三つがあります[2]。

①課題は適度に難しいが、実行可能であること
②実行した結果について有益なフィードバックがあること
③何度も繰り返すことができ、誤りを修正する機会があること

これは、単なる経験の長さではなく「経験の質」が熟達には重要だということを示しています。しかし、このモデルはすべての職種に当てはまるわけではありません。例えば、スーパーのレジ打ちの技術のみを習得するのに10年という期間は必要ないでしょう。熟達者になるための期間はその仕事の特性と深く関わっているのです[3]。

また、ビジネス分野の研究では、最初の10年は経験を積むだけで個人の業績を伸ばすことができますが、10年を超えると、それまでの10年にどのような経験を積んだかが鍵になると指摘されています。10年が経過して以降も成長を続けるためには、それまでにどれだけ質の高い経験を積むことができたかが大切なのです。つまり、生涯成長をしていくためには、その時期に適した練習や経験を積んでいく必要があるのです[3]。

●熟達化のプロセス②――ドレフィスモデルの5段階

人間が技能を習得し、極めるプロセスを5段階に分けた研究もあります[4]。この研究は、民間航空会社のパイロットや世界的に有名なチェスの名人といった、ある分野の非常に技術の高い人を対象にしています。その研究では、初心者から熟達者になる際には、単なる知識の増加や技能の習得だけではなく、新しい技能を習得する方法にも変化が表れることがわかりました。

初心者の段階では、ほとんど経験を持たないため、明確な従うべきルールが必要になります。中級者になるとそのルールから離れられるようになりますが、まだ問題処理には困難さが残ります。また自分の業務に関係のないことに

表1　ドレフィスモデルの5段階[4]

段階	一言	内容
①初心者	レシピが必要	経験をほとんど持たない コンテクストに左右されないルールが与えられれば仕事を遂行できる 学びたい意欲はそれほどない
②中級者	全体像を見たがらない	独力で仕事に当たれるが問題処理に手こずる ほんの少しだけ決まったルールから離れられる 情報を手早く入手したがるが、理論・原則は望まない
③上級者	問題解決ができる	問題を探し出し解決する、ただし細部のどの部分に焦点を合わせるべきかの決定にはさらなる経験が必要 チームの指導者的役割、初心者への助言、達人のサポート
④熟練者	自己補正が可能	十分な経験と判断力を備える 自己改善、他人の経験から学ぶ、格言を理解し、うまく適用する能力を備える（例：パターンを効果的に適用） 何が失敗につながるかわかる
⑤達人	直感で動く	膨大な経験があり、上手に引き出し、ぴったりの状況で応用できる 理由があってそうするのではなく、直感に従って行う（「正しいと感じた」） 本質に関係のない部分と重要な部分の区別が無意識下でできる

は関心を示しません。上級者になると、効率よく作業ができ、自身で問題解決ができ、達人のアドバイスを応用できるようになります。熟練者は自分の業務を大きな枠組みで捉えられるようになるため、全体像を把握でき、さらに自己修正が可能になります。最終段階である達人は、正しいと感じたことを直感でできるようになります。

ケースに登場した長澤さんは、表1では①初心者だと思われます。一方、日本語教師になった高校の友人沖村さんは、長澤さんと同じ経験年数ですが、今後の進み方が異なるかもしれません。主任の杉浦先生、金子先生はどうでしょうか。多くの研究では、残念ながらほとんどの人がそれぞれの技能において第2段階の中級者より上に行くことはないと言われています。なぜなら、現在必要な仕事を行い、必要になると新しい仕事を学びますが、仕事を広範かつ概念的に理解することはないからなのです。そして、低い技能レベルに属する者には自分を過大評価する傾向が見られるという指摘もあります[4]。例えば、困難な状況に直面した際、初心者はあまり自信を失わないのに対し、達人は自分を疑い、より慎重に物事に対処しようとします。

これらの熟達化モデルは、ビジネスの分野や民間航空会社のパイロット、世界的に有名なチェスのプレイヤーの熟達プロセスを参考にしたものですが、実は教育学において、教師という仕事についても同様のことが言われています。

教師の成長プロセス

教育学者である秋田喜代美は、教師の成長プロセスを次の3段階に分けています[5]。

1 「初任期」教職3年目ぐらいまで
2 「中堅期」教職5年目から15年目ぐらいまで
3 「熟練期」教職20年目以降

しかし、これはあくまで目安にすぎず、ここでいう経験は、単なる長さだけではなく、質が問題となります。特に初任期から中堅期の変化においては、経験の内容とその経験を捉える認識の質が教師の成長と関係を持つと指摘されています。

では、日本語教育では、教師の成長プロセスはどのように捉えられているのでしょうか。文化審議会国語分科会の『日本語教育人材の養成・研修の在り方について（報告）改訂版』（以下『養成・研修』）では、日本語教師を養成・初任・中堅の三つの段階に分けています[6]。一方、日本語教育の研究者である横溝紳一郎は、教師の成長プロセスを5段階に分け、①・②段階をこれから教師になろうとする者、③~⑤段階を現職の教師としています。そして、現職の教師のそれぞれの段階を表2のように説明しています。表2の「④現職」は「自分から積極的に改善に取り組む」段階で、「⑤現職」は「完全に独り立ちして成長し続けられる」段階です[7]。

ケースに登場した長澤さんは、「このままでいいのか?」という不安を抱えていましたが、その解決方法はわからない状態でした。つまり、横溝が分類する「③現職(2)」の段階にいると思われます。一方、教務主任の杉浦先生は、自律的に学びの場に参加しており、その学びを授業改善につなげていると思われるため、「④現職」または「⑤現職」の段階にいるのではないでしょうか。一方、金子先生は自分から積極的に改善に取り組んでいるとは言い難く、「③現職(1)」の段階にとどまっていると推測できます。

ここまで、いろいろなモデルを見てきましたが、あなたは現在どこに位置しているでしょうか。

表2　文化庁・横溝の教師の成長プロセス[6][7]

文化庁	
養成	養成課程等で学ぶ者
初任	0～3年程度の 日本語教育歴
中堅	十分な経験 (2400単位以上)

横溝	
①養成	学部生・養成講座受講生
②養成	教育実習生
③現職(1)	成長を望まない「化石化」教師
③現職(2)	成長を望むがどうすればいいか わからない
④現職	自己研修型教師・内省的実践家
⑤現職	自己研修型教師・内省的実践家

求められる教師像

次に、成長という観点から求められる教師像とはどのようなものかを考えてみましょう。社会の急激な変化と多様化により、教育現場も大きく変わろうとしています。そこで求められる教師像も、かつての知識を伝達するだけの存在から、自ら学び成長する教師へと変化しています。学校教育では、世界的な教師教育の改革の中で生まれてきた教師像として、「生涯学習者としての教師」「自省的(反省的)実践家としての教師」「実践研究者としての教師」の三つを挙げています[8]。

近年、ICT技術の進化により、学習方法も大きく変わってきました。日本語教育の対象となる人たちもますます多様化が進んでいます。従来のやり方では適切な対応ができなくなっています。「生涯学習者としての教師」、つまり、学び続ける教師が求められているのです。変化の激しい時代では、その場にとどまることは停滞ではなく、むしろ後退となってしまうリスクもあるのではないでしょうか。

学びの機会は

では、「生涯学習者としての教師」になるために、どのような学びの場があるかを見ていきましょう。まず「養成」の段階では、様々な機関で日本語教師養成講座が開講されています。また、大学では主専攻・副専攻で日本語教育を学ぶことができます。それぞれの講座では教育実習も設定されており、修了後すぐに現場に出て教えることを目的としています。次に「初任」の段階ですが、日本語教育では今まで現職者向けの研修はあまり多く実施されてきませんでした。しかし、近年になり、日本語教育の質の向上を目的に教師の資格化に関する法整備が進められ、令和6年度から「登録日本語教員」が誕生します。「登録日本語教員」になるためには、日本語教育能力を判定するための2種類の試験に合格し、一定の教育実習を受ける必要があります[9]。現職者については、移行期間が設けられるということですが、公的な資格となるわけですから、すべての日本語教師が学び直す必要がありそうです。現在、文化庁は、初任者の研修として、その対象別に「生活者としての外国人」「留学生」「児童生徒」「就労者」「難民」、さらに「海外に赴く日本語教師」への研修を外部の団体に委託し実施しています。ですが、このような公的な研修を受ける人は限られている状況です。民間の教育機関が実施する現職者向けの講座も、その多くがオンラインで開催されるようになり、地域を選ばず参加できるようになりました。しかし、文化庁の研修と同様に、受講が義務付けられているわけではなく、すべての教師が何らかの研修を受けているというわけではありません。今後、現職者を含め、「登録日本語教員」を目指す人は、試験の合格に向け学ぶ必要がありますが、その学びの方法はそれぞれに任されています。

一方、学校教育の現場では、資格試験により最低限の水準が担保され、さらに２００９年から資格更新制度が導入されたことにより、その後も定期的に最新の知識技能を身に付ける機会が設定されていました。[10] しかし、この制度も教師の負担の大きさが問題となり、令和４年に法改正があり、更新講習受講の義務や更新手続きが不要となりました。グローバル化、情報化により教育をめぐる状況が加速度的に変化しています。そこでは、構造化され精緻化された研修では、教師が実践の場で経験する多様で複雑な課題を解決するための学びの機会にはなりえません。[11]「新たな教師の学びの姿」として、主体的な学び、個別最適な学び、共同的な学びが必要だとされています。[12] このように何らかの公的かつ義務としての研修制度ができたとしても、その制度が継続的に維持される保証はありません。さらに、日本語教師の働き方を概観すると、複数の教育機関を掛け持ちしたり、フリーランスという立場で日本語教育に携わっている人も少なくありません。機関での学びもなく、本人が主体的に学ぼうとしない場合、前述の横溝が指摘するような「化石化」教師になる危険性は高いと言えるかもしれません。

現職者の成長の鍵
——自己研修型教師・反省的実践家

ここで再度表２にある「自己研修型教師・反省的（内省的）実践家」について詳しく見ていきましょう。

●自己研修型教師

岡崎敏雄・岡崎眸の『日本語教育の実習—理論と実践』では多様化した学習者を対象とする教師の求められる形として**自己研修型教師**という考え方が提起されました。[13] 自己研修型教師の特徴として以下の二つが挙げられています。

1　他の人々が作成したシラバスや教授法をうのみにしそのまま適用していくような受け身的な存在ではなく

2　自分自身で自分の学習者に合った教材や教室活動を創造していく能動的な存在である　(p.15)

また、自己研修型教師は「自己選択的決定と実行力のある教師[14]」であり、自身の教室での活動を自分で観察したり評価したりし、そこで足りない知識や理論を自ら学び、改善していく教師だと言えます。この改善のプロセスは、一人で行うこともできますが、他者と行うほうが一人では気づかなかった視点を幅広く取り入れることができ、効果的だと言われています。

●反省的実践家（reflective practitioner）

ショーン（Schön, D.）は『反省的実践家―専門家は行為においてどう実践するか[15]』で、「**反省的実践家**（reflective practitioner）」という言葉を使い、複雑で不確実な時代において、専門家はこれまでの技術的熟達者から反省的実践家に転換すべきだと述べています。つまり、現実と経験から学び、さらにあらゆる知識とその経験を総合し、自らの行為の中で反省することが大切であると言っているのです。ここで使われている英語の「reflective」という言葉に対し、日本語では「内省的」「反省的」「省察的」という三つの訳語がよく使われているようです。「反省」という言葉には、できなかったことの原因を考えるというネガティブなイメージがあることと、複数の翻訳が混在することによる混乱を避けるため、ここでは**リフレクション**という表現を使いたいと思います。

成長のために――「リフレクション」

教師が成長し続けるためには、リフレクションができるかどうかが重要な鍵となります。リフレクションをするためには、まず、自身の**ゲシュタルト**に気づくことが大切です。ゲシュタルトとは、教師が何か行動をしたり判断をしたりするときに、無意識に働く感情や価値観などのことです[16]。理想の授業や技術的合理性に照らし合わせて授業をふりかえったり、また理論から見てできていないところを指摘するのではなく、個人のゲシュタルトを分析し、リフレクションのプロセスに生かすことが大切だと言われています。なぜなら、教師が自身のゲシュタルトに気づくことで、それを変化させることができるからです。

ゲシュタルトに気づき行動変容を可能にするリフレクションのプロセスを、コルトハーヘン（Korthagen, D.A.J.）は五つの局面に分けています[16]。

1　Action（行為）
2　Looking Back on the Action（行為のふりかえり）
3　Awareness of Essential Aspects（本質的な諸相への気づき）
4　Creating Alternative Methods of Action（行為の選択肢の拡大）
5　Trial（試行）

これらの頭文字を取ってALACTモデルと言います。1で実践を行い、2でその実践をふりかえります。3ではより理論的な要素が必要となり、自身で学んだり、指導者がいる場合は指導者からもたらされる場合もあります。そして行動の選択肢を広げた上で、次の実践にチャレンジするというサイクルを繰り返すことが大切です。この2から3への移行は困難で、ときに3のプロセスを飛ばし、2から4に移ってしまうことがあると言われています。そのためコルトハーヘンは本質的な気づきを促すために、「八つの問い」を用意しています（表3を参照）。この八つの問いを言語化していくことで深いリフレクションを促すことになります。相手の考え・感情・望みを推測し言語化することで、次の実践でより深く観察するようになったり、言語化できない部分には自分が普段意識を向けていないことに気づいたりします。この八つの問いも、他者と対話することでリフレクションがより深まります。

自分の中にあるものを整理し意識していなかった理念を見いだすツールとして**ティーチングポートフォリオ**（以下TP）があります。[17] TPは、教師が自分の授業実践や教育

図1　ALACTモデル[16]

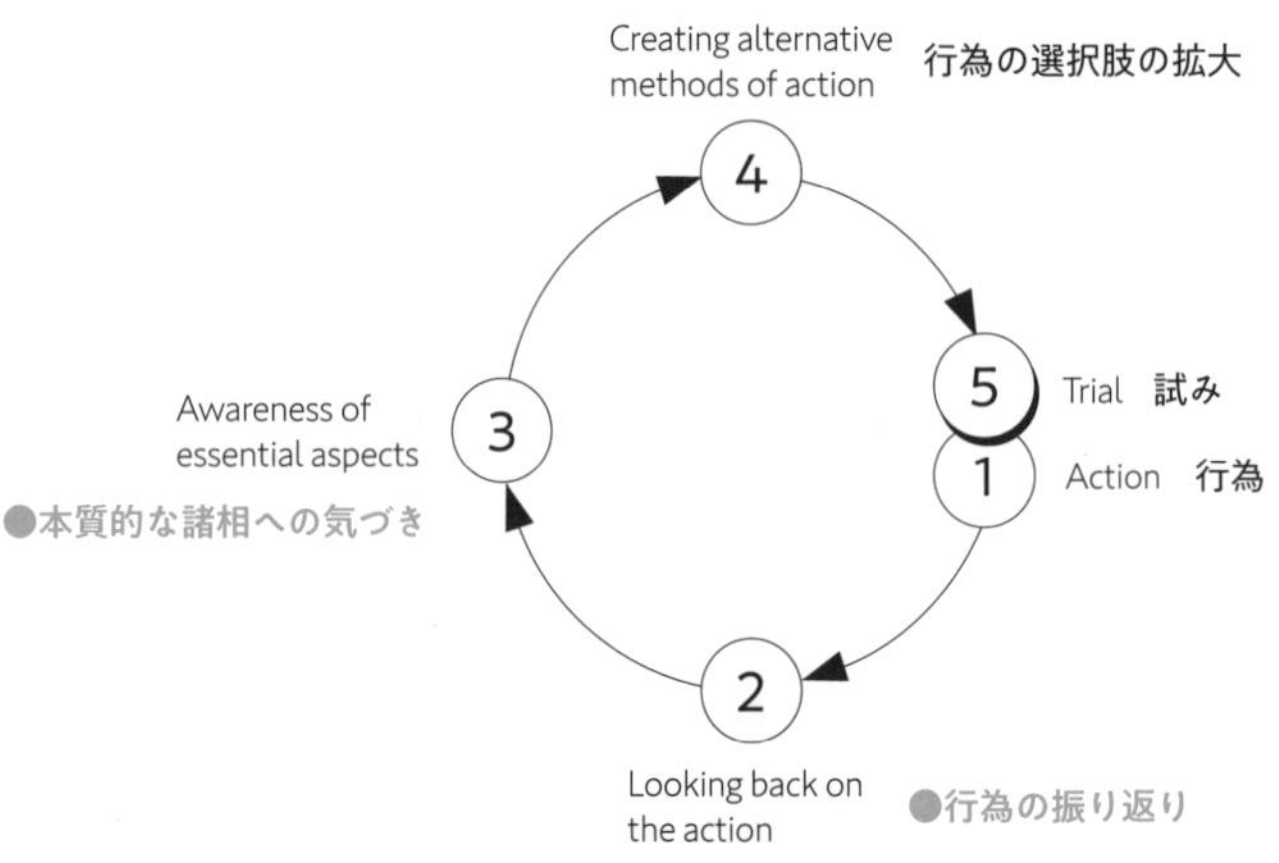

指導を目に見える形で第三者に伝えるために記録するもので、教師の授業実践に対してリフレクションを促し、授業改善への取り組みにつながるものです。

このTPはA4用紙8〜10枚程度の文章をトレーニングを受けたメンターとの対話を通して3日ほどかけて作成します。TPをA3用紙1枚のシートに簡略化したものがTPチャートです。TPチャートは2時間ほどで作成が可能です。自身の教育活動、方法、方針、理念を他者との対話を通してふりかえります。そして、次に理念から方針・方法がつながっているかどうか検討します。このプロセスを通してそれまで気づいていなかった理念が見いだされたり、理念と方法の接続が実はうまくいっていなかったりといったことに気づきます。その気づきが授業実践の改善につながっていきます。TPチャート作成のワークショップはいろいろなところで開催されており、特に異分野の人とペアで対話することが効果的です。異分野の人に自分の活動について説明し、さらに方針・理念を言語化し伝えることで、日本語教育以外の視点に触れ、より深い気づきを得る機会となります。

表3　八つの問い

	私（教師）	相手（学習者）
Do	何をしたのか	何をしたのか
Think	何を考えたのか	何を考えたのか
Feel	どう感じたのか	どう感じたのか
Want	何をしたかったのか	何をしたかったのか

図2　TPチャートサンプル

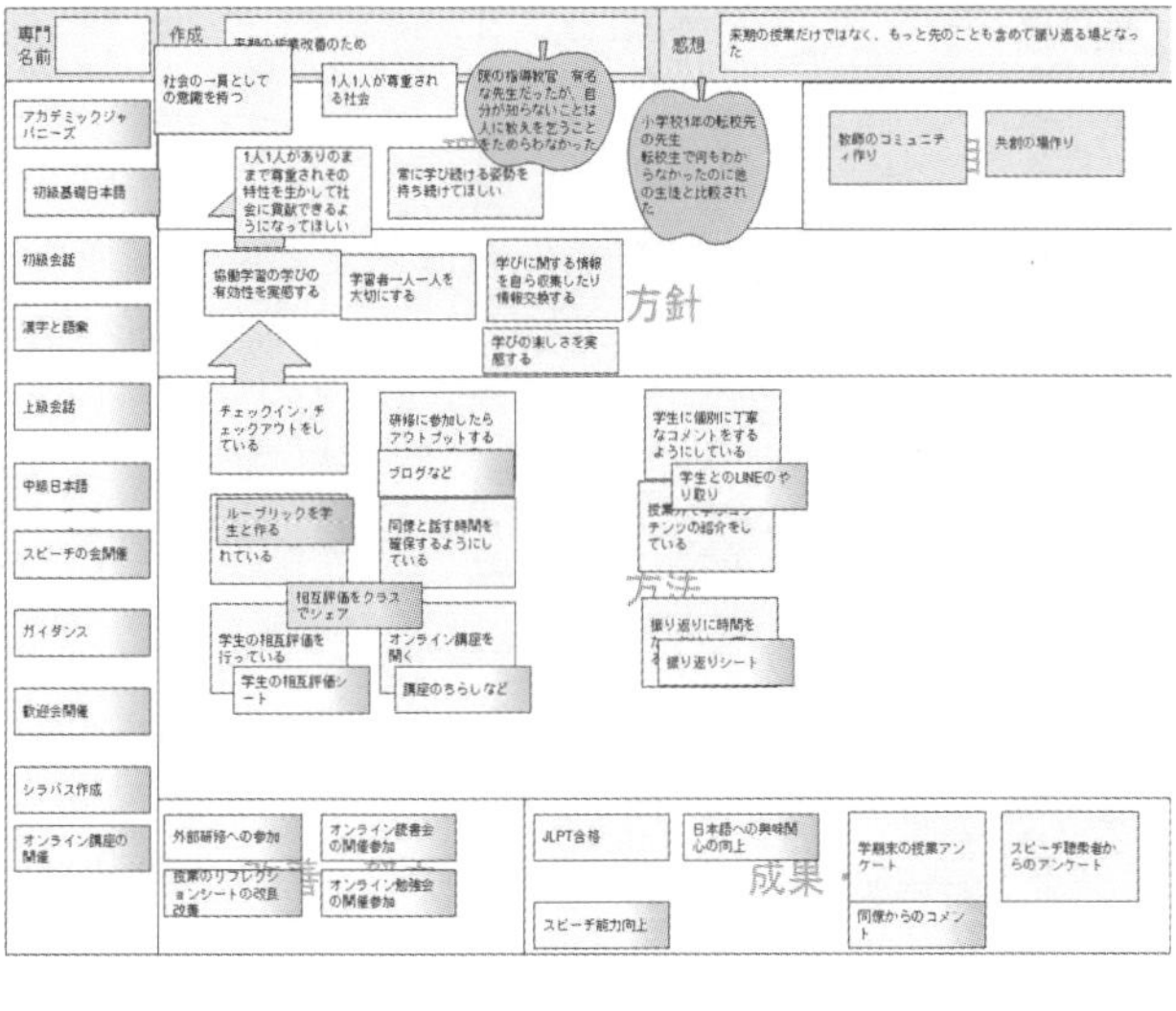

教師のネットワーク

本章で紹介した横溝は、教師教育者の立場から現職の教師への支援の一つとして「教師間ネットワークづくりに尽力する」ことを挙げています。教師の成長は一人で取り組むには限界があります。日々の授業のふりかえりをしているからといって、それが必ずしも改善につながらず、停滞している場合もあります。また経験が長くなるほど変化への恐れが生まれ、既存のやり方を変えることへの抵抗感が高まることもあります。ですが、他者の視点が入ることで、教師としての化石化を回避できるとともに、共に学ぶ他者の存在が一歩踏み出す勇気をくれるかもしれません。このように、学びの仲間の必要性は、いろいろなところで指摘されています。さらに、前述したように日本語教師の多様化が進む中、組織に属さずフリーランスで働く人も増えています。また、海外の大学で職場に日本人教師が一人しかいないという環境に置かれている教師もいます。組織を越え、成長し続ける教師として共に学ぶためには、ネットワークづくりが不可欠となります。

共に学べる場をオンラインで作った団体もあります。NPO法人YYJにより2018年9月から2019年6月まで計31回のオンライン読書会の開催が実施されました。[18] この読書会終了後の参加者へのアンケートから、対象書籍の内容理解だけでなく、「対話を通してのつながり」「成長への意欲」に関する回答が多く寄せられたことが報告されています。この読書会には国内外から多様な教師が参加しており、毎回行われた小グループでのディスカッションにより、世界各地からの参加者が「つながり」や「ネットワークの広がり」を感じ、対話から刺激を受けていたことが窺えます。現在は、読書会以外にもオンラインを使用して様々な勉強会、ワークショップなどが開催されています。

このように、ＩＣＴ技術の発達により、居住地の制限を取り払い、気軽に学びの場に参加することができるようになってきました。現在では、全国でこのような目的に応じた学びの場がつくられています。こうした様々な機会を活用し、仲間と共に学び続けられるかどうかが、達人、または自己研修型教師・反省的実践家になれるかどうかの鍵になっているのではないでしょうか。

発展活動

①ケースについての議論を踏まえ、解説を読んで新たに気付いたことはありますか。どのようなことを考

えましたか。
②あなたが最近うまくいかなかったと思うことを一つ思い浮かべてください。その出来事についてコルトハーヘンの八つの問いを使って、周りの人と質問し合ってみましょう。
③日本語教育関係にどのようなネットワークがあるか、調べてみましょう。そこではどのような活動が行われていますか。

参考文献

[1] Ericsson, K. A. (1996).The Acquisition of expert performance: An introduction　some of the issues. In K. A. Ericsson (Ed.), *The Road to Excellence: The Acquisition of Expert Performance in the Arts and Sciences, Sports, and Games* (pp.1–50). Mahwah, NJ: Lawrence Erlbaum Associations.
[2] Ericsson, K. A., Krampe, R., & Tesch-Romer, C. (1993). The role of deliberate practice in the acquisition of expert performance. *Psychological Review, 100* (3), pp. 363–406.
[3] 松尾睦（2006）『経験からの学習―プロフェッショナルへの成長プロセス』同文舘出版
[4] アンディー＝ハント（武舎広幸・武舎るみ訳）（2009）『リファクタリング・ウェットウェア―達人プリグラマーの思考法と学習法』オオライリー・ジャパン
[5] 秋田喜代美（1997）「中堅教師への成長と停滞を越えて」『児童心理』51(7), pp. 117–125.
[6] 文化審議会国語分科会（2019）『日本語教育人材の養成・研修の在り方について（報告）改訂版（平成31年3月4日）』<https://www.bunka.go.jp/seisaku/bunkashingikai/kokugo/hokoku/pdf/r1393555_03.pdf>（2020年8月31日閲覧）
[7] 横溝紳一郎（2021）『日本語教師教育学』くろしお出版
[8] 佐藤学（2017）『専門家としての教師を育てる―教師教育改革のグランドデザイン』岩波書店
[9] 文化庁「日本語教育の適正かつ確実な実施を図るための 日本語教育機関の認定等に関する法律案（仮称）の検討状況について」<https://www.bunka.go.jp/seisaku/bunkashingikai/kokugo/nihongo/nihongo_117/pdf/93833701_06.pdf>（2023年4月16日閲覧）
[10] 文部科学省「教員免許更新制」<https://www.mext.go.jp/a_menu/shotou/koushin/08051422/004.htm>（2021年12月20日閲覧）
[11] 文部科学省「「教育公務員特例法及び教育職員免許法の一部を改正する法律」が成立」<https://www.mext.go.jp/b_menu/activity/detail/2022/20220511.html>（2023年4月17日閲覧）
[12] 百合田真樹人（2022）「教員政策と教師教育システムのパラダイムシフト―教師の専門職的成長の意味と責任主体の変移」『日本教師教育学会年報』31, pp.20–29. 日本語教師教育学会
[13] 岡崎敏雄・岡崎眸（1997）『日本語教育の実習―理論と実践』アルク

[14] 林さとこ（２００６）「教師研修モデルの変遷―自己研修型教師像を探る」春原憲一朗・横溝紳一郎（編）『日本語教師の成長と自己研修―新たな教師研修ストラテジーの可能性をめざして』pp.10–15. 凡人社
[15] ドナルド＝ショーン（佐藤学・秋田喜代美訳）（２００１）『専門家の知恵―反省的実践家は行為しながら考える』ゆみる出版
[16] フレット＝コルトハーヘン（武田信子訳）（２０１８）『教師教育学―理論と実践をつなぐリアリスティック・アプローチ』学文社
[17] 土持ゲーリー法一（２００７）『ティーチングポートフォリオ―授業改善の秘訣』東信堂
[18] 大隅紀子・眞鍋雅子（２０２０）「日本語教師の学びの場としてのオンラインの可能性と課題―長期間にわたるオンライン読書会の実践」『２０２０年度日本語教育学会春季大会予稿集』pp.420–425.

もっと学びたい人のための
文献案内

横溝紳一郎（2021）『日本語教師教育学』くろしお出版
日本語教師教育について理論的枠組みと具体的な実践方法が書かれています。成長段階別にどのようなサポートが必要かが詳しく書かれているため、成長し続ける教師であるためのヒントがたくさん得られます。

武田信子・金井香里・横須賀聡子（2016）『教員のためのリフレクションワークブック―往還する理論と実践』学事出版
教師がリフレクションをするきっかけとなる教材で、理論を学びながら実践ができます。ワークは個人でするもの、他者とするものがあり、教師の資質・能力についてもじっくり考えることができます。

栗田佳代子・吉田塁・大野智久（2018）『教師のための「なりたい教師」になれる本！』学陽書房
ティーチングポートフォリオチャート（TP チャート）の作成手順が丁寧に書かれています。TP チャート作成により、これまでの教育実践をふりかえりながら、自身の教育理念を明らかにしていくことができます。本書を参考にしながら、組織の研修会などで同僚と一緒に作成することをおすすめします。

飯野令子（2017）『日本語教師の成長―ライフストーリーからみる教育実践の立場の変化』ココ出版
日本語教師の成長を捉えるための手法として、ライフストーリー研究を用いています。5名の日本語教師のライフストーリーの記述が興味深いです。

Column

自己研鑽ツールとしてのSNSのススメ

好きな芸能人や知識人などをフォローし、興味がある話題のつぶやきを読むためだけのものだったSNSが、日本語教師としての自己研鑽ツールとして、なくてはならない存在になることなど、数年前の私には想像もできなかった。きっかけとなったのは、国際交流基金からカナダに派遣されてきた村上吉文氏である。当時私は存じ上げなかったのだが、村上氏は以前からSNSで積極的に日本語教師に向けた情報発信をしており、村上氏の研修に参加しているうちに、私も彼をX、当時のTwitterでフォローするようになった。そこで村上氏と交流していたのは、世界中の様々な環境で教える日本語教師たちで、カナダの大学で教えている私には滅多に出会う機会のない人たちだった。そこではそんな多様な日本語教師たちが、言語教育について活発な議論を行い、活動のアイデアや自身の得意分野で培った情報を惜しみなく共有していた。教師として学ぶ方法といえば、書籍を読むか、学会や研修に参加するぐらいしか知らなかった私はそこで大変な刺激を受け、このように手軽な学びの場があったことに大変興奮したことを覚えている。

２０２０年に入り、新型コロナウイルス感染予防対策で世界各地でオンラインの授業が始まると、SNSでの情報交換はますます盛んになった。当初、私は慣れないZoomで学生の反応がうまくつかめず、授業が一方方向になりがちなことに悩んでいたが、SNSで共有されていた様々なアイデアを試しながら、徐々にカメラに頼らずに学生をアクティブに授業に参加させることができるようになっていった。時にはユーモア溢れる同業者の失敗談ツイートに共感し、SNSは実践面でも精神面でも頼りになる存在となった。ただ残念なことに、そこにはカナダの同業者はあまり見当たらず、世界中の日本語教育現場の様子を知るにつれ、カナダではどうしているのだろうと、自分と同じカナダの日本語教師と情報交換したいという気持ちが強くなっていった。そんな中、村上氏が「Zoomでハナキン」という交流会を始め、学会や研修とは違うくつろいだ雰囲気の中で行われる同業者との交流にさらに大きな刺激を受けた私は、とうとう自らZoomでハナキンのカナダ版を企画する。私の人脈では五、六人集まれば成功だと思って開いた会だったが、最終的には30人近くの日本語教師が集まり、思い描いていた通りの和気藹々とした実りのある交流会となった。

その後カナダでも様々なオンラインの交流会が開催され、私が主催者として関わった交流会はこれが一度きりとなったが、そのきっかけとなったX（旧Twitter）での世界中の日本語教師とのつながりは、いまだに私にとって大切な学びの場であり続けている。何かわからないことがあれば質問し助けてもらい、自分でも時々うまくいった活動のアイデアを発信して恩返しをする。毎日何かを学び元気をもらうことができる、それが日本語教師のSNS空間だ。まだこの世界を見たことがない人は、まずは日本語教育用のSNSアカウントを作成し、世界中の日本語教師のアカウントをフォローし始めることからおすすめしたい。

［青木裕美］

第14章

やっぱりあきらめたほうがいい？

日本語教師の労働環境とキャリア形成を考える

本章を読む前に考えましょう

1. 日本語教師の仕事の魅力は何だと思いますか。
2. 日本語教師を職業とする際に（あるいは現在職業としていて）、心配や不満はありますか。それはどのようなことですか。
3. あなたが仕事を決める際に重視することは何ですか。

日本で暮らす外国人が増え、また人々が世界中を盛んに移動する時代になっています。このような時代において、日本語教師が果たす社会的な役割はますます大きくなっていくでしょう。しかし、残念なことに日本語教師が置かれている労働環境は必ずしもよいとは言い難い現状があります。そのため、日本語教師という職業に就くかどうか迷ったり、将来のキャリアについて悩んだりする人も少なくないようです。この章では、日本語教師の労働環境と日本語教育におけるキャリア形成について考えてみましょう。

内田拓末です。日本語教育に興味があり、大学の副専攻で日本語教育を学んでいます。地域の日本語教室でボランティアもしています。

その中で日本語教育のおもしろさに目覚め、卒業後は日本語教師になりたいと思っています。

しかしSNSやブログでは、日本語教師のよくない話が多く…

給料が安い…

やる気のない学習者が多くて大変……

授業準備や採点は時間がかかってしまう……

家族に相談をしてみると……

日本語教師なんて職業きいたことないよ 日本人なら誰でも教えられるんだから、わざわざ職業にしなくてもいいんじゃない？

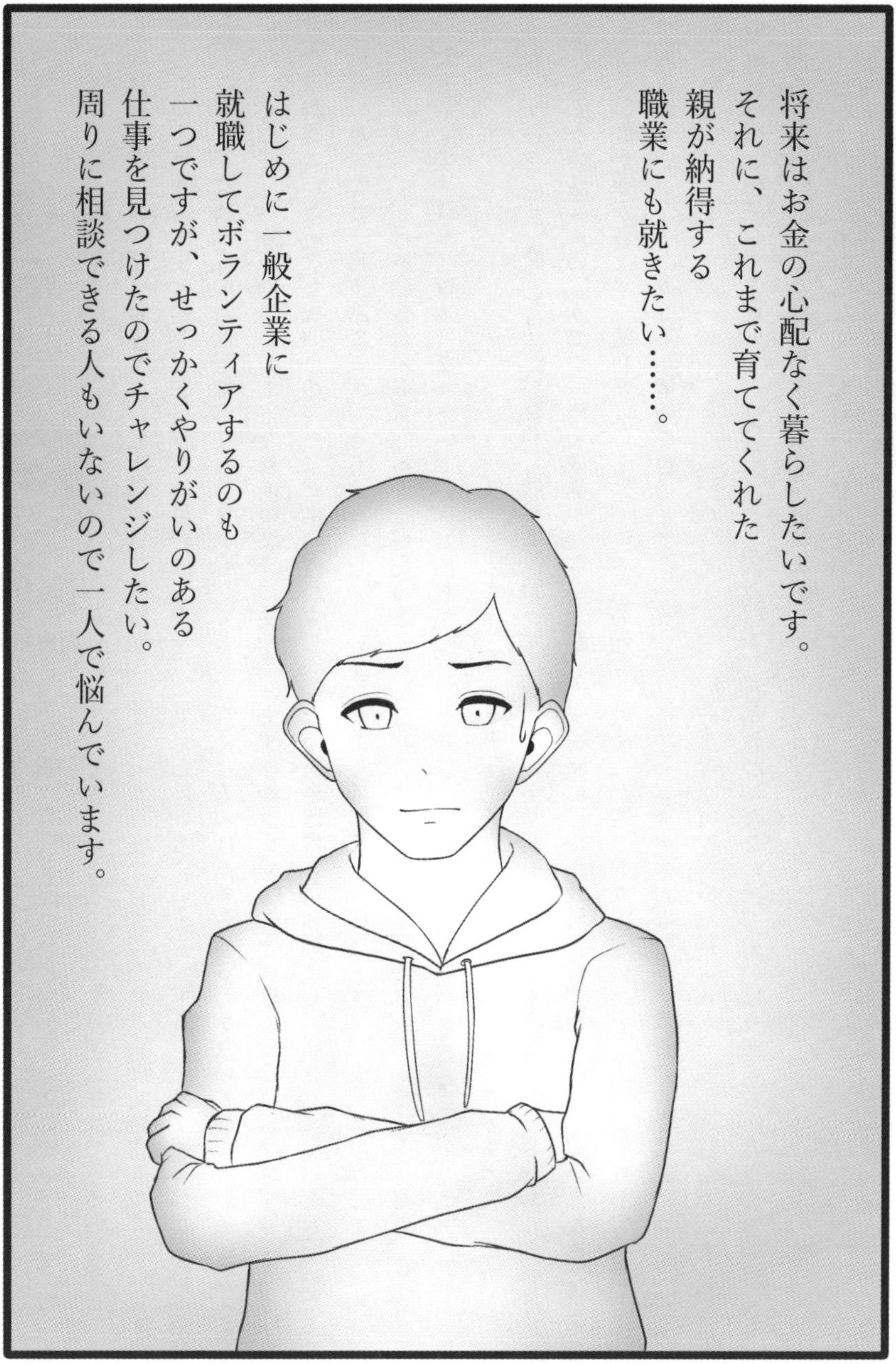
将来はお金の心配なく暮らしたいです。
それに、これまで育ててくれた
親が納得する
職業にも就きたい……。
はじめに一般企業に
就職してボランティアするのも
一つですが、せっかくやりがいのある
仕事を見つけたのでチャレンジしたい。
周りに相談できる人もいないので一人で悩んでいます。

ケース 14

内田拓末

私は社会学専攻の大学2年生です。日本語教育に興味があり、この1年間、大学の副専攻で日本語教員養成課程を受講しながら、地域の日本語教室でボランティアもしてきました。そして、自分が母語として当たり前のように使ってきた日本語のいろいろな規則を知ったり、学習者が少しずついろいろなことを日本語で表現できるようになっていく姿を見たりして、日本語教育のおもしろさに目覚めました。大学卒業後は日本語教師になりたいという気持ちが強くなっています。

でも、ブログやSNSを見ていると、日本語教師ってあまりよくない話も多いようです。授業準備や採点が大変ですごく時間がかかるとか、給料が安いとか、やる気のない学習者が多いとか……。こんな情報を目にして、不安に思っています。

家族にも少し相談してみたら、「日本語教師なんて職業、聞いたことない」「日本人なら誰でも日本語教えられるでしょ？　わざわざ仕事にしなくてもいいんじゃない」と言われ、日本語教師の社会的な認知度や地位の低さを感じてしまいました。

将来は家庭を持つかどうかわかりませんが、いずれにせよ、それほどお金の心配をせずに生活できる収入がほしいです。これまで育ててくれた両親が納得してくれる仕事に就きたいとも思います。でも、それが難しいなら日本語教師になるのはあきらめるしかないのかなと最近は考えています。ボランティア経験はあまり評価されず社会人経験もない新卒は日本語教師として雇われにくいとも聞いたことがあるので、卒業後はまず一般企業に就職して、週末にボランティアを続けるのがいいのかも……。ただ、せっかくやりがいを持って取り組めそうな仕事が見つかったのに、それをあきらめてしまうのもなんだかもったいないし、悔しいです。チャレンジしてみたい気持ちもあるんです。

一緒に日本語教員養成課程を受講している友達は日本語教師になるつもりはないという人ばかりだし、大学のキャリアセンターの人も日本語教師の就職活動についてはよくわからないみたいだし、一人で悶々と悩んでいます。日本語教師になるのは、やっぱりあきらめたほうがいいでしょうか。

いろいろな声を聞いてみよう

大学卒業後は一般企業に10年ほど勤めていたのですが、日本語教育に興味を持ち、420時間の養成講座を受けました。その後、日本語学校の非常勤講師として日本語教師のキャリアを始めました。数年後、専任講師になり、今は教務主任をしています。確かに給料はもっと高ければいいなとは思いますが、新しいコースを立ち上げたり教師研修を企画したりすることができ、やりがいを感じています。

五十嵐さん（日本語学校教務主任・41歳）

ワンさん（大学教員・36歳）

母国の大学で日本語を専攻しました。卒業後、日本の大学院に進学し、日本語教育学の博士号を取得しました。今は母国の大学に就職し、日本語を教えるとともに卒業論文の指導も担当しています。また、教育だけでなく研究も業務の一つです。成果が求められるので大変といえば大変ですが、おもしろい結果が得られると、とてもうれしいです。

日本語教師として5年ほど働いていましたが、出産を機に退職しました。子どもが幼稚園に入り、今は近くの小学校で、外国につながる子どもたちの日本語指導補助を週に数回やっています。最近はオンラインでも日本語を教え始めました。これから少しずつ仕事を増やしていきたいと考えています。

嶋村さん（日本語指導補助／オンライン日本語教師・30歳）

笹山さん（出版社勤務・28歳）

大学で日本語教育を学んだ後、公的機関から派遣されて海外で日本語を教えました。日本に帰ってきてからは日本語学校で非常勤講師をしていたのですが、収入が不安定で……。日本語教育の教材を出している出版社の求人が出ていたので、応募しました。今は、日本語教師だった頃の経験を生かしながら教材の編集をしています。

A　ケースの内容を確認しよう

1　内田さんは日本語教師のどのようなところに魅力を感じていますか。

2　内田さんは日本語教師のどのようなところに不安を感じていますか。

3　内田さんは卒業後の進路についてどのように考えていますか。

B　ケースを読んで考えよう

1　内田さんは一人で悩んでいるようです。卒業後の進路を考えるために、内田さんは他にどのようなところで情報を得たり、どのような人に相談したりできると思いますか。

2　内田さんの家族のように「日本人なら誰でも日本語を教えられる」と言う人に対して、あなたならどのように反論しますか。

3　内田さんは日本語教師の給料の安さや社会的地位の低さを感じています。あなたはこれらの問題はなぜ生じていると思いますか。

C　いろいろな声を聞いて話し合おう

1　あなたの周りに日本語教師がいますか。その人は、これまでどのようにキャリアを積んできて、今は何をしていますか。

2　ここに登場する人たちは、国内外で日本語教育に関連する様々な仕事に就いています。あなたが理想とする日本語教育との関わり方に近い人はいますか。ここにいなければ、あなたの理想とする関わり方はどのようなものですか。

3　ここに登場する人たちは仕事をする上で、それぞれどのような専門的な知識やスキル、能力を持っていると思いますか。

D　ディスカッション

あなたは日本語教師になるための教育を受けたり日本語教育の仕事をしたりする中で、どのような知識やスキル、態度を身に付けましたか。それは、将来の仕事（日本語教師でもそれ以外でもかまいません）において、どのように役立つと思いますか。また、それらは社会においてどのような重要性を持つと思いますか。

解説

内田さんは日本語教師になることに不安を抱えています。同じように不安を感じている日本語教師志望者や現職日本語教師は多いのではないでしょうか。ここでは日本語教師の労働環境について指摘されていることを整理し、その原因を考えます。また、日本語教育においてキャリアを形成していく上でヒントとなりうる考え方も提案します。

日本語教師の労働問題

日本語教師のやりがいはどこにあるのでしょうか。あるアンケートで、現役日本語教師たちはこの仕事の楽しさや喜びは「学生の成長を見られる」「様々な考え方を持つ学習者と接し、多くのことを学べる」「日本語に対する発見がある」といったことにあると答えています。[1] みなさんも、きっと日本語教師という職業にそれぞれ魅力を感じていることでしょう。

しかし、ケースに登場する内田さんが見聞きしたように、日本語教師の待遇や労働環境について様々な問題が指摘されているのも事実です。先のアンケートで現役教師たちが答えたように、この仕事を通して多くのやりがいや楽しみを得られることは間違いありません。しかし、日本語教師としてキャリアを形成したり、労働環境をめぐる問題を改善したりしていくためには、まず問題とその背景を把握し、何ができるか考えることが必要です。

●労働時間の長さ

日本語教師が労働条件が悪いと感じる一因に、時間外労働の多さがあるようです。ある調査では、ワークライフバランスが著しく崩れるほど授業準備に時間とエネルギーを費やしたり、業務を過剰に抱え込んでしまったりしていることが示されています。[2] 日本語教師は特にキャリアの初期においては有期契約で働くことが多く、継続して雇用されるために所属機関から低く評価されてはならないというプレッシャーを感じていることが、このようなオーバーワークにつながっているようです。また、常によりよい授業を目指すことが教師としてのアイデンティティとなっていることも、つい働きすぎてしまう原因ではないかと言われています[3]。

さらに、日本語教師の業務が多岐にわたっていることも関係していそうです。日本語教師の仕事は授業だけではありません。教育機関や職位、専任教員か非常勤教員かによっても異なりますが、日本語教師の業務には授業以外にも時間割や業務シフトの作成、予算関係業務、学生対応、人事関係業務、広報関係業務などがあります[4]。これら多様な業務をこなすために、好むと好まざるとにかかわらず時間外労働が増えてしまうと考えられます。

●職業としての社会的地位

ケースの中で内田さんは家族に「日本語なんて日本人なら誰でも教えられる」と言われてしまいました。みなさんもそのような経験はありませんか。日本語教育を学んでいれば、これが間違いであることは明らかですが、一般的には必ずしもそのように捉えられていないようです。残念ながら、日本語教師の専門性や重要性は社会から軽く見られがちであり、職業としての地位も高いとは言い難いのが現状です。その原因を特定するのは難しいですが、以下のようなことが考えられます。

まず、「日本語ができれば誰でも教えられる」と人々が考えがちであることです。そのため、日本語教師は特別な専門教育を受けなくてもできると思われ、専門性が過小評価されやすいようです。日本語に限らず様々な言語の教師101人の経験を聞き取った調査でも、教師たちは言語を教える自分たちの専門性が十分に評価されていないことを不満に感じていました[5]。また、大学生や職業人に対する語学教育はあくまでアカデミックな専門分野を学んだり仕事を遂行するための準備教育と見なされ、語学教員はコンテンツを教える教員よりも待遇が悪かったり教育の核となる取り組みに参画させてもらえなかったりすると指摘されています[6]。

次に、「教えるということ」は専門的な行為であると十分に理解されていないことがあります。哲学者のショーン(Schön, D.)は、**技術的合理性**と**行為の中の省察**という2種類の専門性の捉え方を提示しました[7]。前者の捉え方では、科学的で標準化されている知識を有することが専門性であると考えます。一方、後者の捉え方では、不確実・不安定・個別的で価値葛藤を含む実践の中で、それぞれの状況に特有の特徴をその都度見出し、暗黙的な自身の見方や行為を自問自答しながら状況との関わり方をデザインすることも専門性であると考えます。社会福祉や教育などに関する専門職は技術的合理性に欠けていると思われていましたが、実は絶えず行為の中の省察を行う専門家であることをショーンは指摘したのです。しかし、一般的にはいまだに技術的合理性のみを専門性と捉える見方が強いと言います。日本語教師は、それぞれの教室で起きる個別具体的な出来事と対話しながら教育を展開しており、まさに行為の中の省察という専門性を発揮しています。しかし、このような専門性には人々の目があまり向けられていないのではないでしょうか。

さらに、日本語教師の地位の低さには、職業として国家や法律の庇護を十分に受けてこなかったことも無関係ではないでしょう。ある職業が専門職として安定した地位を獲得するには、他の職業との職域のコンフリクトが解消・弱化されるとともに、その職業の知識や技術が経済的報酬に変換される必要があります。[8] 同じ教育職でも学校教員の社会的な地位は、日本語教師に比べるとそれほど低くないと思われます。それは学校教員の職域が国家や法律によって保護され、報酬も法律で規定・保障されてきたためだと考えられます。翻って、日本語教師の職域や報酬は国家や法律によって公的に守られてきたとは言い難いのが現状です。

●賃金

文化庁が２０２２年に行った調査によると、日本国内の４万４０００人余りの日本語教師のうち、ボランティアが49・0%と全体の半分近くを占め、非常勤が36・1%、常勤が14・9%となっています。[9] このうち多くのボランティアは日本語教育に対する報酬は得ていません。また、東京都と近郊６県の日本語学校で行われたアンケート調査[10]によると、回答した日本語教師３６１人の１カ月の総収入の平均額は約14万円で、半数以上は5~15万円未満でした。もちろん、これより収入のある教師もいますが、大学日本語教員養成課程研究協議会の調査によると、日本語教師の収入と最終学歴には強い関係があり、最終学歴が高い人ほど多くの収入を得ているようです。[11] これは、一般的に修士号や博士号が必要とされる大学などの高等教育機関や政府系団体の給与は、民間の日本語学校より高い傾向にあるためだと思われます。しかし、日本語教師としてしっかり仕事をしている人に対しては、必ずしも大学院で学位を取らずとも生活に不安を感じることがないだけの賃金が支払われるようになる必要があることは言うまでもありません。

日本語教育研究者の有田佳代子は、日本語教師の賃金が低水準のまま改善されずにきた要因の一つとして、多様な価値観が日本の労働市場に参入することを拒む**単一民族神話**があるのではないかと述べています[12]。この「神話」が、外国人を単なる「労働力」と見なし、日本に定住し生活を営む「移民」とは認めようとしない日本政府の姿勢、さらには外国人の日本語教育に対して公的予算を付ける必要はないという社会の雰囲気を下支えしているのではないかと言います。このような状況で日本語教育はボランティアが無報酬・低報酬で行うものと位置付けられてきました。多くの民間日本語教育機関は公的な補助金を得られず、学習者からの授業料に頼る経営を強いられ、日本語教師に十分な給与を支払うための資金を確保しにくい状況に置かれてきたのです。その結果、日本語教師の賃金は上がらないままになっていると考えられます。

単一民族神話

日本という国家は、単一純粋の起源および共通の文化と血統をもった日本民族だけで構成されてきており、今もそうであるという概念[13]。

日本語教師の労働環境を改善するために

これらの問題を改善していくために、日本語教師は何ができるのでしょうか。近年、言語教師の役割には、ただ教室の中で学習者に教えるだけではなく、より広い社会制度や支配的なイデオロギーと交渉し、言語学習・教育の課題や価値を発信していくことも含まれると考えられるようになっています[14]。単一民族神話に疑問を投げかけたり、日本語教育関係者以外に向けて日本語教育の意義と重要性を伝えたり、日本語教師には高度な専門性があることを示したりすることは、日本語教師の労働問題の改善を阻んでいる環境や制度を変えていくことにつながるでしょう。

『多文化社会で多様性を考えるワークブック』[15]という書籍があります。この本は、国際化・多文化化する現代において多様性を受容するための知識やスキルの獲得を促すために、日本語教師である著者たちが一般の人々に向けて書いたものです。必ずしも書籍という形ではなくとも、このように日本語教師が教室や学校の外に目を向け行動していくことで、日本語学習・教育を取り巻く環境が改善され、ひいてはより広い社会において日本語教育の重要性や専門性が認知されるようになるのではないでしょうか。それは、これまで日本語教師の労働問題の改善を阻んでいた要因を解消していくことでもあり、日本語教師の労働環境が是正されるための土台となると思います。

日本語教師のキャリア

とはいえ、そのような努力が実を結ぶには、それなりに時間がかかると思われます。今まさに日本語教師になるかどうか考えている人にとって、いかにキャリアを形成していくかはより切迫した問題でしょう。そこで、日本語教師としてのキャリアを考える際に留意しておくとよいと思われることを2点挙げます。

●日本語教師が働く場所は幅広い

ここまでひとくくちに「日本語教師」という名称を使ってきましたが、その内実は様々です。日本語教師が働く機関は国内外の民間日本語学校、大学、専門学校、政府系の団体、小中高校、NPO、一般企業など多岐にわたります。どこの機関にも属さず自分で学習者を集めるフリーランスという働き方もあります。

どのような国や機関で働くかによって、関わる学習者のバックグラウンドは大きく異なってきます。従事する業務も、例えば、大学教員の場合は教育に加えて研究も重要な仕事になりますし、国際交流基金などでは日本語能力試験のような大規模なテストの開発に携わることもあります。自分はどのような国や機関で、どのような学習者と関わりたいか、日本語教育のどのような仕事に携わりたいかを考えてみるとよいでしょう。

●キャリアパスも多様

キャリアパスが非常に多様であることも、日本語教師の特徴です。全く違う職業に就いた後に日本語教師に転職する人もいれば、大学で日本語教育を専攻してそのまま日本語教師になったり大学院に進学したりする人もいます。日本語教師になってからも、働く国や機関を変えながらキャリアを積んでいくことは珍しくありません。

さらに、必ずしも教壇に立つのではない形で日本語教育に携わることもできます。本章の「いろいろな声を聞いてみよう」に登場した笹山さんは、日本語教育の知識と経験を生かして出版社で教材を作成していました。他に

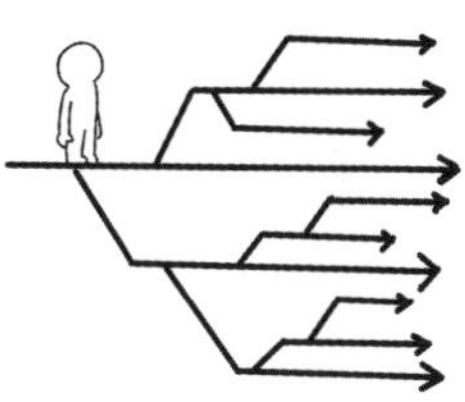

も、ウェブデザイナーとして日本語教育関係のウェブサイトを開発したり、日本語学校の事務職員として働いたりしている人もいます。

このように、日本語教育への関わり方は実に様々です。そのためキャリアパスが見通しにくい面はあるものの、逆に捉えれば、それぞれが自身の状況やスキル、価値観に合わせてある程度柔軟に日本語教育に関わる可能性が開かれているとも言えます。

主体的にキャリアを構築する

●「キャリア」とは

ところで、「キャリア」という言葉を聞いて、みなさんは何を思い浮かべますか。キャリアウーマン、キャリアアップ、国家公務員のキャリア組、キャリア不足などの言葉が思い浮かびませんか。これらはいずれも職業生活に焦点を当てた言葉です。このような意味でのキャリアは**ワークキャリア**と呼ばれます。一方、近年ではキャリアは職業生活だけでなく、趣味、育児、介護、勉学、ボランティアワークなど個人の生活や人生、生き方全体を含む**ライフキャリア**を指すものとして捉えられるようになってきています。[16] ライフキャリアの概念を用いると、キャリアとは必ずしも特定の体制の中で上昇・前進するものではなく、個人によって異なり、それぞれが主体的に構築していくものであることがわかります。

また、現代はグローバル化や情報化、新しい技術の発達などによって安定的なキャリアが想定しにくくなり、人々は速い変化と積極的な主体性が求められるようになっています。[17] 日本語教育に携わっている／携わろうとしている人もグローバル化やIT化などの流れと決して無縁ではありません。ましてや先に述べたように決まったレールがあるわけではなく非常に多様な働き方が可能な日本語教育ですから、それぞれが自身のキャリアをつくっていくためには自ら考え動くことが不可欠でしょう。

●不安定な環境下でのキャリアを考える

不安定で流動的な環境下でのキャリアを考えるために、キャリア研究分野において様々な理論が提唱されています。それらは「**21世紀のキャリア理論**」と呼ばれ、以下の特徴があります。[18]

①自分のキャリアは自分でつくりあげることを重視する

②その際、自分のキャリアを一つの物語であるかのように考える
③「他者」と共に考える

ここまで読んできた人は、「①自分のキャリアは自分でつくりあげていく」ことが大切だというのはおわかりいただけたと思います。キャリア・デザインの研究をしている金井壽宏は、キャリアはデザインしなければ、目指すものがないまま流されていってしまうと述べています[19]。確かに何十年にも及ぶキャリアのすべてをデザインしつくすことはできませんし、流れに身を任せたからこそ「よい偶然」や「思わぬ掘り出し物」に出会うこともあるので、ドリフト（漂流）することも重要です。一方で、節目節目では自分でキャリアをデザインすることが欠かせないと言います。自分はどのような方向を目指すのかという夢や希望を抱き、そちらの方向に行けばいいことがありそうだという信念を持つことで、節目で自分のキャリアを選択することができます。そして、そのために

a 自分は何が得意か
b 自分はいったい何をしたいのか
c どのようなことをしている自分なら、意味を感じ、社会に役立っていると実感できるのか

という三つの問いを節目において自身に問いかけることを金井は提案しています。

次に、「②自分のキャリアを一つの物語であるかのように考える」というのは、キャリアを映画や小説などのストーリーのように捉える視点を持つということです。人生における数々の出来事を一本の筋立てによって物語として組み立てるのです。そうすることで、それぞれの出来事が互いにつなぎ合わされ、その人にとっての大切な意味や価値を物語の中から見いだすことができます[18]。難しく感じるかもしれませんが、試しに自分に起きたこれまでの出来事を自伝のように書いてみるといいと思います。もし、いきなり自分で書くのが大変だったら、誰かの個人史を読んで、自分の場合はどうか考えてみることもできるでしょう。日本語教師の個人史が書かれた書籍[20][21][22]や、ウェブサイト[23]、ブログなどを探してみてはどうでしょうか。

三つ目の「③「他者」と共に考える」は、先ほどの、キャリアを物語のように考えるということと関係しています。物語はたいてい自分だけに語るのではなく、他の人に向けて語られます。したがって、他者の視点を意識し、他者が理解できるような形になります。つまり、物語は他者の影響を受け

て構成されるのです。キャリアに関する対話を他者と行うことで、独りよがりではない意味づけや価値を見つけ出すことができるでしょう[18]。一人で悩み続けるのではなく、いろいろな人と話をすれば、キャリアに対する自分の考えをふりかえったり新たな視点を得たりすることができるのではないでしょうか。

日本語教師の未来のために

日本語教育は世界の様々な場所で、様々な学習者を対象に展開されています。日本語教育への携わり方にも多様な可能性があります。いろいろな人の話を聞いたり、自分が考えていること・感じていることについてふりかえったりしながら、ぜひ自分自身のキャリアを創っていってください。

また、日本語教師がより魅力的な職業となるためには、労働環境の改善が不可欠です。教室の外にも目を向け、日本語教育を取り巻く環境や制度について知ったり、日本語教育関係者以外にも日本語教師の専門性を認識されることが、その第一歩となるでしょう。

日本語教育の未来、そして私たちが生きる社会の未来をいっしょに拓きましょう。

発展活動

①ケースについての議論を踏まえ、解説を読んで新たに気づいたことはありますか。どのようなことを考えましたか。

②次の点について考え、クラスメイトや同僚などと話し合ってみましょう。（a）日本語教師はどのような専門性を持っていると思いますか。（b）日本語教育は社会において、どのような価値や重要性があると思いますか。（c）日本語教師の専門性、日本語教育の重要性や価値を日本語教育関係者以外に伝えるために、どのようなことができると思いますか。

③以下の三つの問いに答えてみましょう。

・自分は何が得意か。

・自分はいったい何をしたいのか。

・どのようなことをしている自分なら、意味を感じ、社会に役立っていると実感できるのか

④（a）日本語教師や日本語教育と関わりのある仕事をしている人のライフストーリーを聞いたり読んだりしてみましょう。（b）自分の個人史を書いてみましょう。（c）ライフストーリーを読んだり書いたりして考えたことを周りの人と話し合ってみましょう。

参考文献

[1] イカロス出版（２０２０）『日本語を教えよう！２０２１』イカロス出版

[2] 尾沼玄也・加藤林太郎（２０２１）「日本語教師のキャリア形成に関する一考察─現役教師の経験したやりがいと失敗から」『拓殖大学日本語教育研究』6, pp.57–74.

[3] 勝部三奈子（２０１８）「時間外労働の「ホビー」というカテゴリー化─日本語教師へのインタビューにおける成員カテゴリー化実践」『言語文化共同研究プロジェクト』pp.31–40.

[4] 平山允子・中川健司・浦由美（２０１９）「日本語教員が「教える」以外に抱える仕事─日本語教員の管理運営業務に関する調査」25(2), pp.60–61.

[5] Senior, R. M. (2006). *The experience of language teaching*. Cambridge, UK: Cambridge University Press.

[6] 佐藤慎司・長谷川敦志・熊谷由里・神吉宇一（２０１５）「「内容重視の言語教育」再考」佐藤慎司他（編）『未来を創ることばの教育をめざして』pp.13–36. ココ出版

[7] ドナルド＝ショーン（佐藤学・秋田喜代美訳）（２００１）『専門家の知恵─反省的実践家は行為しながら考える』ゆみる出版

[8] 橋本紘市（２０１５）「問題の所在と本書の概要」橋本紘一（編）『専門職の報酬と職域』pp.11–26　玉川大学出版部

[9] 文化庁（２０２２）『令和4年度日本語教育実態調査報告書「国内の日本語教育の概要」』<https://www.bunka.go.jp/tokei_hakusho_shuppan/tokeichosa/nihongokyoiku_jittai/r04/pdf/93920301_01.pdf>（２０２３年8月7日閲覧）

[10] アルク（２０１１）『月刊日本語』3月号

[11] 柳澤好昭・山本忠行・西川寛之（２０２０）「大養協日本語教員実態調査（待遇）報告」『大学日本語教員養成課程研究協議会』18, pp.39–53.

[12] 有田佳代子（２０１９）「職業としての日本語教師─「奨学金返済ができないから夢をあきらめます」から考える」牲川波都季（編）『日本語教育はどこへ向かうのか─移民時代の政策を動かすために』pp.19–36. くろしお出版

[13] 小熊英二（１９９５）『単一民族神話の起源─〈日本人〉の自画像の系譜』新曜社

[14] 義永美央子（２０２０）「溶けあうことばの境界─応用言語学における多言語的転回とこれからのことばの教育について」青木直子・マシュー＝バーデルスキー（編）『日本語教育の新しい地図─専門知識を書き換える』pp.25–46. ひつじ書房

[15] 有田佳代子・志賀玲子・渋谷実希・新井久容・新城直樹・山本冴里（２０１８）『多文化社会で多様性を考えるワークブック』研究社

[16] 青島祐子（２００９）「キャリア理論の現在─キャリア概念の理解を中心に」矢澤澄子・岡村清子（編）『女性とライフキャリア』pp.3–39. 勁草書房

[17] 下村英雄（２００８）「最近のキャリア発達理論の動向からみた「決める」について」『キャリア教育研究』26, pp.31–44.

[18] 下村英雄（２０１５）「コンストラクション系のキャリア理論の根底に流れる問題意識と思想」渡部昌平（編）『社会構成主義キャリア・カウンセリングの理論と実践』pp.10–43.

福村出版
〔19〕金井壽宏（２００２）『働くひとのためのキャリア・デザイン』ＰＨＰ新書
〔20〕飯野令子（２０１７）『日本語教師の成長―ライフストーリーからみる教育実践の立場の変化』ココ出版
〔21〕平畑奈美（２０１９）『移動する女性たち―海外の日本語教育と国際ボランティアの周辺』春風社
〔22〕太田裕子（２０１０）『日本語教師の「意味世界」―オーストラリアの子どもに教える教師たちのライフストーリー』ココ出版
〔23〕『日本語教師の履歴書』<https://nihongo-rireki.com/>（２０２３年８月７日閲覧）

もっと学びたい人のための
文献案内

大隅紀子・奥村三菜子・眞鍋雅子（2022）『日本語を教えてみたいと思ったときに読む本』コスモピア
日本語教師のリアルな働き方を、様々な事例とともに紹介しています。手軽に読めるので、本のタイトルどおり日本語教師に興味を持った人が第一歩として読むのにおすすめです。

義永美央子・嶋津百代・櫻井千穂（2019）『ことばで社会をつなぐ仕事―日本語教育者のキャリア・ガイド』凡人社
海外および日本国内において、日本語教育や外国人支援、多文化共生に関する様々な現場で働く人々の仕事内容、今の仕事に就くまでの道のり、必要なスキルや資格などを紹介しています。

牲川波都季（2019）『日本語教育はどこへ向かうのか―移民時代の政策を動かすために』くろしお出版
急速な外国人受け入れ推進政策の導入に伴う問題を各章で指摘しています。特に「第１章　職業としての日本語教師」「第２章　学習者の変化に対応しポストを守るための留学生日本語教育と〈やさしい日本語〉」で日本語教師のキャリアに触れています。

平畑奈美（2019）『移動する女性たち―海外の日本語教育と国際ボランティアの周辺』春風社
JICA青年海外協力隊に日本語教育隊員として参加した教師たちへの調査から、その意識とキャリア形成の課題を探っています。日本の労働力不足や外国人の大量流入と日本語教師不足といった社会問題についての考察と、様々な国や社会を移動する４名の女性日本語教師の語りも記されています。

金井壽宏（2002）『働くひとのためのキャリア・デザイン』PHP新書
キャリア・デザインの考え方を、代表的なキャリア研究や発達心理学の概念を用いて紹介しています。読者が行えるエクササイズもついており、改めてキャリアについて考えてみたい人におすすめです。

Column

新卒で日本語教師になってもいい？
——プロティアン・キャリアとして考えよう

「新卒で日本語教師になりたいという学生にどう言ってる？」友人はそう呟きながら昔話をしてくれた。「私が学生だった90年代後半。先生が「日本語教師になりたかったら、女性はまず結婚してください」って。ショックだった。でも、今も変わってないかもね」

日本語教師は学習者の成長に伴走できるやりがいのある仕事だ。知的好奇心への刺激もある。しかし、経済的に厳しく、冒頭のエピソードもそこに注目するがゆえのものだろう。また、日本語学校は、来日後の学生のアルバイト収入によって成り立っている。そのため2022年1月現在、コロナ禍の入国制限で非常に苦しくなっている。短期的に見れば「日本語教師として日本語学校に就職する」という道は、フルタイムでも非正規でも明るいものには見えない。

しかし、中・長期的な視点で見れば異なる風景が見えてくる。「日本語教師」という仕事には将来性がある。少子超高齢社会における外国人の存在意義は大きい。そして、外国人は単なる労働力ではなく、共に暮らす生活者、納税者である。言語保障は人権の一部であるし、かれらの積極的な社会参画こそが日本社会を救う原動力となる。言語教師として、共生社会のコーディネーターとしてのニーズが増えていくことは間違いない。

さらに、90年代とは異なる時代背景もある。2019年に経団連の前中西会長やトヨタの豊田社長が「終身雇用制度は日本の伝統ではない」と明言し耳目を集めた。就職後のキャリア形成を組織がしてくれる時代は終わったのだ。また、人生100年時代と言われ、定年後の年月も長い。つまり、日本語教師だから経済的に不安定で厳しいのではなく、どんな仕事についても不安定な世の中になってきており、それは今後加速していく傾向にある。

そのような中「プロティアン・キャリア」という、個人が主体的に仕事や働き方を変えていく生き方が注目を集めている。プロティアンは、変幻自在に姿を変えるプロテウスというギリシャ神話の神に由来する。法政大学の田中研之輔教授はプロティアン・キャリアでの「キャリア資本」を「ビジネス資本」「社会関係資本」「経済資本」の三つに分けて解説をしている。[1]「ビジネス資本」とは学歴や資格、スキル等、「社会関係資本」は友人や同僚、勉強や趣味の仲間等の人的ネットワーク、「経済資本」は年収や所有する不動産等を指す。

日本語学校への就職も「プロティアン・キャリア」の視点で考えれば十分に機能する。日本語学校には、日本語教育の様々な知見が集まっていることから、そこに身を置き「ビジネス資本」や「社会関係資本」を積極的に蓄積し、それらを自分で「経済資本」に変えていくようにすればよい。その変換には工夫と戦略が必要だが、他業種との組み合わせやオンラインでの展開など、できることは様々にあるだろう。「日本語教師になりたかったら、主体的に戦略的に生きるプロティアン・キャリアで」。新卒の大学生には、そうアドバイスをしたい。

［影山陽子］

参考文献

［1］田中研之輔（2019）『プロティアン―70歳まで第一線で働き続ける最強のキャリア資本術』日経BP

みんな、元気が出たみたいだな
こうやって、悩みやモヤモヤした気持ちをお互いに伝えて話し合うことは大切なんだよ

そして、自分の信念や価値観を見つめ直し、モヤモヤに向き合っていくための自分なりの軸を作っていくといい
それは誰も教えてくれない自分で考えなきゃいけないんだ

はい！
じゃあ、みんなで帰りましょう！
パタン

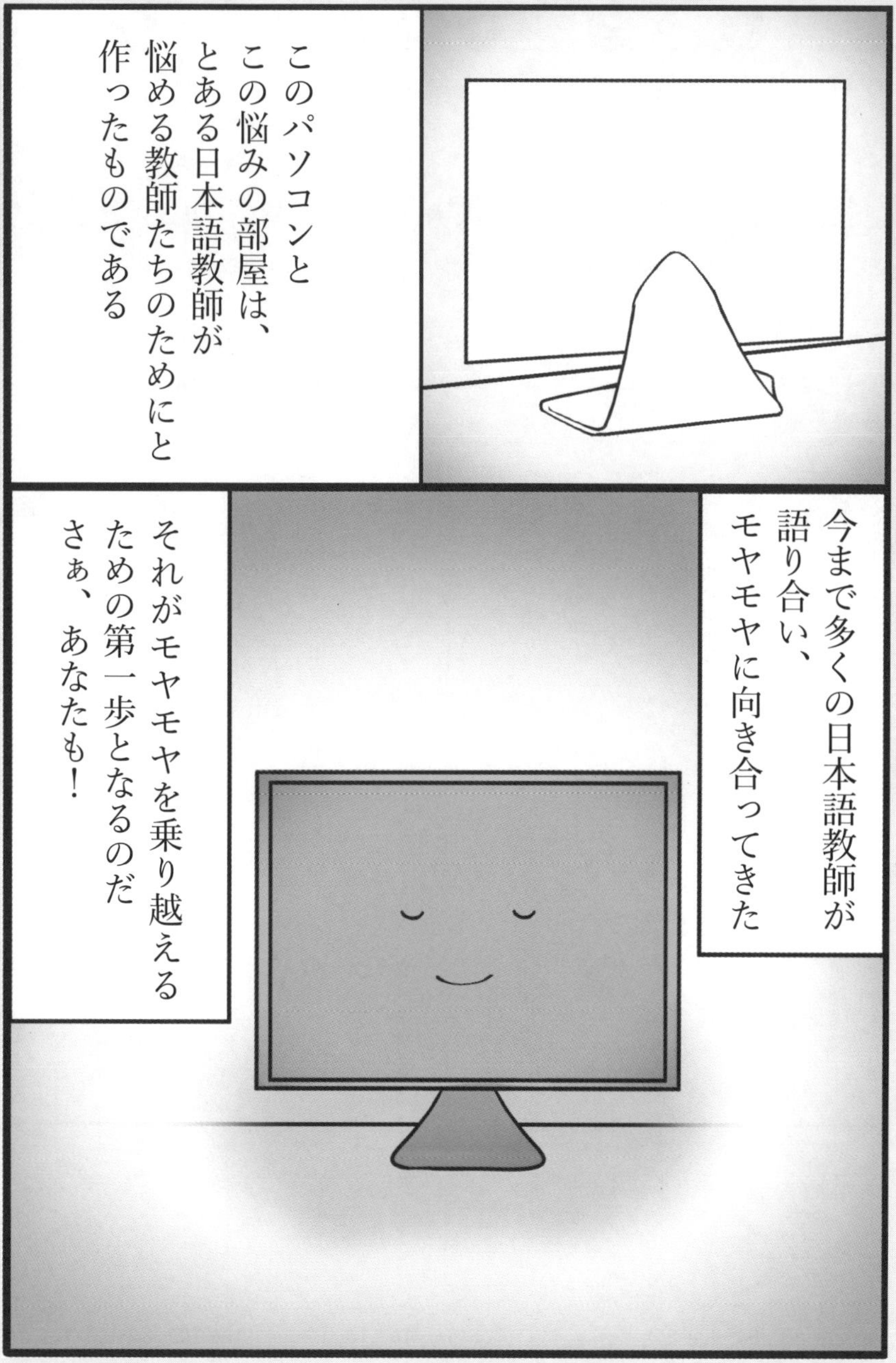
このパソコンと
この悩みの部屋は、
とある日本語教師が
悩める教師たちのためにと
作ったものである
今まで多くの日本語教師が
語り合い、
モヤモヤに向き合ってきた
それがモヤモヤを乗り越える
ための第一歩となるのだ
さぁ、あなたも！

索引

【執筆者紹介】

編著者

瀬尾匡輝（せお・まさき）　茨城大学全学教育機構　第 6 章、第 10 章
瀬尾悠希子（せお・ゆきこ）　茨城大学全学教育機構　第 4 章、第 14 章

著者

有森丈太郎（ありもり・じょうたろう）　トロント大学東アジア学科　第 1 章、第 2 章
牛窪隆太（うしくぼ・りゅうた）　東洋大学国際教育センター　第 3 章、第 5 章
大隅紀子（おおすみ・のりこ）　特定非営利活動法人 YYJ・ゆるくてやさしい日本語のなかまたち　第 11 章、第 13 章
中尾有岐（なかお・ゆき）　国際交流基金関西国際センター　第 7 章、第 12 章
古屋憲章（ふるや・のりあき）　山梨学院大学グローバルラーニングセンター　第 8 章、第 9 章

漫画・イラスト

榴原ゆかり
榴原涼太

【コラム著者】

青木裕美（あおき・ひろみ）　アルバータ大学東アジア学科
有田佳代子（ありた・かよこ）　帝京大学日本語教育センター
稲垣みどり（いながき・みどり）　山梨学院大学国際リベラルアーツ学部
小畑美奈恵（おばた・みなえ）　創価大学学士課程教育機構
影山陽子（かげやま・ようこ）　山梨学院大学グローバルラーニングセンター／特定非営利活動法人 YYJ・ゆるくてやさしい日本語のなかまたち
熊谷由理（くまがい・ゆり）　スミス大学東アジア言語文化学部
芝原里佳（しばはら・りか）　大阪 YMCA　YMCA 学院高等学校
巣内尚子（すない・なおこ）
田嶋美砂子（たじま・みさこ）　茨城大学理工学研究科（工学野）
パルマ ヒル・フロリンダ・アンパロ（Palma Florinda Amparo）　東京外国語大学世界言語社会教育センター
松井孝浩（まつい・たかひろ）　文化庁国語課
萬浪絵理（まんなみ・えり）　特定非営利活動法人国際活動市民中心（CINGA）／公益財団法人千葉市国際交流協会
南浦涼介（みなみうら・りょうすけ）　広島大学大学院人間社会科学研究科
望月良浩（もちづき・よしひろ）　ミシガン大学アジア言語文化学科

ケースで考える！
誰も教えてくれない日本語教育の現場

2023年12月20日　初版第1刷発行

編著者　瀬尾匡輝・瀬尾悠希子
著　者　有森丈太郎・牛窪隆太・大隅紀子・中尾有岐・古屋憲章
漫画・イラスト　楢原ゆかり・楢原涼太

発行者　吉峰晃一朗・田中哲哉
発行所　株式会社ココ出版
〒162-0820 東京都新宿区袋町 25-30-107
電話　03-3269-5438　ファクス　03-3269-5438
装丁・組版設計　伊藤悠
印刷・製本　株式会社シナノパブリッシングプレス

ISBN 978-4-86676-068-1